LE TOUR DU MONDE EN VÉLOCIPÈDE.

PAR LE GRAND JACQUES

ILLUSTRATIONS PAR F.ᵡ REGAMEY

PRIX : 5 FRANCS.

LIBRAIRIE DE LA PUBLICATION

19, rue des Martyrs, 19.

PARIS

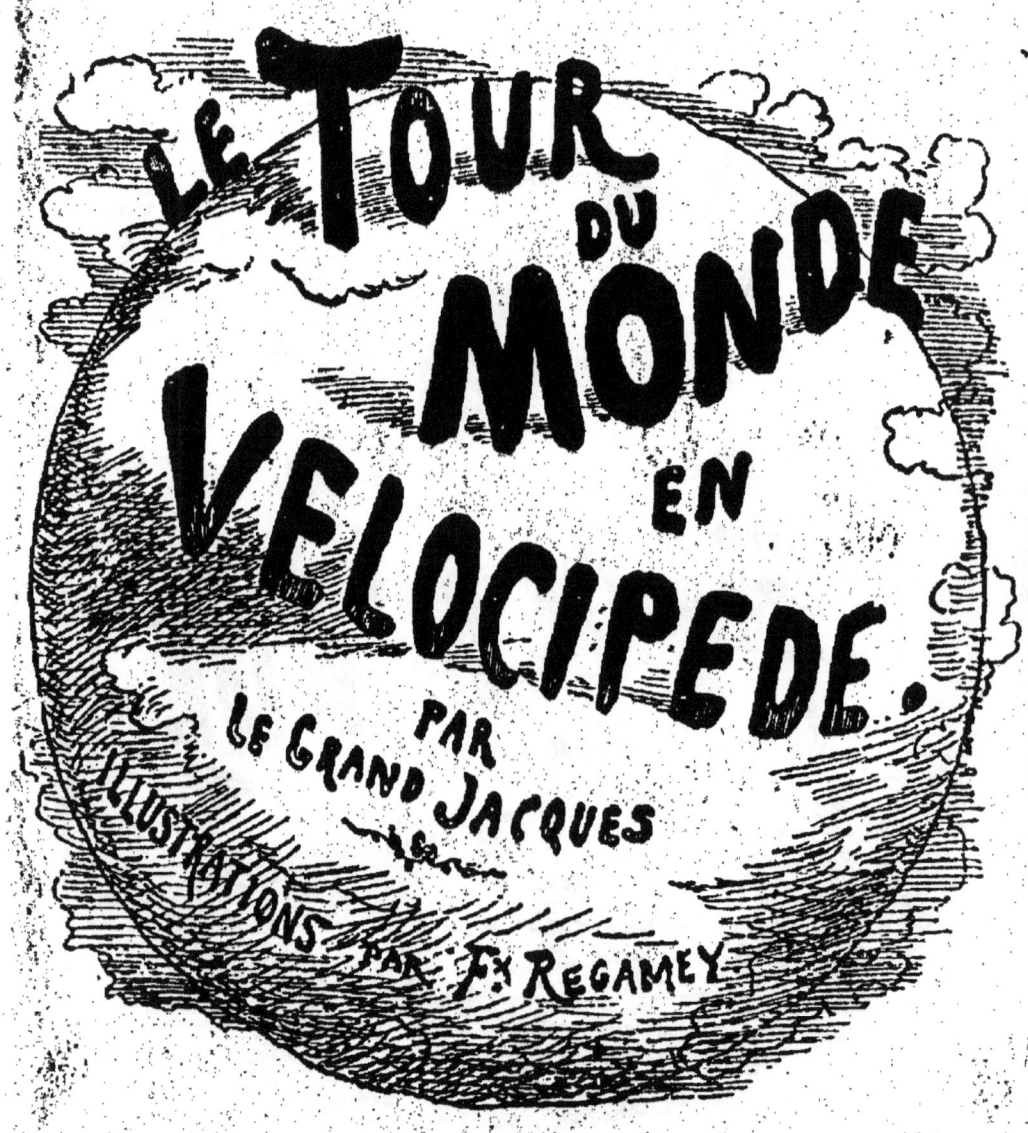

PRIX : 5 FRANCS.

LIBRAIRIE DE LA PUBLICATION

19, rue des Martyrs, 19.

PARIS

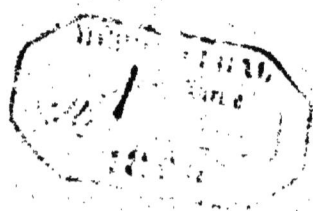

LE TOUR DU MONDE

EN VÉLOCIPÈDE

Par LE GRAND JACQUES

Illustré par FÉLIX REGAMEY

PARIS
Aux Bureaux de la Publication
19, rue des Martyrs, 19.

1870

Tous droits réservés.

PROLOGUE.

L'ENGAGEMENT

A PARIS

LE TOUR DU MONDE EN VÉLOCIPÈDE

Il ne faut pas être excessif. La Fontaine disait : « Rien de trop. » La Bruyère et La Rochefoucauld ont soutenu des thèses pareilles. Mais Jonathan Shopp n'était pas de leur avis. Les plus belles leçons morales, les plus sages raisonnements, les dilemmes les plus serrés échouaient devant l'enthousiasme naturel de son caractère. Il s'entraînait, pour ainsi dire, et se grisait de ses idées. Il fallait cet entêtement indomptable à cet excellent cœur, pour que le Vélocipède, aux premiers jours de sa création, eût son martyr.

Il y a près de dix-huit mois qu'un industriel célèbre, le Napoléon du Vélocipède, — ce nom le désigne suffisamment, — reçut la visite du brave Jonathan Shopp, Américain pur sang, Yankee jusqu'au bout des ongles, dont la richesse et la signature étaient connues dans les deux mondes. Les dollars frémissaient au grincement de sa plume. Grand, sec, nerveux, fier de ses libertés nationales, Jonathan incarnait en lui le type de ces fiers républicains qui se sentent maîtres de l'avenir. Dans son allure, dans ses paroles, on admirait cette noblesse un peu fière qui résulte de l'exercice incontesté des droits de l'homme, et auprès de laquelle les morgues aristocratiques ou militaires sont si mesquines.

Toutefois, Jonathan n'était pas parfait, et, loin d'en faire un héros de roman, nous avons dévoilé les défauts de sa riche nature. Il mettait une obstination absurde au service de ses caprices, — je dirais presque de ses lubies, sans le respect qu'on doit à un millionnaire. On s'apercevait qu'il coulait dans ses veines un vieux reste de sang anglais, qui bouillonnait à ses heures, et où l'on retrouvait les violences du sang normand mêlé de saxon. Ainsi les vins coupés, dit-on, fermentent plus facilement que ceux d'origine pure. A tout prendre, nos voisins de la Manche, toute révérence gardée, ne sont qu'un alliage français qui date de Guillaume le Conquérant.

Le directeur de la fabrique de Vélocipèdes reçut l'étranger avec beaucoup de courtoisie et s'informa du motif de sa visite. Sur sa demande, les plus beaux modèles de Vélocipèdes lui furent montrés ; mais il secoua la tête, comme s'il les trouvait insuffisants.

— Ce n'est pas cela, dit-il, et cependant c'est ce que j'ai vu de mieux jusqu'à présent. Essayez de comprendre mon idée. Vous ne répugnez pas, je suppose, à exécuter des Vélocipèdes de commande ?

— Non, sans doute.

— A la bonne heure. Vous voyez que je suis de haute taille. Je voudrais un Vélocipède de première grandeur, forgé d'un métal solide, souple et tenace à la fois, capable de résister à des chocs imprévus, à des fatigues extrêmes. Son poids peut être porté à trente ou quarante kilogrammes. Je vous indiquerai des perfectionnements, des aménagements spéciaux. Le prix, je vous prie ?

— Mille francs.

— Hum ! fit l'étranger...

Il y eut un silence. Le marchand crut que son chiffre paraissait trop élevé et entreprit de le défendre. Mais l'Américain l'arrêta aux premiers mots :

— Ce n'est pas cela, dit-il ; j'y mettrai le prix que vous voudrez. Mais je crois que vous ne m'avez pas compris.

— En effet, dit le fabricant, j'ai eu un moment de distraction dont je vous demande pardon. Je devine ce qu'il vous faut. Le siége de votre Vélocipède et ses barres de suspension seront forgés en vermeil, à un peu plus d'un dixième d'alliage, ce qui les rendra plus résistants que le métal des monnaies. Une doublure d'acier et un système d'articulations que j'imagine donneront à l'appareil une élasticité parfaite. Les moyeux des roues seront en acier de Norwége, forgé après la trempe, d'après les nouveaux procédés médaillés à la dernière Exposition. Les essieux seront en platine, ainsi que la barre du gouvernail. Quant aux poignées, nous les ferons simplement en argent, au titre des pièces américaines. Mais il sera facile de les orner de quelques diamants, rubis, saphirs ou topazes, pour faire ressortir le fini du travail.

— Non, dit Jonathan, je ne tiens qu'à la solidité.

— Nous nous contenterons alors d'un Vélocipède simple, exécuté dans les conditions que je viens de développer. Pour vous faire un prix rond, vous le paierez vingt mille francs.

— Très-volontiers, dit Jonathan, mais vous me servirez en conscience.

— Assurément, dit le marchand, quand je devrais y mettre du mien.

— Il me reste, dit l'étranger, à vous donner quelques instructions particulières.

Les deux interlocuteurs entrèrent dans un cabinet voisin, et le digne Shopp exhiba au fabricant quelques dessins dont il lui expliqua longuement les détails.

— C'est entendu, dit celui-ci ; je comprends parfaitement ; votre machine sera prête dans deux mois.

— Dans deux mois, soit. J'y compte, dit Shopp en prenant congé.

Je crois inutile d'entrer dans les détails de fabrication de cet appareil. Cela ne pourrait intéresser que les gens du métier. Le fabricant craignit plus d'une fois d'avoir demandé trop peu de temps. Le travail du platine présenta des difficultés singulières, et ne put s'exécuter qu'à l'aide d'un chalumeau à gaz oxygène et hydrogène, d'un modèle nouveau, de l'invention d'Aristide Roger. Toutefois, le Véloce fut prêt deux jours avant le terme fixé, — mais le fabricant se plaignait amèrement d'avoir mal calculé son prix de revient et de solder l'opération en perte. Ce sont les chances du commerce.

Jonathan fronça les sourcils, quand on lui présenta son Vélocipède poli, brillant et reluisant au soleil qui faisait étinceler ses arêtes. Il le fit peindre, séance tenante, d'une couleur grise uniforme, et annonça qu'il viendrait le prendre le surlendemain. L'essai du véhicule se fit aux Champs-Elysées. Jonathan fut content, paya le marchand, et donna quelques louis au garçon. Après quoi, il enfourcha la machine et se dirigea vers le Grand-Hôtel où il était descendu.

Je connaissais Jonathan pour lui avoir prêté de l'argent, — en omnibus, — un jour qu'il avait oublié sa bourse. Il me doit même encore les six sous que je lui offris ce jour-là; — je ne les lui reproche pas. S'il était pauvre, ce serait une autre affaire. Tel qui refuse dix centimes à un aveugle serait heureux de les faire accepter à M. de Rothschild.

Mais nous ne sommes pas ici pour faire de la philosophie. Après cette belle histoire de Vélocipède, je vis arriver Jonathan chez moi, la figure ouverte, l'œil clair, la face épanouie, se frottant largement les mains et riant en dedans.

— Eh bien! lui dis-je, ce fameux Véloce?

— Il est sous vos fenêtres, dit-il, et vous pouvez le voir d'ici. Je viens vous faire mes adieux, mon ami; je pars.

— Vous partez, Jonathan? Pour le bois de Boulogne?

— Non, pas précisément.

— Pour où donc?

— Je ne sais, dit-il en hésitant ; c'est une idée qui m'est venue; je voudrais aller *toujours tout droit* au nord-est.

— En Belgique ?

— Plus loin. Venez-vous avec moi? Il me faut acheter un sac de voyage, de l'extrait de Liébig, un almanach et un révolver.

— Vous allez en Prusse ?

— Plus loin. Il me faut aussi des fourrures.

— Vous allez en Russie?

— Plus loin. Au reste, ajouta-t-il avec un grand sang-froid, je n'ai pas de secret pour vous. Vous savez comment je conduis un Vélocipède? Je ne suis pas embarrassé pour faire mes trente lieues par jour; — j'ai envie de faire le tour du monde...

— En Vélocipède ?

— Oui, en Vélocipède.

— Vous rêvez, Jonathan.

— Pourquoi cela ? Je voudrais bien savoir qui pourrait m'en empêcher. Je suis vigoureux et je me porte bien ; le

Vélocipède qu'on m'a fabriqué est d'une excellente allure ; je puis donc hardiment le charger de 30 kilogrammes de provisions et garder mes effets sur mes épaules. En choisissant des substances nutritives concentrées, telles que le pemmican, j'aurai devant moi trente jours d'aliments ; c'est de quoi faire un millier de lieues. J'aurai bien du malheur si, pendant un pareil trajet, je ne trouve pas à renouveler mes approvisionnements.

Le sérieux avec lequel Jonathan me débitait ces extravagances me divertissait et me navrait à la fois. L'œil provoquant, la pose assurée, il semblait appeler les objections pour les réduire à néant.

— Sans l'amitié que je vous porte, fis-je, je dirais que votre folie dépasse les excentricités permises. Croyez-vous que le globe soit entouré d'une route macadamisée ? Je vous attends aux premières fondrières.

— Bah ! dit-il, il n'y a pas tant de mauvais chemins ; la vapeur et les rails sont de toutes les latitudes. Vous n'avez pas pu apprécier, d'ailleurs, les perfectionnements que j'ai introduits dans mon Vélocipède : la circonférence extérieure de ses roues n'est pas absolument polie, et j'évite ainsi le patinage en temps de gelée. Leur largeur peut se tripler au besoin, en abattant de petites plaques à ressorts, relevées sur les jantes en temps ordinaire ; cette surface agrandie permet de courir avec sûreté sur les terrains sablonneux ou mal nivelés. Enfin, au lieu de coucher ces plaques parallèlement au sol, on peut les renverser tout-à-fait, de façon à leur faire emboîter, par exemple, un rail de chemin de fer sur lequel on voudrait courir. Vous vous préoccupez des retards que j'aurai à subir, et je ferai peut-être cent lieues dans mes bonnes journées...

— Dieu vous entende ! m'écriai-je, mais je ne l'espère pas. Savez-vous, mon cher Jonathan, que je vous croyais un esprit sérieux, logique et même un peu spéculatif ? Certes, il faut en rabattre. Admettez-vous qu'un homme  de bon sens joue sa vie, par pure fantaisie, dans une entreprise qui ne présente aucun caractère d'utilité ?

— Il y a fort à dire là-dessus, répondit-il, et je trouve que vous tranchez la question hardiment. Ne devons-nous pas à des recherches frivoles une partie de nos grandes découvertes ? Soyez plus indulgent, mon cher, pour ceux qui frayent la voie, pour les éclaireurs et les audacieux.

— Mais le tour du monde n'est pas une nouveauté.

— Pardonnez-moi, dit Shopp un peu sèchement ; on a pu le faire par mer ; on ne l'a jamais entrepris par terre.

— Bonté divine ! Jonathan... vous pousseriez à bout l'homme le plus calme. Vous savez assez de géographie pour ne pas ignorer que les continents couvrent à peine le quart de la surface terrestre ; vous ne pourrez donc faire que des promenades interrompues qui vous ramèneront à chaque instant à la mer.

— Ce n'est pas mon projet, dit Shopp. Il est certain que je serai obligé de m'embarquer quelquefois, mais moins souvent que vous le pensez. Mon itinéraire est fort simple, et je l'ai déjà pointé sur la carte que j'emporte avec moi : je traverse l'Europe en diagonale, pour en sortir par la Sibérie...

— Vous comptez franchir le détroit de Behring ?

— Très-bien. En quelques heures je passe de la Russie d'Asie dans l'Amérique du nord; j'aurai sans doute quelque peine à y arriver, mais je compte beaucoup sur le froid pour favoriser ma traversée. De l'Amérique Russe, je tombe directement dans la Nouvelle-Bretagne; dès lors, je suis chez moi, et mon voyage n'est plus qu'une partie de plaisir...

— Trois mille lieues de parcours!

— A peu près. Au sortir de l'isthme de Panama, je descends le Sud-Amérique jusqu'au cap Horn. C'est là que je me trouve, en effet, arrêté par l'Océan; mais la difficulté n'est pas insurmontable...

— Comment cela ?

— Je prends passage sur un bon navire, qui me conduit au cap de Bonne-Espérance...

— Et vous remontez l'Afrique tranquillement, à travers le désert de Sahara...

— Ce n'est pas sûr; peut-être suivrai-je les côtes orientales : cela me permettrait de visiter les travaux de l'isthme de Suez et de voir un peu l'Asie que j'ai sacrifiée à la rapidité de mon voyage. Mais c'est une école buissonnière, une poussée vers l'Inde et la Chine. Il me faudra presque revenir sur mes pas pour rejoindre mon point de départ, en suivant les bords de la Méditerranée.

— Oui, dis-je à Jonathan, cela est irrégulier ; mais vous devez vous attendre à quelques petites contrariétés dans un voyage aussi long.

— Certes, dit-il, sans s'apercevoir de la raillerie.

— Ainsi, mon ami, vous partez avec l'intention formelle de vous contenter de votre Vélocipède, et de renoncer aux chevaux, aux carrosses, et même aux palanquins ?

— Très-certainement, dit-il; il faut avant tout être de bonne foi. Je me considérerais comme un malhonnête homme, si je manquais à la parole que je me suis donnée. Le Vélocipède me suffira.

— *All right !* m'écriai-je, entraîné par ce beau mouvement. Mais si, par aventure, vous vous trouviez arrêté par une forêt vierge, par quelque fouillis inextricable, ou, mieux encore, par une belle petite chaîne de montagnes de plusieurs mille pieds de hauteur, que feriez-vous ?

— Je tournerais l'obstacle.

— Et vous ramènerez votre Vélocipède à Paris?

— Assurément ; c'est pour moi le bouclier du Spartiate. Avec ou dessus ! S'il se rompt, j'en rapporterai les morceaux.

— Quand partez-vous, Jonathan ?

— Ah! le plus tôt possible. Mais, depuis hier, il m'est venu une idée qui me tourmente.

— Laquelle?

— Je crains de m'ennuyer en route...

— Oh! oh! fis-je.

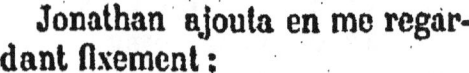

Jonathan ajouta en me regardant fixement :

— Et je voudrais emmener quelqu'un avec moi...

Il se fit un silence. J'avais peur de comprendre.

Je me heurtais depuis une heure à tant d'extravagances, qu'une de plus ne m'aurait pas étonné. Jonathan, décidé à partir pour les Antipodes, pouvait très-bien m'avoir choisi pour compagnon de voyage, sans même me consulter. J'eus d'abord envie de rire, mais je ne sais quelle terreur secrète me prit à la gorge. L'idée absurde qui m'était venue me donnait le vertige. Jonathan n'avait pu vouloir m'enlever à ma famille, à mes habitudes, à mes affaires; — l'eût-il rêvé, il n'avait aucun droit sur moi, et j'étais parfaitement libre de l'envoyer promener — seul. D'ailleurs, je ne montais pas à Vélocipède. Et pourtant ce diable d'homme me regardait toujours.

Très-certainement, les secousses que j'avais subies pendant notre conversation avaient réagi sur moi et me troublaient l'imagination. La chimère qu'il caressait m'attirait comme un abîme. J'avais beau me répéter que c'était impossible, je sentais mes résolutions faiblir. J'avais réponse aux objections les plus solides. Cet état mental rempli d'angoisses finit par altérer ma physionomie au point que Jonathan s'en aperçut.

— Non, me dit-il, vous avez tort de vous effrayer. J'y avais bien songé, mais cela ne nous amuserait ni l'un ni l'autre.

XVI

Comment avait-il deviné ma pensée ?

Ces mots m'enlevèrent le poids qui m'oppressait ; — c'est en respirant longuement que je lui demandai :

— Quelle est donc votre idée ?

— Vous le saurez, dit-il, si vous venez dîner avec moi.

— Volontiers.

Deux heures après, dans un cabinet d'un restaurant des boulevards, Shopp, étendu sur un fauteuil, les pieds sur la cheminée, en vrai Yankee qu'il était, jouait avec son couteau, et regardait au plafond comme un homme qui cherche un exorde. Nous en étions au dessert ; la boîte où nous nous trouvions était embaumée des aromes mêlés du café et du cigare.

— Vous êtes homme de bon conseil, dit-il, en procédant par insinuation, mais vous vous épouvantez des moindres choses. Avant de contredire les gens, il convient de raisonner avec eux. Pesez bien mes paroles ; je ne hais pas la discussion loyale ; je cherche à m'éclairer. Il n'est pas bon que l'homme soit seul. Vous saurez en outre, mon ami, que j'ai toujours aimé la société des femmes.

— Je vous écoute de toutes mes oreilles, répondis-je, mais je ne comprends pas un mot à ce que vous dites. Peut-être suis-je mal disposé ; il me semble que vous alignez des phrases décousues, et je ne vois pas le sens qu'on en peut tirer.

— Je crois pourtant, dit-il avec un peu d'humeur, que je parle assez proprement le français ?

— Sans doute. Vous me disiez que vous aimiez la société des femmes. C'est d'un galant homme... Ah ! mon Dieu ! fis-je en m'avisant.

— Qu'avez-vous ?

— Est-ce que vous voudriez emmener une femme avec vous, par hasard ?

— Peut-être.

— Autour du monde — en Vélocipède !

— Sûrement. Tenez, mon ami, ce ne sont ni les fatigues, ni les dangers que je redoute, mais l'isolement. Je ne suis pas égoïste; si je n'avais à défendre que ma peau dans le voyage que je vais entreprendre, je pourrais devenir paresseux ou négligent ; il ne me faut pas seulement un but, mais un intérêt tout le long de ma route. Si j'ai quelqu'un à conduire, à protéger, à sauver, je serai deux fois plus fort.

— Oh ! oh ! cela change la thèse. Vous allez donc vous marier?

— Dans quel but?

— Pour avoir à vous un article du Code, qui enjoint à la femme de suivre son mari. Croyez-vous, en dehors de ce piége légal, trouver une compagne de bonne volonté?

— Pourquoi pas? Je vois d'ailleurs, dit Shopp avec un peu d'ironie, que vous ne m'avez pas compris. Vous autres Français avez toujours des pensées étranges. Je veux emmener une femme avec moi, mais en tout bien tout honneur, une simple dame de compagnie. Votre projet de mariage est absurde. Que ferais-je d'une fille de vingt ans, produit étiolé de votre civilisation, qui gèlerait aux premières neiges? Ce n'est pas cela. Il me faut la femme forte de l'Écriture — au physique et au moral.

— A la bonne heure ! dis-je, il ne s'agit que de la trouver. J'entre dans vos idées, et vous me voyez tout à fait rassuré sur l'issue de votre voyage. Si vous attendez pour partir que nous ayons rencontré ce phénix, je suis tranquille. Il est fâcheux que votre Vélocipède vous ait coûté si cher.

— Vous raillez, dit-il sans s'émouvoir. Si je retarde

mon départ, ce n'est pas sans motifs sérieux. La Russie est en plein été à l'heure qu'il est, et je n'ai que faire d'aller patauger dans ses boues. Vous savez que le froid doit être pour moi un auxiliaire précieux. J'ai donc six semaines à perdre. Pour tout vous dire, je compte commander un second Vélocipède à mon fabricant.

— Pareil au premier?

— Non, beaucoup plus simple au point de vue de ses éléments, mais d'une construction analogue. J'ai pris ma résolution ce matin, après une nuit d'insomnie. Il n'y a plus que la dame à trouver.

— Si nous en écrivions aux *Petites-Affiches?*

— Inutile, j'ai mon plan. Voulez-vous me donner votre journée de demain?

— Tout entière?

— L'après-midi seulement. Je viendrai vous prendre; nous irons à la foire de Saint-Cloud.

— Comme vous voudrez.

Le lendemain, le temps fut superbe. Un magnifique soleil égayait la campagne automnale. Jonathan arriva, sans Vélocipède, et le chemin de fer de la rive droite nous jeta sur les hauteurs de Montretout.

La foire était fort animée. Nous nous assîmes un instant au salon des gaufres, au tournant des cascades, pour voir passer des essaims de Parisiennes, sur lesquelles mon ami faisait des commentaires assez désobligeants:

— Certes, disait-il, c'est pimpant et coquet; on ne peut pas dire que l'attrait manque à ces mignonnes; mais cela n'a aucune solidité. Vos jolies femmes ressemblent à ce que vous appelez « des articles de Paris. » Leur beauté a quelque chose de la bulle de savon; elle ne résiste pas au contact. Les gens versés dans les finesses de votre langue

— XIX —

désignent ces jolies poupées par un mot pittoresque: « Deux liards de beurre. »

— Vous généralisez trop, répondis-je; la race des belles personnes n'est pas éteinte. Je pourrais vous citer des gaillardes qui se portent bien, même parmi nos célébrités.....

— Oui, dit-il en m'interrompant, de belles nourrices. Je n'en dis pas de mal, mais ces créatures resplendissantes n'ont que des contours. Pas de nerfs, pas de fond; rien de vigoureux ni de solide. On les croit en marbre, elles sont en poudre de riz. Pouvez-vous me montrer une Vénus de Milo?

— Ah! dis-je un peu embarrassé, je ne connais que celle du Louvre.

— Un peu lourde, dit-il en riant.

— XX —

Nous reprîmes notre promenade, en nous dirigeant vers Sèvres par l'allée du bord de l'eau. Elle était encombrée de bateleurs, de marchands de pain d'épice et de somnambules. Shopp voulut voir une femme de 300 kilogrammes...

Ce colosse, qui nous montra fort obligeamment le bas de sa jambe, fut un thème sur lequel mon ami broda de curieuses variations. Il l'accusa d'être gonflée de crème fouettée, et dit des choses si malhonnêtes pour le beau sexe que je me garderai bien de les rapporter.

Le jour tombait. Aux trois quarts de l'allée, nous nous trouvâmes en face d'une baraque frileuse, souillée, de piteuse apparence, mal close de planches disjointes sur lesquelles on avait cloué de la toile à matelas. Un paillasse de vingt ans, à figure rougeaude, était assis sur les tréteaux. Il se leva en nous apercevant, et, d'une voix éraillée, nous invita à venir admirer « la magnifique géante, âgée de seize ans, haute de huit pieds anglais, la seule et unique de son espèce qui voyageât en France. »

Nous entrâmes machinalement, et le pitre siffla pour appeler son phénomène : — Houp ! Victorine !

Victorine se fit attendre. Nous nous assîmes sur une banquette chancelante, en attendant son arrivée. Elle apparut tout à coup, sortant d'une niche fermée de rideaux rouges, élevée sur une estrade de deux pieds. Par un habile artifice, sa tête touchait le plafond. Elle débita un petit compliment qui disait son âge, sa taille et ses qualités. C'était en réalité une assez belle personne de vingt à vingt-cinq ans, de six pieds et demi de hauteur.

Comme nous étions seuls dans la salle et que nous n'avions pas l'air de nous moquer, elle causa volontiers avec nous, — ou plutôt avec moi, car Jonathan ne dit pas grand'chose. Elle avoua vingt-deux ans et me montra son bras, que je trouvai un peu musculeux. C'était une fille de la Bohême dans toute l'acception du mot. Elle avait fait de la gymnastique, des tours de force et de la dislocation jusqu'à quinze ans. A cet âge, sa taille s'était si rapidement développée, qu'après trois ans de croissance elle avait pu débuter comme géante et obtenir de beaux succès.

Elle s'animait en parlant de ses premières armes...

Nous causions comme de bons amis, à la lueur d'un quinquet fumeux, quand la voix du paillasse qui s'ennuyait se fit entendre :

— XXII —

— T'as pas fini, Victorine ?

Victorine rougit, nous fit une courte révérence, et s'enveloppa dans son rideau. Shopp était rêveur. Nous rentrâmes à Paris par l'omnibus américain. Il est évident que nous étions poursuivis par la même idée, mais mon ami ne voulait pas parler, et de mon côté je me serais reproché de l'influencer d'une façon quelconque. Comme nous allions nous séparer, je lui demandai d'un air indifférent :

— Est-ce que je vous verrai demain, Jonathan ?

XXIII

— Demain, dit-il en hésitant, je ne crois pas; mais après-demain, vous pouvez y compter.

Ainsi qu'il me le raconta depuis, Jonathan se leva le lendemain de bonne heure, et se rendit à Saint-Cloud où l'attirait je ne sais quelle bizarre espérance. Il était dix heures du matin; le temps était couvert, et l'on pouvait douter du zèle des Parisiens à braver les menaces de l'atmosphère. L'allée du bord de l'eau était déserte; à peine quelques marchands se montraient-ils, par une porte entr'ouverte, occupés à rétablir l'harmonie de leurs étalages. La baraque de la géante était muette et silencieuse; la toile qui la représentait, — étendant le bras au-dessus du plume d'un cent-garde, — était roulée au-dessus des tréteaux. Shopp fit plusieurs fois le tour de l'échoppe, frappa aux planches de la cloison et prêta inutilement l'oreille. Il n'y avait personne.

Il supposa assez naïvement que la belle Victorine demeurait à Sèvres et n'occupait son théâtre que pendant les heures de représentation.

Une pareille créature ne pouvait passer inaperçue dans une petite ville; il se rendit au bureau des voitures américaines, pour demander sur son compte quelques renseignements.

La jeune personne y était absolument inconnue; il s'adressa sans plus de succès à l'épicier, établi en face de la grille du parc. Il lui fut facile de surprendre des sourires sur le visage de ses interlocuteurs. Demander une demoi-

selle Victorine, dont on ne pouvait signaler que la taille extraordinaire, paraissait une excentricité un peu vive à ces braves gens. Shopp, passablement désappointé, rentra dans l'allée des spectacles, où commençaient à se montrer quelques rares promeneurs. Une vieille femme, attifée de panaches et de dentelles en lambeaux, venait de s'asseoir au seuil d'une misérable estrade. Une affiche, qu'on pouvait lire par dessus son épaule, l'annonçait comme une élève de Moreau et de mademoiselle Lenormand. A peine l'Américain se fut-il approché d'elle, qu'elle saisit sa main et se mit à parler avec volubilité :

— Vous avez bon cœur, dit-elle, et vous avez eu justement à vous plaindre de l'ingratitude du monde, mais vous touchez à la fin de vos peines, et l'intervention d'une personne que je ne peux pas nommer vous fera réussir dans l'entreprise que vous méditez...

— Ta, ta, ta, fit Jonathan, étourdi par ce flux de paroles, est-ce que je vous demande ma bonne aventure? Je désire une simple indication.

— Pour rien?

Jonathan sourit et mit cinq francs dans la main de la vieille. Elle se leva, comme soulevée par un ressort, et grimaça le plus aimable des sourires.

— Qu'est devenue, demanda-t-il, la géante qui demeure en face de vous?

— C'est-il de Mame Victorine que vous voulez parler?

— Précisément.

— Elle est chez elle, là-bas, sous le quatrième arbre à gauche. Voyez-vous cette voiture carrée, à perron et à cheminée?

— Je la vois, dit Shopp, mais comment voulez-vous qu'elle puisse tenir là-dedans?

— Dame! c'est son affaire. Elle se couche ou elle s'assied; cela la fait tenir plus droite ensuite.

— Merci, ma bonne; c'est tout ce que je voulais savoir.

— Ne m'oubliez pas, mon prince. Si vous voulez le grand jeu, vous serez content de moi.

Shopp frappa assez rudement, à la manière anglaise, aux volets de la charrette de saltimbanques qu'on lui avait indiquée. Une sorte de grognement se fit entendre, et une figure de fouine apparut par la porte entrebâillée :

— Qu'y a-t-il? dit une voix...

C'était le paillasse de la veille, un garçon de vingt ans, abruti par l'alcool et la débauche.

Son nez marquait d'une tache rouge centrale son visage blafard; ses yeux clignotaient dans de profonds orbites.

— XXVI —

Une blouse bleue rapiécée, d'une extrême saleté, une casquette sordide, dont la visière était rabattue sur le nez, telle était la parure sans prétention de ce jeune homme, pour lequel Shopp éprouva une répugnance naturelle.

Ils se mesurèrent tous deux du regard; l'Américain, fier et dédaigneux; le pitre, hargneux et grondant :

— Que voulez-vous? dit-il d'une voix rauque.

— Je désire parler à mademoiselle Victorine.

— A Victorine? Et pourquoi ça? Qu'avez-vous à lui dire?

— Cela ne vous regarde pas.

— Ça ne me regarde pas? dit le Paillasse, pâlissant de colère.

— Un instant, fit Shopp; êtes-vous son frère ou son mari?

— Et qu'est-ce que ça vous fait? s'écria l'artiste menaçant.

— Ne nous fâchons pas, je vous prie. Regardez-moi bien : je suis homme à vous assommer d'un coup de poing, si vous faites le méchant. Voici un louis pour vous. Je veux parler à mademoiselle Victorine, — et je lui parlerai.

Le pitre hésita et mit le louis dans sa poche.

— Monsieur, dit-il, avec un accent plus doux, on ne parle pas à Victorine pour de l'argent.

— Ce sera donc une complaisance de sa part. Voulez-vous la prévenir?

— Non.

— Mon Dieu! que d'histoires! fit une voix de femme à travers la cloison; croyez-vous que je ne vous entende pas? Qu'est-ce que c'est?...

Victorine entra, courbée, traînant après elle une chaise basse sur laquelle elle s'assit. Sa toilette n'était pas terminée; elle était enveloppée d'un grand peignoir de coton passablement déchiré, mais assez propre. Shopp se leva pour la saluer et se heurta la tête au plafond.

— Asseyez-vous, dit-elle. Je vous reconnais. Vous êtes le Monsieur d'hier au soir. Qu'est-ce qui vous a pris de venir me voir comme ça? Vous savez que vous perdez votre temps.

— En êtes-vous bien sûr? dit Shopp avec un grand sang-froid. Je n'ai pas de mauvaises intentions, mademoiselle; je puis vous le prouver. Je viens simplement vous proposer un engagement.

— Un engagement! s'écria-t-elle, un engagement d'artiste?

— Un engagement.

— Ah! fit-elle avec des rayonnements dans les yeux, un engagement comme celui de Mimi Flipotte, qui commandait l'armée du Prince Jaune à la Porte Saint-Martin?

— Mieux encore.

— A l'Opéra peut-être... Et c'est sérieux?

— Très-sérieux.

— Parole? Ce n'est pas une manière de me dire des bêtises?

— Je vous l'affirme.

— Non pas que je sois bégueule, ajouta-t-elle d'une façon vulgaire, mais j'ai mes idées là-dessus. Je ne me fais pas meilleure que je ne suis; il y a longtemps que j'ai quitté

Nanterre. Pourtant, on a son amour-propre. Expliquez-vous carrément.

— Volontiers, dit Shopp ; mais il me semble que nous serions mieux ailleurs pour causer. Voulez-vous me permettre de vous offrir à déjeuner, ainsi qu'à monsieur ?

— Tu entends, Polyte ?

— Je n'ai pas faim.

— Tu mangeras tout de même, dit-elle. Au surplus, si tu restes, j'y vais tout de même ; décide-toi.

— Allons-y, dit Polyte en se grattant la nuque ; un déjeuner n'est pas une offense. Et puis, je suppose que si les propositions ne nous conviennent pas, tu seras libre de refuser.

— Sans doute, fit Shopp.

— Un instant, dit la géante ; je vais mettre mon châle et mon chapeau.

— Moi, dit le paillasse, je vais fermer la boutique.

Dix minutes après, Jonathan et les deux artistes se dirigeaient vers Sèvres. L'Américain avait offert son bras à la géante qui le dépassait de toute la tête. Polyte tournait autour d'elle comme un roquet boudeur. Sa figure refrognée s'éclaira pourtant, en entrant chez le traiteur, et quand l'étranger commanda le repas, il fut pris d'un grand attendrissement. Il eût voulu à la fois l'embrasser et le mordre.

Victorine ne disait rien. Assise auprès de la croisée du salon où ils étaient installés, elle regardait courir les nuages à travers les feuillages grimpants dont elle était encadrée. Shopp l'observait avec attention ; c'était une grande fille bien portante, un peu pâle, dont les traits se dessinaient avec une parfaite régularité.

On eût pu leur reprocher de manquer d'expression et de fraîcheur. Ses yeux hardis semblaient avoir l'habitude

— XXIX —

du commandement, mais ils devenaient fort doux quand elle voulait sourire. De beaux cheveux châtains, à prendre à poignées, étaient tordus sur sa nuque en façon de câble. Un front large, des traits allongés, une bouche aux lèvres humides, ornée de dents blanches, faisaient rêver Jonathan qui se demandait où il avait déjà vu cette belle fille. Sans y songer, elle découvrit son pied qui ne mesurait pas moins de dix pouces de longueur; sa main nerveuse s'appuya en même temps sur la table : la mémoire revint à Shopp qui ne put s'empêcher de pousser une exclamation.

— Qu'avez-vous? dit Victorine, et pourquoi me regardez-vous?

— XXX —

— Je me creusais la tête, dit-il, pour savoir où je vous avais rencontrée. J'y suis maintenant. Nous parlions de vous hier encore...

— Où donc m'avez-vous vue?

— Au salon de sculpture ancienne, dans la chambre de velours rouge. Vous avez la solidité et les attaches de la plastique grecque. Je vous en fais mon compliment.

On servit. Shopp mangeait fraîchement, mais les jeunes gens mangeaient mieux encore. Polyte s'arrêta le premier. Victorine, sans s'émouvoir, continua un quart d'heure encore. Cependant son appétit se calma, et, l'œil brillant et bienveillant, elle demanda nettement à l'étranger :

— Maintenant, Monsieur, que me voulez-vous?

Shopp ne s'attendait pas à cette question à brûle-pourpoint. Soit que le déjeuner l'eût alourdi, soit que son intelligence fût paresseuse, soit qu'il pensât, avec les meilleurs politiques, que la franchise est le plus habile des calculs, il alla droit au but. — Il dit à ses convives son nom, sa position et sa fantaisie...

— Vous en savez maintenant autant que moi, fit-il en terminant. Je prétends faire le tour du monde en Vélocipède, — et je demande à mademoiselle si elle veut m'accompagner.

— Impossible, répondit Polyte ; elle ne monte pas sur votre machine.

— Ce ne serait pas une raison, fit Victorine, blessée de voir qu'on parlait pour elle ; il me suffit d'une heure pour m'y habituer.

— Tu partirais avec un homme que tu ne connais pas?

— Je le connais à présent, dit-elle.

— Tu m'abandonnerais ?

— Que tu es bête ! — Combien me donnerez-vous pour le voyage, monsieur ?

— Ma foi ! dit Jonathan, je n'y ai pas pensé.

— Mille écus ?

— Oh ! davantage.

— Dix mille francs?

— Au moins ; — ce que vous voudrez, d'ailleurs.

— Eh bien ! Polyte, si je t'en laissais la moitié..... les trois quarts, que dirais-tu ?

Polyte devint cramoisi.

— Ah ! ciel de Dieu ! balbutia-t-il, que tous les saints du Paradis t'accompagnent !... Dix mille francs !

— Vous les aurez demain.

— Demain !

La physionomie du paillasse s'illumina. Victorine se mordit les lèvres jusqu'au sang.

— Ah ! fit-elle avec dégout, les hommes ne valent rien. Moi qui n'étais pas décidée ! — C'est entendu, monsieur, je pars.

— Un moment, dit Shopp ; il n'entre pas dans mes projets de vous tendre un piége. Nous aurons, ma chère enfant, des dangers sérieux à courir, de rudes fatigues à supporter..

— Eh bien ! dit-elle avec un fier sourire, est-ce que vous avez peur ?

— Moi ! dit le Yankee....

Elle lui tendit la main, qu'il prit dans la sienne :

— A présent, dit-elle, le notaire y a passé.

PREMIERE PARTIE

LE DÉPART

PARIS

LE DÉPART

Shopp resta quelque temps sans venir me voir. J'avoue que je me fais avec peine à la négligence de mes amis. D'un autre côté, j'appréhende, en les poursuivant, de me jeter au travers de leurs affaires ou de leurs plaisirs.

Il me fallut donc un peu de courage pour aller lui rendre visite, et j'avoue que la curiosité y fut pour quelque chose. Je me rendis au Grand-Hôtel, où je le trouvai devant une glace, arrangeant les pointes de sa cravate. Cet accès de coquetterie pensa me faire tomber de mon haut.

— Que vous est-il donc arrivé? demandai-je.

— Bah! dit-il en souriant d'un air fat, vous vous en doutez bien un peu. J'emmène Victorine.

— C'est bien ce que je craignais. Et cela a été convenu tout de suite ?

— Vous lui faites injure, dit-il...

Là-dessus, mon ami me raconta ce qui s'était passé la veille à la foire de Saint-Cloud, et l'enlèvement de la géante, auquel le Paillasse avait prêté les mains. Elle avait voulu prendre avec elle une foule de nippes et d'inutilités dont la voiture de saltimbanque était remplie. Polyte, abruti par la joie, les avait suivis à Paris, pour recevoir plus tôt la prime qui lui avait été promise. Riche désormais, il abandonnait l'art pour de plus hautes destinées. Il se voyait bourgeois, électeur, marchand de vin, que sais-je ? Dans ce débordement de désirs ambitieux, le souvenir de Victorine avait été submergé. Il l'avait quittée sans regret, sans une bonne parole, effleurant sa joue du bout des lèvres. La géante n'avait pas sourcillé, mais se passant de dîner, elle s'était retirée dans un appartement voisin, où elle était depuis la veille.

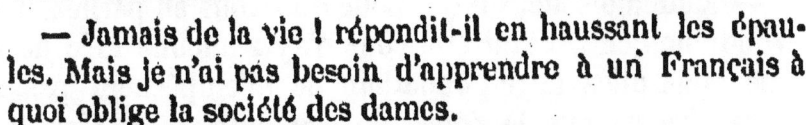

— Alors, dis-je à Jonathan, qui peignait gravement sa barbe, vous voilà amoureux ?

— Jamais de la vie ! répondit-il en haussant les épaules. Mais je n'ai pas besoin d'apprendre à un Français à quoi oblige la société des dames.

— Vous sortez avec cette femme ?

— Sans doute. Qu'avez-vous à dire à cela ?

— Rien, si cela vous convient. Paris tout entier va se mettre aux fenêtres.

— C'est bien pour cela que je me pare.

Au même instant, on frappa à la porte. Shopp, à peu près ajusté, me suivit au salon où nous vîmes apparaître Victorine.

Elle m'épouvanta d'abord. Une géante se comprend et s'admet dans une baraque ou sur un théâtre; dans la vie ordinaire, dans un appartement, elle jure tellement avec tout ce qui l'entoure, qu'on ne s'habitue que difficilement à sa grandeur. Elle me tendit la main, comme à un vieil ami.

— Avez-vous bien dormi, mon enfant? dit Jonathan d'une voix paternelle.

— Très-bien, monsieur. Est-ce que l'on déjeune ?

— Tout à l'heure. Après quoi, nous sortirons, si vous le voulez bien, pour vous habiller.

— Comment cela ? Il me semble que je suis très-belle.

— Très-belle, en effet, dis-je pour placer mon mot. Mais il y a pas de mal à vous munir de quelques chiffons pour la route que vous allez faire.

— Ah oui ! dit-elle, le grand voyage. En êtes-vous, monsieur ?

Cette demande naïve m'alla au cœur.

— Mademoiselle, dis-je, pour que vous en parliez aussi tranquillement, il faut que vous n'ayez aucune idée de ce que vous allez faire. Jonathan ne m'empêchera pas de vous dire ce que je pense de son entreprise. C'est tout bonnement une extravagance. Savez-vous un peu de géographie ?

— Moi? dit-elle; je ne sais pas lire seulement.

— Eh bien ! figurez-vous que vous avez d'abord l'Europe civilisée à traverser, un pays plus ou moins peuplé, où vous trouverez des routes et des hommes. — Quinze jours au moins, n'est-ce pas, Jonathan ?

— Oui, au moins.

— Après quoi, vous aurez la Russie devant vous, un pays de glaces et de neiges, presque désert, où vous risquerez de mourir de faim et de froid. — Un mois de voyage, n'est-ce pas, Jonathan ?

— A peu près.

— Après la Russie, la Sibérie ; après la Sibérie, la Russie d'Asie ; des gouffres, des montagnes, des jours de trois heures, des nuits de vingt, des bêtes féroces, des hordes de Tartares plus sauvages et plus méchants que les bêtes ; aucune aide à espérer, aucun secours possible ; toutes les privations, toutes les misères... — Un mois encore, n'est-ce pas, Jonathan?

— Deux mois, fit celui-ci.

— Mais, demanda Victorine, que cette conversation intéressait vivement, pourquoi y allez-vous, monsieur Shopp?

— Parce que personne n'y est allé, répondit-il, du moins à Vélocipède. Vous savez, mon enfant, que je ne vous tiens pas pour engagée ; vous êtes libre encore de me quitter.

— Ah ! dit-elle avec un peu d'humeur, vous saurez que je n'ai qu'une parole.

Nous déjeunâmes gaîment. Victorine n'avait jamais bu de champagne; elle se grisa à demi et eut de bons rires de jeune fille. Je m'étonnais malgré moi de voir sortir de ce grand corps de jeunes et fraîches paroles. Je partis, et Shopp monta en voiture avec sa protégée pour courir Paris. La journée se passa fort agréablement pour eux. Victorine, d'abord scandalisée par les allures de l'Américain, et par la façon dont l'argent glissait entre ses doigts, s'y fit en quelques heures. On a dit avec raison que dans toutes les femmes il y a l'étoffe d'une duchesse. La jeune femme se formait à vue d'œil; son passé d'artiste la rendait éminemment apte à se transfigurer, à remplir un rôle nouveau; son intelligence naturelle lui faisait deviner les mots qu'il fallait éviter, les allures, les gestes dont elle devait se défaire. Shopp, qui s'était attendu à de rudes mécomptes, marchait de surprise en surprise. Il se demandait si le hasard ne l'avait pas fait tomber sur une princesse de Gérolstein.

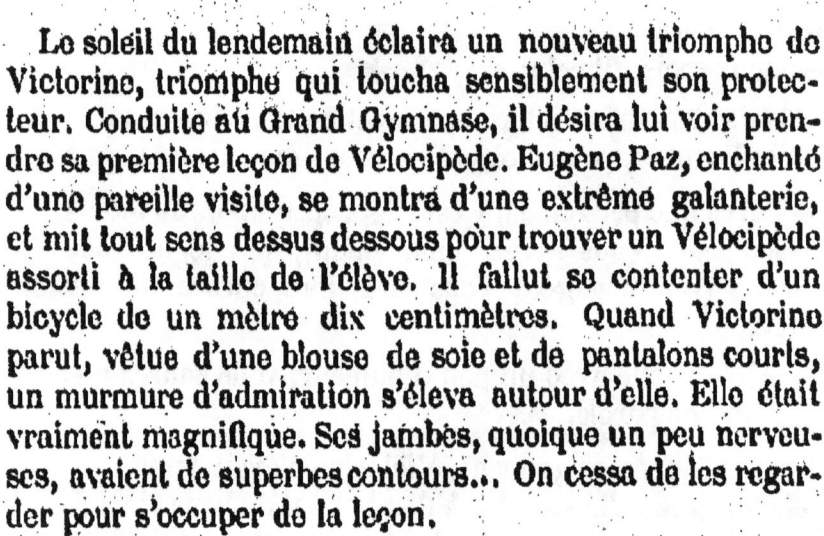

Le soleil du lendemain éclaira un nouveau triomphe de Victorine, triomphe qui toucha sensiblement son protecteur. Conduite au Grand Gymnase, il désira lui voir prendre sa première leçon de Vélocipède. Eugène Paz, enchanté d'une pareille visite, se montra d'une extrême galanterie, et mit tout sens dessus dessous pour trouver un Vélocipède assorti à la taille de l'élève. Il fallut se contenter d'un bicycle de un mètre dix centimètres. Quand Victorine parut, vêtue d'une blouse de soie et de pantalons courts, un murmure d'admiration s'éleva autour d'elle. Elle était vraiment magnifique. Ses jambes, quoique un peu nerveuses, avaient de superbes contours... On cessa de les regarder pour s'occuper de la leçon.

Victorine parut blessée quand on voulut la traiter en écolière...

— Non, dit-elle, je sais à peu près ce que c'est; courez d'abord devant moi, et j'essaierai ensuite.

Elle regarda très-attentivement le professeur, qui fit quelques tours de manége, et se plaçant sur le Vélocipède qu'on maintenait en équilibre :

— A présent, dit-elle, laissez aller....

Elle se lança dans la carrière résolûment, sans hésitation, en véritable saltimbanque qui s'en tirerait au besoin par un saut périlleux. Le professeur, effrayé, se hâta de partir pour marcher de conserve avec elle. Dans les premiers tours qu'elle décrivit, on s'aperçut de son inexpérience : le gouvernail vacillait dans sa main ; le mouvement imprimé aux pédales était nerveux, irrégulier ; elle chancelait de temps en temps et hésitait aux détours. Peu à peu sa marche devint plus sûre, ses mouvements plus doux et plus mesurés ; elle ralentissait ou augmentait sa vitesse, se rendant compte de toutes les ressources de la machine qu'elle dirigeait. Le professeur, essoufflé, voyant qu'elle n'avait plus rien à craindre, cessa de l'accompagner. Elle parcourut plusieurs cercles encore, et, après une course de vitesse, acclamée par Shopp et Paz, elle vint s'arrêter lentement devant eux :

— Etes-vous contents de moi ? dit-elle.

Jonathan, dans l'ivresse de sa joie, lui baisa les deux mains. Le soir même, il se rendit chez son fabricant de bicycles, pour faire accommoder le dernier Vélocipède commandé aux exigences de la taille de Victorine.

Je les perdis de vue pendant quelques jours. Je savais qu'ils faisaient de longues promenades au Bois de Boulogne, s'exerçant à courir sur leurs chevaux d'acier.

Un matin, je reçus une lettre de Shopp, qui me reprochait de le négliger et m'invitait à passer la soirée avec lui.

Je le trouvai seul, l'œil éclairé d'une flamme intérieure, et se frottant les mains comme un homme qui se dispose à en étonner un autre....

— Il faut que je vous présente une nouvelle connaissance, me dit-il, — au moment où j'allais lui demander des nouvelles de Victorine. Venez avec moi.

Nous sortîmes pour frapper à une porte voisine. Une soubrette nous ouvrit. Dans un grand fauteuil, couverte de soie et de dentelles, une splendide créature se prélassait. C'était la géante. Elle me donna le bout des doigts, comme une actrice ou une marquise.

— Bonjour, cher, dit-elle.

Cela m'assombrit. Je craignis d'avoir trempé dans une intrigue vulgaire. La figure de Jonathan respirait pourtant la candeur.

— Est-ce que vous allez faire le tour du monde dans cette toilette? demandai-je d'un air bourru.

— Bon! dit Shopp, il n'y a pas de mal à parer les jeunes femmes. Ces colifichets ne prouvent rien. Je parie que vous nous jugez mal.

— Certes ! dit Victorine qui le comprit, où prendrions-nous le temps de faire l'amour ? Au Bois toute la journée, au spectacle le soir ; il nous faut bien la nuit pour dormir. Sans compter que j'apprends à lire.

— Vraiment ? dis-je, et devenez-vous savante ?

— Un peu, dit-elle, regardez plutôt.

Et elle lut : — Vé-lo-ci-pè-de.

Je passai avec mes amis une excellente soirée. Jonathan voulut nous conduire à l'Opéra, où notre entrée fit sensation. Quand Victorine, en robe décolletée, s'assit sur le devant de la loge, la salle entière s'émut, et cinq cents jumelles se braquèrent sur elle. Sérieuse, calme, elle ne parut pas embarrassée des regards qui l'assaillaient. Sa tête majestueuse, couronnée d'une chevelure opulente, avait un air d'incomparable sérénité. Le manque d'expression qui caractérisait sa beauté sculpturale se trouvait convenir admirablement à la situation ; sa froideur naturelle jouait la fierté, et la timidité qui retenait sa voix et ses gestes se traduisait pour la foule en exquise distinction. Je n'avais pas encore remarqué ses épaules que j'aurais jugées plus massives. Sous la lumière du gaz, elles se modelaient, blanches et polies ; leurs contours n'avaient pas cette perfection de lignes qui signale la plénitude de la beauté ; quelques dépressions accusaient la jeunesse et trahissaient l'ébauche. Victorine s'aperçut qu'elle était le point de mire vers lequel convergeaient tous les yeux, et la persistance de cette curiosité finit par la fatiguer.

— Qu'est-ce donc qu'ils me veulent ? dit-elle.

Le fait est qu'elle avait écrasé, par sa seule apparition, les spectatrices des loges voisines. De belles

dames ; parées de diamants étincelants, passaient à l'état de poupées. Nous-mêmes avions l'air de petits garçons auprès de cette belle personne. La vengeance ne se fit pas attendre. Il n'est pas d'intuition plus sûre que celle de la méchanceté; une petite fille de vingt ans, mordant le bout de son éventail, laissa échapper un mot qui vint en sifflant jusqu'à nous.

— Une géante !

Les premiers accords de l'orchestre vinrent nous distraire de ces préoccupations. Victorine parut s'intéresser au spectacle, mais d'une manière enfantine. Le bruit des cuivres, les évolutions des figurants, les manœuvres du corps de ballet la charmèrent. La musique proprement dite l'ennuya franchement, et elle l'avoua sans se faire prier.

— C'est joli, dit-elle, mais j'aime mieux le Cirque.

Pendant les entr'actes, elle se réfugiait au fond de la

loge, pour fuir une admiration qui devenait importune. Elle pria Shopp de sortir avant la fin de la pièce, sans doute pour le même motif. Mais à peine la vit-on se lever que l'orchestre se dégarnit sensiblement. Nous trouvâmes dans les couloirs, sur l'escalier et sous le péristyle, une haie de spectateurs rangés sur notre passage. Victorine ne put s'empêcher de sourire, et nous dit, en montant en voiture :

— Voilà des gens qui seraient bien étonnés, s'ils savaient qu'il y a huit jours je me montrais pour trois sous.

— Leur empressement n'a rien qui surprenne, dis-je, cherchant à débiter quelque fadeur...

— Sans doute, dit-elle en m'interrompant; aujourd'hui l'on me voit pour rien.

Je retournai au Grand-Hôtel le lendemain, le jour suivant, et le jour d'après. Certes, j'avais pour Shopp une véritable amitié. Mais il y a dans la compagnie de certaines femmes des attraits invisibles, des séductions dont on ne se rend pas compte, et auxquels on cède sans s'en apercevoir. Victorine était une nature plus grossière que raffinée, totalement étrangère aux manéges de la coquetterie. Toutefois, elle n'ignorait pas son métier de femme, métier charmant qui ne s'apprend pas, et que ne savent bien que celles qui le devinent. Elle se plaisait à interroger ou à répondre par un geste, un sourire, un regard, toutes choses plus sensibles et plus douces que la parole, en ce qu'elles créent entre deux interlocuteurs une familiarité dont on ne se défend pas. Aussi était-ce Jonathan qui m'accablait maintenant de plaisanteries sur le compte de notre belle écuyère. Quand nous allions ensemble au Bois, il prenait un malin plaisir à me distancer, en excitant l'émulation de Victorine, qui ne restait jamais en arrière. Lorsque je parvenais à les rejoindre, il clignait de l'œil d'un air sournois, et me disait en riant :

— Vous savez que je vous l'enlève bientôt.

Victorine s'amusait de ces querelles et semblait renaître et fleurir dans la vie facile qui lui était faite. Habituée depuis l'enfance à ce que les saltimbanques appellent « le travail, » c'est-à-dire à un esclavage dix fois plus rude que le labeur de l'ouvrier, elle se demandait par quel miracle elle avait été tirée de cet enfer. Bien que sa position de géante lui fît une existence relativement heureuse, elle n'en avait pas moins subi les privations d'une vie nomade et la captivité volontaire à laquelle son état la condamnait. Aussi n'osait-elle croire à la stabilité de sa nouvelle fortune. Elle avait d'abord supposé à Shopp des vues intéressées, et elle n'était pas encore absolument désabusée. Cependant, il fallait se rendre à l'évidence. L'avenir l'inquiétait. Depuis que nous en avions parlé, elle se voyait destinée à devenir la proie d'une espèce de Minotaure, représenté par le voyage mystérieux qui se préparait. Dans son ignorance, elle n'avait aucune idée exacte des chances qu'elle allait courir. — Mais elle comprenait que Shopp était un compagnon sûr et dévoué, et elle se promettait d'être pour lui une vaillante compagne. Comme la fille de Jephté, mais plus gaîment que cette pleureuse, elle était résignée au sacrifice.

L'entreprise de Jonathan n'avait pu d'ailleurs rester secrète et devenait peu à peu le bruit de Paris. Le Napoléon du Vélocipède s'était fait honneur des améliorations introduites dans ses constructions, en vue de voyages de long cours sur lesquels il ne s'expliquait pas. Moi-même, je m'étais récrié devant quelques amis sur l'absurdité de ses projets. Enfin, la taille de Victorine, sa beauté, ses apparitions fréquentes au Bois avaient attiré sur elle et sur son cavalier l'attention de la foule.

Le sport établit, entre les gens bien élevés, une camaraderie qui ne dépasse pas certaines bornes, mais à laquelle on ne se refuse pas. Pendant les temps d'arrêt et de repos de ses courses, Jonathan avait été quelquefois abordé par des Vélocipédistes qui, sous prétexte de se renseigner sur son bicycle perfectionné, entamaient une conversation qu'ils cherchaient à prolonger. Malgré sa froideur américaine, Shopp n'était pas rebelle à ces avances, surtout quand la figure des gens lui plaisait. Victorine se montrait, dans ces occasions, très-discrète et très-réservée. Elle savait ce que son défaut d'éducation pouvait lui faire perdre dans une causerie soutenue, et elle se bornait à répondre aux questions qu'on se permettait de lui faire, ou à émettre des observations toujours bien placées. Sa tenue majestueuse et sa figure sévère tenaient les gens à distance. Par un accord tacite, le secret de son passé n'avait été trahi par aucun de nous.

Il en résulta qu'au bout de quinze jours, Jonathan et Victorine étaient à peu près sûrs de rencontrer, à leur arrivée au bois de Boulogne, un essaim de nouveaux amis qui se trouvaient là, par hasard ou autrement, et qui se plaisaient à leur servir d'escorte. Quand on s'arrêtait au Pré-Catelan ou au café de la Cascade, Victorine, mettant pied à terre, semblait une reine entourée de sa cour. Elle sentait les obligations que lui imposait sa taille et n'acceptait le bras de personne. Tout au plus s'appuyait-elle quelquefois sur Shopp, mais en se courbant doucement, de façon à ne pas rester aussi grande. Elle comprenait les

difficultés de faire accepter l'antithèse dans la vie réelle, et je ne suis pas bien sûr qu'elle ne regrettât pas les races de géants.

Mais tous les esprits n'ont pas la même retenue. Il arriva la chose la plus bizarre du monde, chose qu'il eût été d'ailleurs difficile de prévenir. Deux petits jeunes gens, deux charmants garçons de cinq pieds, âgés de vingt ans, à taille élégante et menue, à moustaches fines, deux amis intimes, Abel et Albert, devinrent éperdûment épris de cette superbe créature. Ils représentaient, dans ses allures les plus parfaites, cette génération moderne à laquelle on a donné le nom de « Petits Crevés » d'une façon plus désobligeante que juste. La solidité de leur tempérament était prouvée par leurs exploits de Vélocemen, et en dehors de ces qualités physiques, ils étaient vraiment intelligents. Mais cela n'empêche pas de devenir amoureux.

Victorine s'en aperçut, — les femmes s'en aperçoivent

toujours, — et faillit d'abord en mourir de rire. Puis, en voyant pâlir le jeune Abel, un jour qu'elle refusait d'accepter un bouquet de violettes qu'il lui offrait, elle fut émue d'une étrange pitié. Elle n'osa rien dire le jour où le jeune Albert s'empara d'un de ses gants qu'elle avait oublié sur l'herbe. Elle gantait cependant neuf et demi. — Mais, intérieurement troublée, elle prit à part son ami Jonathan et lui confia les préludes de ce roman.

Celui-ci se garda bien de plaisanter sur cette affaire. Il interrogea la géante comme un médecin discret qui ausculte le cœur d'un malade. 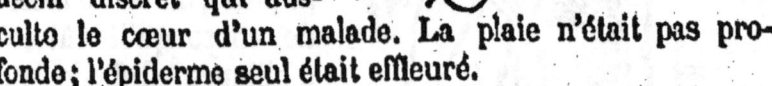 La plaie n'était pas profonde; l'épiderme seul était effleuré.

— Ma chère fille, dit-il, le mal n'est pas grand. Je vois que vous aimez les enfants, car l'intérêt que vous inspirent ces jeunes gens est purement maternel. Il y a de ces erreurs de sentiment dans le cœur des femmes. La preuve en est que vous les aimez autant l'un que l'autre.

— C'est vrai, dit-elle.

— Il ne faut donc pas vous attendrir, car notre départ va couper court à toutes ces galanteries. Je voulais vous en prévenir ce soir même; nous partirons dans huit jours, si cela vous arrange.

— Je suis prête.

— Nous l'annoncerons demain à ces messieurs. Nos Vélocipèdes sont en état, et l'essai que nous en avons fait nous donne toute sécurité. J'ai reçu ce matin des télégrammes de Russie : l'hiver a commencé ; la Néva charrie et sera prise dans huit jours. Le froid s'annonce comme devant être très-intense ; cela est favorable à nos projets. J'ai fait partir nos relais d'approvisionnements, l'un pour Saint-Pétersbourg, l'autre pour Arkangelsk. Je n'ai rien oublié ; vous pouvez vous en rapporter à moi. Nous sommes aujourd'hui mercredi. Voulez-vous que nous quittions Paris jeudi prochain, de bonne heure ?

— Soit, dit-elle.

— Eh bien ! c'est convenu.

A partir de ce jour, Victorine entra dans une période d'activité singulière. On eût dit qu'elle avait besoin de s'étourdir sur les événements qui se préparaient. Avec une certaine timidité, elle demanda à Shopp de l'argent et la permission de sortir. Je n'ai pas besoin de dire comment l'Américain se conduisit. Il mit à sa disposition une voiture et cent louis, en lui demandant si cela lui suffirait.

— Je ne sais pas, dit-elle, nous verrons demain.

Shopp supposa que sa protégée avait des connaissances, des amies peut-être à qui elle était bien aise de dire adieu et de laisser un souvenir. Il se trompait. Victorine rentra, accompagnée de cartons, de boîtes, de paquets de toutes sortes, que Jonathan vit arriver avec stupéfaction.

— Ce sont des occasions magnifiques, dit-elle ; je sais bien mieux acheter que vous.

— A merveille, mon enfant ; l'important est que vous soyez contente. Mais que comptez-vous faire de tout cela ?

— L'emporter.

Il se prit à rire de bon cœur.

— Vous n'y songez pas, dit-il. C'est à peine si nous pourrons prendre avec nous les objets de première nécessité. Le plus mince bagage est lourd à porter pendant des milliers de lieues. Un Vélocipède n'est pas un chameau. Cela vous coûtera-t-il beaucoup de renoncer à ces fantaisies ?

— Mais, fit-elle avec un ton boudeur, il faut bien pourtant que je m'habille.

— Cela me regarde, et je voulais précisément en causer avec vous. Voyons, ne faites pas la moue. Ces richesses ne sont pas perdues. Nous allons en faire un ballot que vous trouverez au retour.

— C'est dommage !

— Pas le moins du monde. Demandez plutôt à notre ami Jacques.

J'entrais au même instant. Les faits me furent exposés. Victorine comprit qu'elle était condamnée.

— Le temps des dentelles et des falbalas est passé, lui dis-je. Vous allez voyager comme un pionnier, un trappeur à la recherche d'un nouveau monde ; c'est une route que vous allez frayer ; il vous faut une pioche et des armes, et non pas des rubans. Après cela, si vous m'en croyez, vous laisserez notre ami à ses grandes idées, et pendant qu'il fera le tour du monde, vous ferez avec moi le tour des boulevards.

— Parlez-vous sérieusement ? dit Shopp fort ému.

— Parfaitement, répondis-je. Il ne sera pas dit que j'aurai laissé courir cette belle fille à sa perte sans lui crier casse-cou.

Shopp devint fort pâle, Victorine s'interposa.

— Laissez-le dire, s'écria-t-elle ; croyez-vous que je sois une petite fille à qui l'on fait peur ? J'abandonne mes robes sans regret.

— A la bonne heure ! fit Shopp en lui donnant une poignée de main, et puisque nous nous expliquons, nous allons régler quelques détails de voyage. Depuis que je vous connais, ma chère, j'ai pu apprécier votre caractère et vos qualités. Je ne cherchais qu'une dame de compagnie; je vois que vous serez pour moi un vaillant camarade et peut-être un ami. Il faut le montrer dès aujourd'hui.

Victorine l'interrogea du regard.

— J'ai été heureux, continua Shopp, de satisfaire chez vous, dans ces derniers temps, les goûts naturels de votre âge; vos succès m'ont fait autant de plaisir qu'à vous-même. *E finita la musica.* C'est-à-dire qu'il faut renoncer aux pompons, comme ce traître vous le disait tout à l'heure. Ainsi que les chevaux de course, il faut nous entraîner avant le départ. Songez qu'une fois partis, nous ne nous reposerons sérieusement qu'en Amérique.

— En Amérique, de l'autre côté de l'eau ?

— Eh non ! fit-il, nous y allons par terre.

Victorine ne fit pas d'objections; je me mordis les lèvres. Shopp poursuivit tranquillement :

— Vous comprenez qu'on ne va pas si loin sans quelques précautions. Ce qui serait une difficulté avec une femme ordinaire est entre nous sans importance. Votre ancien métier vous a habituée à porter tous les costumes. Il vous faut accepter un habit de cavalier, solide et commode, qui vous protège contre le froid et laisse vos mouvements libres, un costume à peu près semblable au mien.

— C'est mon avis, dis-je.

— Je le veux bien, dit Victorine, mais je ne me suis pas travestie depuis l'âge de douze ans.

— Voilà pourquoi je vous préviens d'avance. En quelques jours, vous prendrez l'habitude des vêtements nouveaux que vous allez adopter. Pour en arriver plus facilement au costume de voyage, j'ai fait porter chez vous des habits d'homme que je vous engage à essayer dès à présent.

— Volontiers, dit-elle.

Elle sortit, évidemment séduite par ce projet de mascarade. Shopp entra dans quelques détails au sujet de ses uniformes de course. Il avait imaginé un justaucorps à poches nombreuses, fortement doublé de soie, et relié à des pantalons étroits dont la partie inférieure était enveloppée de guêtres solides. Chaque voyageur emportait deux habits de forme semblable, l'un en cuir très-souple et très-résistant, l'autre un peu plus ample, en fourrures d'angora, dont le poil tourné en dedans devait conserver au corps sa chaleur normale. Il comptait en outre sur les propriétés électriques de cet habit pour entretenir les forces nerveuses dépensées dans la marche. Les vêtements de Victorine ne différaient des siens que par des basquines ou jupons très-courts qui prolongeaient le justaucorps au dessous de la taille.

Jonathan me fit voir l'excessive prudence qui présidait à ses préparatifs de départ. Ses Vélocipèdes devaient porter à l'avant de petits coffres, divisés intérieurement en je ne sais combien de compartiments. Il y avait les tiroirs des aliments, du feu, des munitions, des outils, des instruments, des médicaments, enfin tout un bazar réduit à sa plus simple expression. L'habit de rechange, des ceintures de gymnaste, des cordes tissées de soie et de caoutchouc enveloppaient les boîtes pour les préserver des chocs. Les poches des costumes de voyage étaient des succursales de ces magasins généraux. Comme coiffure, il avait commandé des casquettes fourrées à visière et à masque de verre, ainsi que des chapeaux ronds, à larges bords, d'un taffetas gommé imperméable.

— Et cela me fait songer, dit-il, que j'ai autre chose à demander à Victorine.

Il fit un geste. Je compris qu'il en voulait aux cheveux de la dame, et je craignis une résistance naturelle. Elle entra sur ces entrefaites, dans ses habits d'homme, moins embarrassée du costume que de l'effet qu'elle allait produire. Nos premiers regards la rassurèrent.

Ce qui nous frappa le plus, c'est la réduction que la taille de Victorine parut avoir subie sous cette nouvelle apparence. Elle avait la prestance d'un très-beau garçon, et perdait cet aspect de phénomène qui, à la longue, est si pesant pour les gens que la nature a exceptionnellement doués. En la voyant, la figure de Shopp rayonna cordialement, et il s'oublia jusqu'à parler anglais.

— *All rigth! dit-il, very well! Splendid!*

Elle se mit à rire et nous dit, à l'unisson de notre pensée :

— N'est-ce pas que je ne suis plus aussi grande ?

— Vous êtes très-bien, dis-je, et si vous le voulez, nous irons promener un peu dans Paris.

— C'est, dit-elle, que mon chapeau ne tient pas.

Shopp me regarda. Je résolus de frapper un grand coup.

— Tenez-vous beaucoup à vos cheveux, Victorine ?

— Mais oui, dit-elle.

Tout-à-coup elle se ravisa et me dit en hésitant :

— Il faudra les couper, n'est-ce pas ?

— Dame ! vous ne trouverez pas beaucoup de coiffeurs en voyage. Mais vous n'avez pas besoin de les couper tout à fait. Aux épaules, n'est-ce pas, Shopp ?

— La belle avance ! dit-elle.

— Ce qui nous donnerait la meilleure opinion de votre raison, mon enfant, ce serait de faire ce sacrifice tout de suite. Après quoi nous irions passer la soirée en ville, comme de mauvais sujets.

Il n'est pas d'idée extravagante qui n'ait quelque chance d'être bien accueillie d'une femme. Ces derniers mots décidèrent Victorine, qui sonna sa femme de chambre. — Demi-heure après, ses beaux cheveux châtains étaient galamment recueillis par Shopp, qui prétendit les envoyer en Amérique, où elle s'en ferait faire de fausses nattes à son arrivée.

Le temps était encore doux, quoique nous fussions à la fin d'octobre. Nous résolûmes d'aller passer la soirée à un café chantant des Champs-Elysées, où débutait la célèbre Aurore. On sait la vogue qui s'attache à ces exhibitions dramatiques mêlées de rafraîchissements. Il y avait foule. Shopp aperçut des places vacantes auprès d'une table occupée par de magnifiques militaires en uniforme bleu de ciel. C'étaient des cent-gardes. Victorine s'assit et devint tout à coup fort pâle.... Un de ses voisins inconnus, guerrier trié sur le volet pour faire l'admiration des cordons bleus de France, la dépassait de quelques lignes. Peut-être était-il placé sur une chaise haute ; peut-être

son buste (avait-il des proportions anormales, car il était assis. Ce qu'il y a de sûr, c'est que Victorine se sentit avec ses pairs. Elle ouvrit de grands yeux sur cet homme qui ne l'obligeait pas à baisser la tête....

Cette fois Jonathan eut peur. Il appela le garçon, fit tapage, se plaignit de la consommation, et chercha de toutes façons à attirer l'attention de la jeune fille ou plutôt à la distraire. Celle-ci rêvait à la lune, visiblement préoccupée par le fouillis d'épaulettes, de brandebourgs et de boutons dorés qui s'agitait auprès d'elle….

Heureusement pour la paix internationale, que Shopp ne se montrait pas disposé à respecter, les cent-gardes, au bout d'un quart d'heure, se levèrent avec un grand bruit de ferraille, sans se douter de la conquête qui leur échappait. La taille de Victorine, malgré certains contours, avait des dimensions qui éloignaient l'idée de travestissement, quand on ne l'examinait pas avec attention. Elle parut blessée du peu de perspicacité de ce corps d'élite, et la France perdit peut-être l'occasion de voir se perpétuer une grande race.

— Le tour du monde l'a échappé belle, dis-je à Shopp.

Une heure après, le nuage était dissipé, et Victorine riait de bon cœur des drôleries qui se débitaient sur l'estrade du café-concert. En dehors de ces surprises du cœur, que Jonathan commençait à trouver fréquentes, elle était aussi facile à amuser qu'un enfant.

— Bonne fille ! me dit Shopp à l'oreille, mais diablement fragile !

— Mon ami, lui répondis-je de la même façon, vous êtes illogique. Vous réveillez dans cette créature tous les instincts féminins, et vous vous étonnez d'entendre battre son cœur. En vérité, vous jouez un jeu hardi, et les choses tourneront mal, si vous n'y mettez ordre. Il ne saurait y avoir de plus dangereux conseillers, pour une fille de vingt ans d'une allure pareille, que l'oisiveté, le luxe et les galanteries dont vous bercez sa nature ignorante. Vous croyez tout sauver par votre flegme. Absurdité. La jeunesse de Victorine se révoltera et aura raison de votre philosophie. Il faut lui donner de l'occupation ou la distraire. Partez dès demain, ou faites-lui la cour.

Shopp fit une singulière grimace.

— Et le Paillasse? dit-il.

Ce souvenir me parut intempestif. Mais il fallait répondre quelque chose,....

— Bah! dis-je, le Paillasse ne prouve rien.

— L'aimeriez-vous donc à ma place?

— Si je l'aimerais? ce serait déjà fait.

— Elle est si grande!

— Qui vous empêche de l'aimer en détail?

Shopp partit d'un gros rire de millionnaire qui réveilla notre compagne.

— Que dites-vous? demanda-t-elle.

— Des sornettes, ma chère, comme tous les hommes qui boivent. Avez-vous assez de musique comme cela? Voulez-vous venir voir danser les petites dames?

— Avec plaisir.

— Où donc allons-nous? dis-je.

— A Mabille.

— Et dans quel but?

— Ah! fit Shopp en haussant les épaules, il faut tout vous dire! Venez, et vous le saurez.

— 27 —

Nous sortîmes de l'enceinte du café, et nous nous dirigeâmes vers l'avenue Montaigne, illustrée autrefois par Charles Rabou sous le nom d'allée des Veuves. La fête était dans tout son éclat. Quelques célébrités chorégraphiques levaient la jambe à la hauteur de l'œil, autour du kiosque étincelant où rugissait l'orchestre. Des étrangers reconnaissables à leur accent, à leur démarche, à la coupe rayonnante de leur barbe, circulaient gravement au milieu des femmes plâtrées. Shopp et Victorine, que je suivais, traversèrent les groupes et se dirigèrent vers le tir, où quelques cocottes essayaient de casser des poupées.

— Avez-vous du coup d'œil? dit Shopp à sa compagne.

— Pourquoi me demandez-vous cela?

— Pour une bonne raison. Il est possible, il est même probable que dans notre excursion nous aurons de fâcheuses rencontres. Les Véloces vont vite, mais on ne peut pas toujours fuir. Saurez-vous au besoin loger une balle dans le front d'une méchante bête?

— Je ne sais pas, dit-elle, je n'ai jamais essayé.

— Eh bien! nous allons voir.

Le tir était libre. Victorine prit le pistolet avec un tressaillement nerveux visible, et commença à marquer la plaque noire de taches plombées, qui figuraient une constellation des plus irrégulières. Aux premiers coups, sa main tremblait; elle ne pouvait s'empêcher de fermer les yeux. Elle se rendit assez rapidement maîtresse de cette émotion; son poignet s'affermit peu à peu, sa pose devint calme, son front ne sourcilla plus, et les balles, se rapprochant lentement du centre de la cible, entamèrent le carton blanc. Les progrès étaient évidents.

Derrière nous, quelques personnes attendaient qu'on voulût bien leur céder la place. Nous nous éloignâmes, et je fis mes compliments à notre amie.

— C'est un beau début, dis-je.

— J'avoue, répondit-elle, que j'ai eu d'abord très-peur ; mais je crois que c'est fini.

— Vraiment? fit Shopp, même quand, au lieu de la cible, vous aurez devant vous la tête d'un ours blanc?

— Il me semble qu'alors je tirerai plus juste.

— C'est d'un grand cœur, dis-je ; le danger affermit les gens, quand il ne les démoralise pas. Décidément, ma chère Victorine, vous êtes une perle, ou, si votre taille vous fait mépriser la comparaison, — une étoile.

— Mon Dieu! s'écria Shopp, que ces Français sont donc galants!

Et me donnant un grand coup de poing incognito, il ajouta *mezzo voce :*

— Vous savez bien qu'elle n'a pas besoin d'être cajolée.

Le lendemain, Jonathan, justement inquiet de l'humeur langoureuse de la géante, entreprit de ne pas lui laisser le loisir de rêver à quoi que ce fût. Il lui proposa de faire le voyage de Fontainebleau à Vélocipède. Elle y consentit ; ils partirent de bonne heure. En dehors de la route d'aller et retour, qui ne compte pas moins de 120 kilomètres, ils passèrent la journée à parcourir la forêt dans tous les sens. Ainsi, dans les contes immortels de notre cher Balzac, le bonhomme Bruyn combattait avec la jeunesse déchaînée de la fillette qu'il avait tardivement épousée. Cette promenade dura toute la journée, et Shopp oublia à dessein d'offrir à déjeuner à Victorine.

Celle-ci, émerveillée par le pays, ne songea pas à réclamer, et ils rentrèrent à Paris à jeûn.

— Soupons-nous? dit Jonathan, charmé de l'épreuve, — pendant qu'on remisait leurs Vélocipèdes au Grand-Hôtel.

— Comme vous voudrez, dit-elle.

Ce fut un rude souper, je vous prie de le croire. Shopp s'y montra galant, et, au dessert, proposa à Victorine d'essayer son costume de voyage qu'on avait apporté. Elle le regarda d'un air surpris et, l'esprit éveillé par le champagne, répondit nettement :

— Non. Je suppose qu'il me va bien. D'ailleurs, s'il est très-simple que je le mette dans quelques jours, quand vous ne serez occupé que de notre départ, il me paraît inutile de m'habiller maintenant, où vous pensez à toute autre chose.

Et comme Shopp voulait être aimable, elle recula sa chaise :

— Je vous assure, dit-elle, que si je vous écoutais, nous en serions bien fâchés l'un et l'autre. Vous ne m'aimez pas comme une femme, et moi, je vous aime comme un ami, deux raisons qui s'opposent à votre caprice.

— Ah! ça, dit Shopp, vous êtes donc bien forte en métaphysique ?

— Je ne sais pas seulement ce que c'est.

Le jour suivant, Shopp me raconta sa déconvenue, qui lui avait inspiré une estime toute particulière pour Victorine. Celle-ci parut et ne fit aucune allusion à ce qui s'était passé. Nous allions sortir, quand on vint nous prévenir que deux messieurs sollicitaient l'honneur d'être reçus par M. Shopp.

On fit entrer. MM. Abel et Albert se présentèrent avec beaucoup de grâce. Shopp accueillit avec des poignées de mains ses amis du Bois de Boulogne, et Victorine s'inclina, comme la tour de Pise, sur le front des deux jeunes gens. Ils exposèrent, en termes choisis, le motif de leur visite…

Ils venaient, au nom des principaux cercles de Vélocemen de Paris, réunis en comité, remplir une mission auprès de M. Jonathan Shopp — et de ses amis. — Ma présence me valut d'être enveloppé dans l'invitation dont ils étaient porteurs. Les Vélocipédistes de Paris, heureux et fiers de voir la capitale de la France élue pour être le point de départ de ce *Tour du monde*, qui devait illustrer à jamais le Vélocipède, priaient M. Shopp, promoteur de cette glorieuse idée, d'honorer de sa présence un banquet de corps aux Frères Provençaux...

— On ne refuse pas le coup de l'étrier, dirent ces messieurs, quand il est offert par des émules qui n'ont que ce moyen de s'associer à votre gloire.

Shopp était l'homme des speachs. Il écouta gravement, sans donner aucun signe d'agrément ou d'improbation, et prit ensuite la parole avec une aisance singulière......

Il dit la grandeur de la France, dont les forces vives sommeillent quelquefois, mais ne s'éteignent jamais. Il la dépeignit comme l'étincelle qui, il y a cent ans, embrâsa les poudres de la jeune Amérique, pour qui elle versa son sang le plus pur. De ces considérations politiques, il passa aux questions d'avenir, de progrès moral et physique. Le Vélocipède brilla soudainement dans sa période, et il termina en acceptant avec effusion l'invitation des cercles de Paris.

L'audience semblait finie. Les jeunes gens ne se décidaient pourtant pas à prendre congé, quoique Victorine eût serré leurs petites pattes gantées dans sa large main blanche. Ils voulaient certainement autre chose. Albert, le plus audacieux, reprit la parole, et demanda à Jonathan, pour Abel et pour lui, la permission de le suivre dans son voyage. Toutes les objections semblaient avoir été prévues; les jeunes gens étaient libres; ils disposaient d'un budget suffisant; en cinq jours, ils pouvaient compléter leur équipement. Victorine était intérieurement touchée, et sa rougeur trahissait son émotion. Shopp ne se troublait pas.

— Je n'ai rien à vous refuser, dit-il aux jeunes gens, d'un ton qu'il voulait rendre aimable. La route est ouverte à tout le monde, et vous serez les bienvenus à nos côtés. Mais je n'accepte aucune solidarité de caravane, et je ne puis attendre personne.

— C'est bien ainsi que nous l'entendons.

— Vous êtes les maîtres de partir avec nous. — Vous cédez à un mouvement d'enthousiasme qui vous entraînera moins loin que vous ne pensez. Même avec les garanties dont j'entoure mon expédition, je doute quelquefois du succès. Croyez-en mon expérience; vous ne tiendrez pas huit jours. Vous serez vaincus par des ennemis contre lesquels on ne lutte pas : la fatigue d'abord, puis le défaut des ressources que je puiserai dans mes approvisionnements et la construction spéciale de mes Véloces. Je me suis juré de réussir : c'est pour cela que je m'interdis tout accès de sympathie, toute obligeance, toute camaraderie. Cet égoïsme sera ma force. Une fois en route, je n'aurai qu'une devise : *Go head!* — En avant!

— En avant, soit! répondit Albert; loin d'être blessés de cette franchise, nous avons à vous en remercier. Nous ne compterons que sur nous-mêmes; c'est assez. Mais nous ne saurions adopter des principes aussi rigoureux que les vôtres. Si nous nous engageons à ne vous rien demander, nous n'en serons pas moins disposés à vous servir.

— C'est une générosité toute française! dit Shopp en s'inclinant.

Mais, quand ils furent partis, il revint vers nous en haussant les épaules :

— Des enfants! dit-il.

Les cercles de Paris firent bien les choses. Le banquet eut lieu le mardi suivant, l'avant-veille du départ. Il réunissait les Vélocemen les plus distingués, les journalistes les plus spirituels, les boulevardiers les plus célèbres. Les Frères Provençaux s'étaient surpassés dans la composition d'un repas véritablement splendide. Peut-être fallait-il faire remonter le goût et l'originalité de quelques-uns de ses détails aux ordonnateurs de la fête, Albert et Abel. Le surtout principal reposait sur un tapis laineux qui avait la blancheur et l'aspect d'une neige fraîchement tombée. Tout un paysage désolé s'élevait sur cette plate-forme éblouissante. Des sapins et des mélèzes au feuillage sombre, réduits à des proportions naines par la méthode chinoise, s'inclinaient sur un terrain glacé, percé çà et là de roches grisâtres. Au milieu de ce désert passait un génie, la flamme au front, monté sur un Vélocipède lancé à toute

vitesse. Il montrait du doigt l'horizon vers lequel il s'avançait. Cette figure idéale, due au ciseau de Ferru, fut l'objet d'éloges sincères. Le sculpteur avait rappelé, dans ses formes délicates et souples, à la fois nerveuses et arrondies, les contours inquiétants de l'hermaphrodite. Avec cela, l'éclair, l'essor, l'élan vers un monde inconnu. Le voyageur n'avait pas de sexe, mais on lui sentait des ailes.

Autour de cette composition, des candélabres aux bougies élancées, des masses de verdure s'accordaient avec la décoration centrale. Pas de fleurs, mais auprès de chaque convive, un groupe de verres, dont quelques-uns étaient nuancés de teintes pâles rappelant la gamme des couleurs du prisme. Ces cristaux coloriés corrigeaient la sévérité du couvert. Par un calcul poli, Jonathan et Victorine avaient été placés en face l'un de l'autre, car la jeune fille était de taille à écraser ses voisins. MM. Albert et Abel ne craignirent pas de se mettre à ses côtés, ce qui leur donnait l'air de nains perdus dans les jupes d'une châtelaine.

J'avais été appelé au conciliabule dans lequel Jonathan et Victorine débattirent le costume qu'elle devait mettre ce soir-là. Cette question avait son importance dans un milieu où le ridicule et le mauvais goût sont des ennemis redoutables. La stature de la géante créait à chaque instant des difficultés spéciales; une femme de six pieds et demi est embarrassante à faire accepter. On s'était accordé à un habit d'amazone à jupe traînante, qui dessinait le buste et dont la gravité n'était tempérée que par un col rabattu. Victorine étant la seule femme qui dût assister au banquet, nous tenions à la distinguer le moins possible des autres convives. Ce ne fut pas sans quelque opposition qu'elle accepta l'amazone; elle eût préféré une toilette de bal; mais la majorité l'emporta et elle se soumit de bonne grâce.

Il me paraît inutile de donner le programme de ce dîner

qui fit époque. Charles Monselet, qui y assista, prit des notes qu'il publiera sans doute un jour, et je ne veux pas déflorer le travail de ce poète aimable. Jonathan, du reste, ainsi que sa compagne, se piquèrent d'une sorte de sobriété. On fut généralement moins réservé.

Le dessert nous réservait d'agréables surprises. Le Vélocipède se produisit sous toutes les formes, en sucre, en nougat, en pâtes, en confitures. Des liqueurs exquises couraient autour de la table sur des tricycles d'argent. Je les arrêtais au passage avec complaisance; quoique mon excellent voisin, Francisque Sarcey, m'adressât de temps en temps à ce sujet des remontrances normales.

L'heure des toasts arriva; Shopp se leva le premier. J'eusse volontiers sténographié son discours, mais je n'avais pas la main assez sûre. Il dit de fort belles choses que je regretterai toujours d'avoir perdues. Sa péroraison seule m'est restée dans la mémoire.....

— Vous m'avez remercié, dit-il, au nom de la France, d'avoir choisi ce noble pays pour le lieu de mon départ, pour ce point de soudure où viendra se rattacher l'extrémité du cercle que je vais parcourir. Je vous en sais gré. La France est l'avant-garde du vieux monde. Mais puisque vous avez parlé de gloire, à propos d'une entreprise qui ne veut que de la volonté, — laissez-moi vous dire qu'elle est, dès à présent, indivise entre nous. C'est à Paris que j'ai trouvé cette vaillante compagne, dont l'énergie et le caractère assurent notre succès. Je vous quitte, Messieurs, mais j'emmène la France avec moi : — A la France !

Tous les auditeurs se levèrent. L'enthousiasme montait comme un flux et menaçait de nous submerger. Debout, enivrés, ivres peut-être, nous tendîmes nos verres du côté de Victorine épouvantée, en répétant :

— A la France !

La géante, revenue de sa première émotion, se leva et prit son verre à son tour. J'eus une grande angoisse de cœur; mes regards se rencontrèrent avec ceux de Jonathan. Il avait peur comme moi et n'avait pas prévu ce coup de théâtre. Victorine n'avait pas l'habitude de la parole. Elle baissa d'abord les yeux au milieu d'un profond silence. Puis sa voix résonna, vibrante et sûre :

— Je vous remercie, dit-elle, du nom que vous me donnez ; je vous promets de le porter comme il faut.

Elle se rassit, nous laissant pâles de joie. C'était digne, calme, simple, vrai. L'honneur du Vélocipède était sauvé. Il pouvait désormais aller au bout du monde. Victorine était un drapeau.

Demi-heure après, Jonathan se leva et demanda la permission de se retirer, s'excusant sur son prochain départ. Peut-être la situation de Victorine, qui se voyait en butte aux galanteries de toute l'assistance, fut-elle pour quelque chose là-dedans. On se donna rendez-vous dans la cour du Grand-Hôtel, le surlendemain jeudi, à sept heures du matin.

Je passai la journée du mercredi avec mes amis, et prêtai la main à leurs préparatifs de voyage. J'avais une arrière-pensée qui me rendait l'esprit libre ; aussi Victorine me raillait-elle sur mon insouciance. Je lui répondais sur le même ton.

— Bah! disais-je, votre promenade en Vélocipède, ce n'est pas la mer à boire.

— Non, répondit Shopp, ce n'est que le monde à traverser...

Nous causions ainsi, arrangeant les provisions, disposant les paquets, vérifiant les courroies, de façon à prévenir tout oubli, toute maladresse. Shopp avait vu son banquier et fait ses dernières visites. Trente lettres avaient été envoyées par lui à la poste. Dans les appartements voisins, on clouait de grandes caisses, que j'étais chargé d'envoyer en Amérique par les premiers paquebots. Victorine s'intéressait beaucoup à cet emballage, et recommandait de ne pas froisser ses robes et de ménager ses chapeaux. Cette confiance dans le retour me paraissait touchante. Je me sentais, malgré moi, disposé à la taquiner. Il était évident que le port de ces colifichets par les steamers dépasserait de beaucoup leur valeur intrinsèque. J'avais beau le lui affirmer, elle ne voulait pas m'entendre. Elle prétendait s'attacher à ses robes pour les avoir portées, ce qui paraîtra un sentiment vulgaire à la plupart des femmes de ce temps-ci.

... Ce qu'il y a de certain, c'est que je lui vis ployer, avec un grand soin, une robe rose décolletée, que je reconnus pour celle qu'elle arborait dans ses représentations, à la foire de Saint-Cloud. Je me souvins heureusement du berger devenu roi, conservant dans un coffre sa veste et sa houlette, et la raillerie expira sur mes lèvres.

Rien n'est tel que de se préparer d'avance pour avoir du temps de reste. Il était à peine deux heures que nous n'avions plus rien à faire. Shopp proposa une promenade autour de Paris, en tenue de voyage. L'exercice lui paraissait préférable au repos, pour se disposer à des fatigues sérieuses. Les bagages furent descendus et solidement attachés aux Vélocipèdes. Victorine alla s'habiller.

La vérité m'oblige à dire que le costume inventé par notre ami Jonathan n'avait rien de gracieux. Il pouvait être confortable et d'un bon emploi, mais ces grands vêtements de cuir, percés de poches de tous côtés, donnaient aux gens des allures de singe. L'arrivée de Victorine ne me fit pas revenir de cette opinion, que la politesse m'empêcha d'exprimer. Ce n'était pas que la dame fut mal prise dans sa taille, ni que l'habit fut mal coupé. Juste sans être collant, il dissimulait assez habilement les côtés féminins de l'amazone qui, dans cet accoutrement, avait l'air d'un jeune tambour-major. Nous descendîmes ensemble; nos Vélocipèdes nous attendaient dans la cour d'honneur.

Pour ne pas suivre les boulevards, encombrés de foule, nous tournâmes le Grand-Hôtel et, passant près du nouvel Opéra, prîmes la rue Lafayette jusqu'aux boulevards extérieurs. Victorine était entre nous deux, nous dépassant de toute la tête. Son Vélocipède, de dimension inusitée, maintenait la différence de taille que sa position assise aurait dû réduire.

Les passants s'arrêtaient pour nous considérer. Mes amis modéraient leur allure, pour ne pas me laisser en arrière. Ils avaient sur moi des avantages sérieux; leurs Vélocipèdes roulaient presque aussi facilement sur le pavé que sur le macadam. Nous touchâmes aux fortifications et suivîmes à peu près la route militaire qui fait une ceinture à Paris. Deux heures après, nous étions de retour, après avoir décrit un cercle, symbole modeste du circuit autrement considérable médité par Jonathan. Nous dînâmes assez tristement. Shopp voulut se coucher de bonne heure et engagea Victorine à en faire autant. Je les quittai, ne sachant que faire de ma soirée.

Je m'ennuyai singulièrement au spectacle où je m'étais avisé d'entrer. Je pensais à toute autre chose qu'à ce qui se passait sur la scène. Rentré chez moi à minuit, je cherchai vainement à dormir, ce que voyant, je retournai au Grand-Hôtel et m'installai chez Shopp, qui dormait profondément.

Je m'assoupis moi-même quelques heures sur un fauteuil. Aux premières lueurs de l'aube de novembre, déjà tardive, je fus réveillé par Jonathan, qui fit prévenir la géante. L'heure était venue. Nous nous assîmes autour d'un déjeuner auquel on ne toucha guère.

— Cela ne tire pas à conséquence, dit Shopp ; tant que nous serons en Europe, nous aurons des buffets à notre portée sur tous les chemins de fer.

— Mais vous ne partez pas par cette voie ?

— Non, sans doute, mais nous suivrons leurs lignes d'assez près. Outre qu'ils forment le trajet le plus direct, ils sont ordinairement flanqués ou d'anciennes routes ou de nouvelles. J'ai des projets sur eux. Avec mes guides Chaix et Bradshaw, je connais leurs services, et je les mettrai probablement à contribution.

— Comme transports?

— Comme voies. Vous le verrez bientôt dans mon journal de voyage, car je n'ai pas besoin de vous dire que c'est à vous que je l'adresserai.

On vint nous prévenir que le grand salon était plein de visiteurs qui demandaient Shopp et sa compagne. L'Américain fit ses dernières libéralités aux gens de l'hôtel et descendit avec Victorine. J'allai donner un suprême coup-d'œil à nos Véloces. Je trouvai dans la cour les jeunes Albert et Abel en grand équipage, le sac sur le dos, appuyés sur des Vélocipèdes perfectionnés, chargés de valises à l'avant et à l'arrière. Dix Vélocemen en tenue attendaient auprès d'eux ; cinquante croisaient sur le boulevard des Capucines. L'hôtel tout entier était réveillé ; des têtes se montraient à toutes les fenêtres. Des groupes stationnaient au dehors, jusques sur la place de l'Opéra, la rue Auber et la rue Lafayette.

Huit heures sonnèrent. Shopp et Victorine, qui n'avaient cessé d'échanger des poignées de main, parurent sur le perron. Une acclamation cordiale partit de la foule. Ils saluèrent en soulevant leurs chapeaux ronds et rejoignirent leurs montures. J'étais auprès d'eux, ainsi que nos deux jeunes gens.

— En route ! dit Shopp.

Et, partant en voltige, ainsi que Victorine, ils prirent la tête des soixante Vélocemen qui leur faisaient cortége, au milieu des hurrahs et des bravos.

La rue Lafayette était déjà sillonnée d'omnibus et de voitures, quand notre caravane s'élança sur cette voie immense qui coupe Paris en diagonale et se perd en ligne droite dans les départements voisins. Shopp formait l'avant-garde avec Victorine, et modérait son allure, par politesse pour son escorte. La jeune femme, encore sous le coup de l'émotion du départ, causait avec moi, mais en pensant à toute autre chose. Albert et Abel se tenaient à distance, admirant la prestance superbe de l'amazone. Le reste des coureurs allait à l'aventure, tantôt en groupes, tantôt disséminés, se croisant, se frôlant, échangeant quelques mots rapides. La foule s'arrêtait sur les trottoirs, pour nous dire adieu de la main ; quelques clameurs s'élevaient : Paris nous regardait partir.

Nous saluâmes au passage le palais du *Petit Journal*, ce petit caporal du journalisme moderne, la gare du Nord, le chemin de fer de Strasbourg, sur lequel nous passâmes. Le pavé, un moment remplacé par le macadam, claquetait sous les roues des Vélocipèdes, mais la route était obligée.

Un peu avant d'arriver aux boulevards extérieurs, Shopp inclina sur la gauche, pour prendre la rue de Flandres. Les Buttes Chaumont s'élevaient à droite, dorées à la cime par le soleil d'automne....

Au bord du canal St-Martin, les nouveaux abattoirs développaient leurs constructions monotones. Nous nous hâtâmes de fuir cette prose, et, dépassant les fortifications, nous sortîmes de Paris comme un tourbillon.

Shopp fit tout à coup volte-face. C'était le point indiqué pour une première séparation. La plupart de nos compagnons, rappelés à Paris par leurs affaires ou leurs plaisirs, nous abandonnaient. Ils défilèrent devant les voyageurs, échangeant des sourires, des souhaits et des adieux. Nous nous remîmes en marche au nombre de quatorze.

Le pavé sempiternel que nous suivions depuis Paris cessait désormais de nous être imposé. Bien que la partie centrale de la chaussée fût ornée d'un énorme cailloutage, les bas côtés de la route, macadamisés, offraient à nos Véloces une route agréable. L'effet de transition fut tel qu'il nous semblait courir sur un tapis. Nous laissâmes à droite Pantin et le fort d'Aubervillers. Le chemin s'élevait, mais par une pente peu sensible.

On avait adopté, par un tacite accord, une allure de promenade, ce qu'on pourrait appeler un « galop de chasse, » comme pour prolonger le temps de la conduite.

Aussi la causerie était-elle devenue générale. Nos Vélocemen, du moins ceux qui devaient nous quitter, se relayaient auprès de Victorine, désireux d'échanger quelques mots avec elle. Shopp, l'œil brillant, la mine résolue, dévorait du regard l'espace et l'horizon. Il tenait enfin son rêve, et d'une telle étreinte, qu'il se sentait maître de l'avenir... De temps en temps, on rencontrait des côtes plus ou moins roides, et la marche se ralentissait. Deux ou trois fois on mit pied à terre, pour conduire les Véloces par le gouvernail. Shopp eût pu s'en passer, ainsi que quelques-uns de nous, mais on se prêtait à ces retards par esprit de politesse. Vaudherland, Louvres, La Chapelle-en-Serval nous conduisirent à la lisière de la forêt de Chantilly, dans laquelle nous nous engageâmes résolument. Notre guide fit un assez grand détour pour éviter certaines côtes, et sans entrer dans la ville, nous pénétrâmes dans la forêt de Halatte, qui nous conduisit, par des routes charmantes, jusqu'aux portes de Creil.

Quelques-uns de nos compagnons étaient fatigués; le début avait été rude pour des Vélocemen qui n'avaient couru que dans le bois de Boulogne. On n'avait cependant franchi que cinquante kilomètres sur les quarante mille que Shopp se proposait de parcourir.

Notre troupe voyageuse s'arrêta près de la gare, devant l'hôtel des Chemins de fer, où un grand couvert avait été dressé. On déjeûna sobrement. Une demi-heure après, à l'exception d'Albert, d'Abel et de moi, les Parisiens tournaient bride, après force poignées de main et vœux de réussite. Le bataillon sacré commençait à s'éclaircir.

Jonathan se rapprocha des deux jeunes gens qu'il avait négligés jusqu'alors.

— Vous êtes des nôtres, dit-il, et quoique je n'espère pas que ce soit pour longtemps, j'apprécie votre résolution et votre courage. Usez de moi librement, toutes les fois que cela ne pourra ni compromettre ni retarder notre voyage. Voici la main d'un ami....

Victorine vint à son tour et se félicita d'avoir ces messieurs pour compagnons de route. Ils se confondirent en remercîments. J'assistais, les mains dans mes poches, à ces courtoisies, non sans remarquer que Shopp n'était pas content de moi. Il me trouvait l'esprit bien libre dans un moment aussi solennel. Il s'accordait le droit d'être froid et flegmatique, mais ces qualités chez un autre lui semblaient empiéter sur ses privilèges nationaux. Victorine n'était pas éloignée de penser de même et mourait d'envie de me chercher querelle.

— Est-ce que vous nous quittez ici, Jacques ?

— Oui, ma chère ; n'est-ce pas convenu ?

— Ah !... dit-elle, avec une sorte d'étonnement.

Il y avait, dans le son de sa voix, une telle accusation d'ingratitude que je me sentis faiblir. Shopp causait avec les jeunes gens.

— Voulez-vous me promettre le secret ? dis-je à la géante.

— Oui.

— Même à l'égard de Shopp qui nous regarde ?

— Oui.

— Eh bien ! mon enfant, si je ne m'afflige pas davantage en vous quittant, — c'est que je vous reverrai bientôt.

— Bien vrai ? dit-elle.

Le visage de la bonne fille rayonna d'une telle satisfaction que Shopp en fut frappé.

— Qu'avez-vous ? dit-il en arrivant.

— Rien, dit-elle avec un sourire ; c'est monsieur Jacques qui me fait ses adieux.

Nous fîmes un tour de promenade pour prolonger cette dernière entrevue. Albert, avec l'indiscrétion naïve de la jeunesse, se permit de questionner Victorine sur sa position sociale auprès de Shopp....

— C'est ma nièce, répondit celui-ci un peu sèchement.

Victorine ne sourcilla pas. Jonathan me fit quelques recommandations et m'embrassa avec une expansion inaccoutumée. Je sentis ce cœur vaillant battre sur le mien. La géante me présenta les deux joues et me serra les mains avec une telle vivacité que je faillis en crier.

— J'avais quelque chose à vous donner, me dit-elle avec un peu de coquetterie, mais ce sera pour une autre fois.

Les femmes se plaisent à ces mots hardis qui trahissent à moitié le secret qu'on leur confie. Heureusement que Shopp n'y fit aucune attention. Deux minutes après, les quatre cavaliers étaient en selle.

— *Go head !* dit l'Américain.

— En avant ! répétèrent ses compagnons.

Et les quatre bicycles volèrent sur la route de Compiégne.

Les séparations sont toujours douloureuses, aussi bien lorsqu'on divorce avec de simples habitudes, que lorsqu'on brise des liens sérieux. Je fus étonné du vide que je sentis en moi, en voyant disparaître à l'horizon ces nouveaux amis qui s'étaient mêlés à ma vie de tous les jours. J'éprouvais une sensation profonde d'isolement, et pour ne pas contribuer, pour ma part, à augmenter la distance qui nous séparait, je passai la nuit à Creil, — une nuit agitée.

Je fis des rêves singuliers, tels qu'ils pouvaient m'être inspirés par les événements de la journée. Le Vélocipède y tenait la première place, et quoique le récit de semblables imaginations puisse être taxé de puérilité, je ne saurais les passer sous silence...

J'éprouvai d'abord, dans mon sommeil, une inquiétude générale, et comme des tressaillements nerveux qui me parcouraient tout entier. L'histoire de Gulliver me revint sans doute en mémoire; il me sembla que mon corps formait une vaste esplanade, sur laquelle des milliers de Vélocemen prenaient leurs ébats, grouillant et remuant comme des myriades d'insectes. Ils se livraient à des courses de vitesse et d'obstacles, et se précipitaient de ma tête à mes pieds avec frénésie, piétinant sur leurs pédales et sillonnant de leurs roues microscopiques ma personne tout entière. Les uns ne craignaient pas de monter sur mon visage et s'égaraient dans mes cheveux; les autres, suivant les embranchements de mes bras, se perdaient sous la couverture et avaient beaucoup de peine à remonter sur l'arène, ce qu'ils ne pouvaient faire qu'en poussant leur Véloce devant eux, et en se hissant péniblement le long des plans inclinés qu'ils rencontraient. Ces cavaliers lilliputiens étaient infatigables, et je commençais à m'affecter de leur persistance, lorsque le cauchemar qui pesait sur moi prit d'autres aspects.

L'armée qui m'avait envahi m'abandonna tout-à-coup et se trouva transportée sur une surface peu définie, qui me fit l'effet d'une grande carte géographique. En même temps, ce tableau s'éloignait lentement de moi, tout en restant en perspective, comme les images produites par la fantasmagorie. Les milliers de Vélocipédistes qui circulaient sous mes yeux étaient à la fois distincts et innombrables. L'espace qu'ils occupaient se bomba lentement et prit une forme sphérique. Le genre humain tout entier, monté à bicycle et à tricycle, parcourait de larges zones dessinées autour de notre globe, ou suivait les rives des continents dont je distinguais fort bien les contours.

Puis la planète elle-même parut fuir, et l'axe passant par ses pôles aplatis devint l'essieu de deux roues tourbillonnantes qui paraissaient dévorer l'espace. C'était en réalité un bicycle à roues parallèles qui se jetait au travers de la gravitation universelle. Cependant la Terre disparut, et je vis surgir des personnages nouveaux dans cette décoration sidérale. Le Monde Solaire tout entier se déroulait sur une immense piste, que présidait le Soleil lui-même, assis dans une tribune centrale. Mercure, reconnaissable aux ailes de ses pédales, conduisait un Véloce perfectionné avec une rare habileté ; il tenait la corde. A peu de distance, une écuyère, assise en amazone, faisait voler une

poussière étoilée et laissait derrière elle un sillage lumineux. Je reconnus Vénus, qui passait, rayonnante, le sourire aux lèvres et les cheveux flottants. Deux compères, assez lourdement assis dans des tricycles, suivaient de loin et semblaient avoir renoncé à dépasser leurs concurrents. Le visage impérieux du premier me fit reconnaître celui qu'Homère appelait le maître des dieux et des hommes. Derrière lui, un bonhomme à l'air taciturne conduisait un Véloce à trois roues, dont le mécanisme me rappela celui de certains bicycles américains. Il voyageait au milieu d'une sorte de zodiaque ou d'anneau horizontal qui ressemblait passablement à une banquette. C'était Saturne.

Tout devint diffus et s'embrouilla lentement. Je crus voir pourtant deux vieillards passer à pas lents, comme des engagés de courses de lenteur. Je supposai que ce devaient être Uranus et Neptune. Mais, en conscience, je n'oserais l'affirmer. Et toutes ces visions, en y réfléchissant, avaient un tel caractère d'étrangeté, que je n'en aurais pas parlé, si plusieurs Vélocemen, de la sincérité desquels je ne saurais douter, ne m'avaient affirmé avoir eu des nuits pareilles, après des jours de grande fatigue.

Je ne sais comment mon rêve finit; les souvenirs que j'ai rapportés sont les seuls qui soient restés précis. — Le lendemain, je rentrai à Paris où je repris mes habitudes, attendant avec confiance des nouvelles de mes voyageurs. On sait qu'ils étaient partis le jeudi 7 novembre. Le samedi suivant, je reçus leur première lettre.

DEUXIÈME PARTIE

JOURNAL DE VOYAGE

DE PARIS
A
NIJNIE-NOVOGOROD

JOURNAL DE VOYAGE

Erquelines, le 8 novembre 1867.

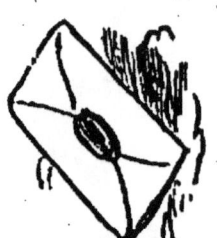
Mon cher Jacques, je n'ai que de bonnes nouvelles à vous mander, de bonnes nouvelles et peu d'incidents. En vous quittant à Creil, j'avais résolu d'éprouver mes compagnons par une rude journée. Deux heures après, nous traversions Compiègne, où nos jeunes gens n'auraient pas été fâchés de s'arrêter. Toutefois ils m'ont suivi bravement, quand ils ont vu que je brûlais la ville. Nous avons passé de même à Noyon et à Chauny, pour mettre pied à terre à Tergnier seulement.

Je vous prie de croire que nos Français causaient un peu moins qu'au départ. Pourtant, je dois leur rendre cette justice, que leur politesse ne s'est pas démentie. Ils souriaient encore à notre compagne et lui laissaient les meilleurs chemins.

Quand ils m'ont vu ralentir le pas, leur figure s'est illuminée. Nous avions, de Creil à Tergnier, fait près de 80 kilomètres. Le dîner a été silencieux. Nos Véloces étaient derrière nous, appuyés aux murs de la salle. Comme nous arrivions au dessert, j'ai dit simplement :

— Voici la nuit, messieurs ; il faut allumer nos lanternes.

Ils ont échangé un regard et, sans répondre, se sont occupés de leurs Vélocipèdes. Victorine en a fait autant. Cependant il m'a semblé que ce silence était gros de reproches.

— Peut-être êtes-vous fatigués, ai-je dit; est-ce au point de ne pouvoir vous remettre en route ?

— Non, sans doute, a répondu Albert, et s'il le fallait, nous doublerions l'étape.

— Rassurez-vous, nous n'allons qu'à Saint-Quentin; c'est l'affaire d'une heure.

Vous allez me trouver un peu absolu, mon cher Jacques, mais j'avais mes raisons pour agir ainsi. Je voulais établir, dès le premier jour, mon autorité, — autorité dont je n'entends user que pour le bien de tous.

J'entends diriger ce voyage à ma guise, comme un capitaine conduit le navire qui lui a été confié, sans contrôle, sans opposition. Je n'oblige pas ces enfants à me suivre; mais s'ils viennent, c'est à la condition de se soumettre à mon itinéraire. — Ils ont vaillamment obéi, et comme je ne veux pas leur perte, j'ai ralenti le mouvement, et fait de cette dernière course une promenade. A dix heures nous arrivions à Saint-Quentin, où la caravane entière a cédé au plus invincible sommeil.

Vous pensez, j'en suis sûr, que je ne vous parle pas assez de Victorine. Que vous dirai-je? C'est un brave cœur. Elle m'a paru plus inquiète de nos jeunes gens que d'elle-même. Quand nous sommes arrivés à destination, je lui ai demandé comment elle se trouvait :

— Fort bien, m'a-t-elle dit ; je ne suis éprouvée que par le manque d'habitude. Dans quelques jours cela ira tout seul.

Et, en effet, mon cher ami, le tour de force que nous avons l'air d'accomplir se réduit à bien peu de chose. Ne voyez-vous pas les tisserands mouvoir quinze heures par jour des pédales plus rudes que celles de nos Véloces? Ces pauvres gens ont-ils, comme nous, le grand air, le repos, les repas, les distractions du voyage? Nous aurons peut-être des dangers et des obstacles à surmonter plus tard, mais, pour le moment, il ne s'agit que d'une partie de plaisir, et je ne comprends pas qu'elle nous ait déjà valu tant de gloire.

Une épreuve, au moins aussi sérieuse que celle que j'a fait subir à nos gens, est celle qu'ont supportée nos montures. Elles se conduisent admirablement ; mes Véloces sont des merveilles. Je me suis plu à passer dans des ornières impossibles, dans de véritables casse-cous, et non-seulement je n'ai ressenti que des secousses peu appréciables, mais les instruments se sont admirablement conduits. Aussi, pour être justes, devrions-nous rendre la tour à nos deux Français, dont les Vélocipèdes perfectionnés sont loin d'avoir les qualités des nôtres.

Je l'ai si bien compris que ma loyauté m'a entraîné à des faiblesses condamnables. Ce matin, à sept heures, quand je suis entré dans la chambre de nos amis, je les ai trouvés dormant si profondément et de si bon cœur, que je me suis fait un cas de conscience de les réveiller. Je les ai laissés dans leur lit jusqu'à neuf heures. Et quand nous sommes partis, j'ai si bien insisté, qu'Albert a échangé —

pour la journée — son Vélocipède avec le mien. — Mais qu'il n'en prenne pas l'habitude...

Voici le bulletin de la journée : Départ à dix heures du matin. — A midi, Busigny ; à une heure, Landrecies ; à trois heures, Jeumont, où nous déjeunons et avons affaire à la douane. — Etape de 90 kilomètres. A quatre heures, nous arrivons, en nous promenant, à Erquelines, hors frontières, avec la perspective de nous reposer jusqu'à demain. Aussi mes jeunes gens sont-ils devenus infiniment aimables.

C'est de là que je vous écris. Nos compagnons vous envoient leurs amitiés, et Victorine vous embrasse. Je le mets, puisqu'elle l'a dit...

Oberhausen, 10 novembre 1867.

Je vous assure, mon cher Jacques, que notre voyage est plus accidenté que je l'aurais cru. Je ne parle pas heureusement des routes, qui sont en général fort belles, mais de quelques épisodes qui sont venus faire diversion à la monotonie de notre course. Ce n'est pas que je sois fatigué ou découragé ; au contraire : — le Vélocipède *for ever!*

Pendant que je vous écrivais, l'autre jour, d'Erquelines,

Abel et Albert s'étaient emparé de Victorine pour faire une promenade dans les environs. La frontière belge est fort pittoresque, et notre amie, dont vous connaissez les inclinations sentimentales, a la rage de faire des bouquets de fleurs des champs. Vous me direz que la saison ne s'y prête guère; n'importe; elle cueille des brins d'herbe, des marguerites oubliées par l'automne, et elle arrange cela avec complaisance...

Elle était donc partie avec nos deux jeunes gens, assez semblable à la mère Gigogne entourée de marionnettes, et, sur son passage, les citadins se rangeaient, la considérant avec une admiration mal contenue. — Une belle femme, savez-vous ?.... Toujours est-il que la promenade fut longue et qu'il était tard lorsqu'on rentra. Je m'en inquiétai :

— Pourquoi vous fatiguez-vous de la sorte, dis-je, avec la route que nous avons à faire ?

— Oh! répondit Victorine, nous sommes restés plus d'une heure au télégraphe...

Je ne fis pas d'abord attention à ce mot; je supposai que nos jeunes gens avaient écrit à leurs amis ou à leur famille. La soirée se passa fort bien et l'on se coucha d'assez bonne heure.

Comme j'allais, le lendemain matin, réveiller nos compagnons de route, l'hôte m'apprit qu'ils étaient partis, et me remit un billet de leur part.

Je crus d'abord qu'ils nous abandonnaient, mais leur billet me prouva le contraire.

« Cher Monsieur Jonathan, — disaient-ils, — nous n'étions pas assez sûrs de notre machine pour vous retarder par nos essais. Nous prenons les devants ; vous nous rejoindrez sans doute. »

« A. A. »

— Qu'est-ce que cela veut dire ? demandai-je à Victorine qui vint me retrouver.

— Mais, dit-elle, ils ont vu qu'ils ne pouvaient nous suivre avec leurs Vélocipèdes, et hier, ils ont écrit à Paris, par le télégraphe, pour qu'on leur envoyât une mécanique le soir même, par grande vitesse. Elle est sans doute arrivée cette nuit.

— Une mécanique ! Quelle mécanique ?

— Je ne sais pas.

— Nous verrons bien. Il s'agit de les rattraper, mon enfant. J'avoue que je les ai crus partis pour Paris.

— Oh ! fit-elle avec un sourire, ils ne s'en iront pas comme ça.

Un quart d'heure après, nous nous dirigions vers Charleroi, d'une allure superbe. Reposés de la veille, nous courions sur une route excellente, suivant la ligne de fer que nous croisions de temps en temps. La carte sur laquelle je me guidais, juste et très-précise, me donnait d'utiles indications. Victorine paraissait enchantée de la vie ; elle courait avec une ardeur juvénile. Son Véloce, que vous connaissez et dont les roues n'ont pas moins d'un mètre vingt centimètres de diamètre, rayonnait sous le piétinement nerveux de ses bottines. Malgré l'excellent appareil que je montais, j'avais peine à la suivre. Je la rattrapais aux montées, mais aux descentes, elle se précipitait avec une sorte de folie, ivre de vitesse et de grand air... Je l'appelais alors d'une voix grondeuse, et comme un enfant gâté, elle se retournait à demi et me désarmait par un sourire.

Quel malheur, mon ami, qu'elle ait un paillasse dans son passé? Je la regarde quelquefois, et il me semble que ce pître blafard se dresse entre nous comme un fantôme, et que nous le voyons l'un et l'autre. Je siffle alors le *Yankee Doodle*, pendant qu'elle rougit. Ne prenez pas trop au sérieux cette impression de voyage... Elle est dix fois plus aimable pour les Français que pour moi.

A dix heures du matin, après deux petites heures de marche, nous dépassions Charleroi, sans avoir rencontré nos amis. Deux heures après, nous approchions de Namur, quand Victorine me signala une voiture fort légère, qui courait au devant de nous, mais que nous rattrapions sensiblement. C'étaient nos jeunes gens — en tricycle.

Nous échangeâmes le bonjour et entrâmes ensemble à Namur où nous devions déjeuner. Le modèle qu'ils montaient était élégant et fort solide. De hautes roues d'un mètre quarante centimètres lui donnaient une grande rapidité de marche. Partis à sept heures du matin, ils avaient franchi en cinq heures les 80 kilomètres qui séparent Erquelines de Namur.

Leur voiture leur donnait le moyen d'accomplir de longues traites sans extrême fatigue. Leur tricycle, à deux places, recevait le mouvement des pieds et des mains de ses conducteurs. Ils s'arrangeaient en plaine pour ne travailler que l'un après l'autre ; aux montées, ils réunissaient leurs efforts ; aux descentes, ils se reposaient tous deux. — C'était admirablement imaginé, sauf un point qui les désolait : c'est qu'avec cet appareil, ils ne pouvaient voyager de conserve avec nous. Aussi ne s'étaient-ils pas séparés absolument de leurs bicycles qu'ils avaient envoyés en avant, à Hanovre, sur notre passage.

En quittant Namur, Victorine voulut essayer le tricycle, mais cette fantaisie était difficile à satisfaire : ni Abel, ni Albert n'étaient de taille à se servir de son Vélocipède. Je dus moi-même y renoncer, après une course de quelques kilomètres. C'est dommage. Elle s'était installée dans la voiture comme une duchesse au bois de Boulogne, et ne faisait œuvre des pieds et des mains, pendant qu'Abel se démenait comme un possédé pour ne pas rester en arrière.

Chacun reprit son bien, et l'on se remit sérieusement en route. Au bout d'un quart d'heure, de grosses gouttes de pluie commencèrent à tomber. Le ciel était couvert, l'air lourd, le temps doux. Une averse était facile à prévoir. Des manteaux à capuchon, d'une étoffe imperméable très-fine, furent extraits de nos sacs de voyage, et j'en enveloppai soigneusement Victorine, pendant que je prenais les mêmes précautions. Nos jeunes gens n'avaient pas prévu cet inconvénient; ils se boutonnèrent et ils reçurent la pluie le plus héroïquement du monde.

Il ne fallait pas songer à voyager en caravane avec des montures si dissemblables. — Nous dîmes adieu à nos compagnons, et je leur donnai rendez-vous à l'hôtel de l'Aigle, à Liége. Les chemins se détrempaient ; le tirage devenait pénible. Toutefois, à cinq heures et demie, nous entrions dans la ville, où le tricycle n'arriva qu'à sept heures. Il avait fait en moyenne douze kilomètres à l'heure, ni plus ni moins.

Le dimanche matin, je fus réveillé par des éclats de rire que j'entendis dans la cour de l'hôtel. Le ciel était superbe, et le mauvais temps de la veille avait été dissipé par un grand vent qui régnait encore, et qui venait à peu près du sud. Albert et Abel, fort affairés, avaient résolu d'en profiter et attachaient une grande voile à leur tricycle. Mais ils eurent quelque peine à la bien assujettir, aucune disposition n'ayant été prise à cet égard dans la fabrication de l'instrument. Leur voile me parut plus grande qu'il n'était nécessaire.

L'idée de prendre le vent pour auxiliaire n'était pas nouvelle, et je l'avais prévue dans mes préparatifs de voyage. J'appelai Victorine, et nous organisâmes nous-

 mêmes la voiture de nos bicycles. Une baguette de fer s'éleva au-dessus du gouvernail où elle demeura fortement assujettie; une voile triangulaire y fut attachée, munie d'une écoute destinée à l'orienter. Je vous laisse à penser quelle foule de curieux se pressait autour de nous. Nous sortîmes de l'hôtel, munis de ces ailes, que j'eus soin de ployer pour traverser les rues qui devaient nous ramener à la grand'route. Nos amis n'avaient pas pris cette précaution; aussi firent-ils difficilement ce court trajet, et je vis le moment où le vent allait les renverser au tournant d'un carrefour. Ils en furent quittes pour la peur.

Nous atteignîmes la voie royale, et nous prîmes la route de Verviers. Le tricycle, saisi par le vent, fut entraîné avec rapidité. Nous élevâmes nos voiles, mais, malgré leur secours, nous eûmes peine à le suivre. Il était neuf heures du matin à peu près; le vent était d'une violence extrême; nous nous sentions comme emportés par un ouragan. Nos voiles s'inclinaient au devant de nous; toutefois, nous tenions ferme le gouvernail, et de temps en temps reprenions les pédales, de manière à rester maîtres de notre monture. Quant à nos jeunes gens, ils riaient comme des fous, et pressaient le mouvement de leur véhicule qui filait comme une flèche. Une heure après, nous laissions Verviers à gauche ; une heure ensuite, les flèches d'Aix-la-Chapelle se dressaient devant nous.

Je comptais d'abord y déjeuner, mais je voulus profiter d'une pareille allure. Nous tournâmes la ville, et à une heure de l'après-midi, nous apercevions au loin les clochetons de la cathédrale de Cologne, où nous entrâmes un quart d'heure après.

Nous avions fait depuis le matin une moyenne de 30 kilomètres à l'heure. Aussi étions-nous ivres de rapidité. Quand nous mîmes pied à terre, nous eûmes peine à prendre notre équilibre. Ce qu'il y a de certain, c'est que nous n'étions pas fatigués, et que nos compagnons insistaient pour doubler l'étape.

J'y consentis. Après deux heures de repos, nous nous remîmes en route, et, entrant en Prusse sans coup férir, nous poussâmes d'une traite jusqu'à Oberhausen, où j'arrivai avec Victorine à la tombée de la nuit.

Nos amis étaient restés en route. A la hauteur de Dusseld, la violence du vent devint extrême. Pendant que je réduisais avec Victorine la voile de nos bicycles, ils avaient maintenu la leur. Dix minutes après, une raffale les jetait sur un buisson, brisait leur mât, et emportait leur voile comme une feuille sèche. Nous nous assurâmes, en les rejoignant, qu'il ne leur était arrivé aucun accident. Une heure plus tard, ils entrèrent à Oberhausen, où un repas confortable nous réunit.

De Stadthagen, le 12 novembre 1867.

Nous voici décidément arrêtés, mon cher Jacques, et dans les conditions les plus déplorables. Depuis deux heures, je ronge mon frein dans une misérable auberge de village, maudissant les Français, la galanterie et les affaires de cœur qui viennent compromettre les combinaisons les plus régulières. Mais cet emportement ne vous apprend rien.

Ma lettre d'avant-hier était datée d'Oberhausen, où nous sommes arrivés, poussés par un vent favorable. L'épreuve nous avait trop bien réussi pour ne pas persister dans ce mode de locomotion. Aussi, le mardi matin, dès l'aube, nous mettions toutes voiles dehors pour nous remettre en route.

Malheureusement le vent ne se piqua pas de constance. Il soufflait par raffales, assez irrégulièrement. Aussi notre allure l'emportait-elle sur celle du tricycle, d'autant que nos compagnons s'avisaient de tirer des bordées qui leur réussissaient assez mal. J'avais la patience de les attendre, car Victorine a des façons de m'en prier auxquelles je ne sais pas résister. Ce sont là d'impardonnables faiblesses....

Je réfléchissais à cela, pendant que nos jeunes gens s'essoufflaient à me rejoindre. Je me souvenais d'une ariette d'un vieil opéra-bouffe, qu'une de mes tantes, qui se piquait d'avoir été élevée à la française, me chantait, quand j'étais petit :

> Sans chiens et sans houlette
> J'aimerais mieux garder cent moutons dans un pré
> Qu'une fillette
> Dont le cœur a parlé.....

Oui, je me suis chargé d'une rude besogne, et le métier de berger n'est pas celui qui me convient. Mais qui diantre se serait imaginé que cette géante en robe rose était « une fillette » et qu'il faudrait garder son cœur ? Jamais phénomène ne fut plus embarrassant. Et cependant, je l'excuse. A quel titre demanderions-nous à cette fille des vertus héroïques? Si le cœur n'a pas d'âge, il n'a pas de taille non plus.

A tout prendre, que pouvions-nous espérer de mieux ? Vous auriez tort, Jacques, d'être sévère. Victorine est une bonne fille, et même une fille sage, ou peu s'en faut. Si sa réserve n'est pas extrême, c'est la faute de son éducation. Et puis nos petits Parisiens lui donnent le vertige avec l'éternel encensoir qu'ils lui promènent sous le nez.

Je vous assure qu'elle a du tact. Elle s'étudie à tenir la balance égale entre ses deux soupirants, ce qui n'empêche pas que nous soyons aux cinq cents diables....

Bien ou mal, nous étions arrivés à Hamm sur les midi, Victorine et moi assez dispos. — Nos jeunes gens étaient très-fatigués de cinq heures de marche, pendant lesquelles nous avions fait près de quatre-vingts kilomètres.

Après deux heures de repos, ils avaient à peine le courage de partir; mais je leur fis remarquer qu'une brise fraîche s'était levée, moins vive que celle de la veille, mais très-persistante. Cela leur rendit des forces, et nous nous remîmes en marche, vent arrière, au milieu des acclamations de la foule.

Elle n'est pas toujours aussi civilisée. Nous rencontrons quelquefois des paysans épouvantés qui nous font des gestes de menace. Nous effrayons les chevaux peureux et faisons fuir les enfants. De bonnes femmes se mettent à genoux sur notre passage, avec de grands signes de croix. A quoi nos Français répondent en envoyant des bénédictions à ces âmes pieuses, aux grands éclats de rire de Victorine que je suis obligé de gronder.

A six heures du soir, en pleine nuit, nous entrions dans la jolie ville de Minden, et faisions irruption à l'*Hôtel du Chemin de Fer*, où des gens tombés du ciel n'auraient pas causé plus de surprise. Le vent nous avait été fidèle, et la seconde partie de la journée avait délassé nos jeunes gens

de la première. Nous avions fait, dans ces deux étapes, plus de 150 kilomètres.

Les jours se suivent et ne se ressemblent pas. En me levant ce matin, je remarquai que le temps tournait au froid, et que le vent avait sauté au nord-ouest. Comme je consultais une girouette, j'aperçus Albert et Abel qui arboraient imperturbablement la voile de leur tricycle. Je leur fis quelques observations dont ils ne tinrent pas compte. Vingt minutes après, nous avions gravi la côte sur laquelle passe la route de Minden à Hanovre, et nous nous trouvions sur un vaste plateau à peu près découvert, où l'action du vent s'exerçait en liberté. Le tricycle se lança résolument dans la carrière, et nous le suivîmes pour assister à ses évolutions...

Comme je l'avais prévu, la voiture recevait de côté la poussée du vent, et nos amis, qui doivent être d'excellents canotiers, orientaient leur voile comme s'ils eussent été en pleine eau. Mais les résultats obtenus différaient sensiblement. Un canot, plongé dans un élément essentiellement fluide, sous l'action du gouvernail et du vent, voit les forces de mouvement et de résistance qui le sollicitent se détruire, se balancer et se combiner, pour produire une résultante utile à laquelle il cède. Cet équilibre ne peut s'établir de même sur les routes terrestres, où les poussées et les résistances se contrarient, sans se détruire quelquefois. Mais ces raisonnements sont oiseux, et je m'aperçois que je me suis laissé entraîner par mon sujet.

Bref, après quelques essais malheureux, nos jeunes gens entreprirent de louvoyer, c'est-à-dire de suivre la route en diagonale pendant une centaine de mètres, pour la traverser ensuite, et recommencer de même, dessinant une trajectoire à peu près semblable aux zigzags de la foudre.

Je n'ai pas besoin de vous dire qu'ils perdaient leur temps et le nôtre. Depuis un quart d'heure, je regardais ce bel amusement dont Victorine se divertissait, lorsqu'un accident mit fin à ce manége.

Pendant une de leurs courses, une raffale s'éleva, et avant qu'ils eussent le temps de dévier, le tricycle fut rudement jeté contre un tronc d'arbre, et son essieu se rompit, dispersant les deux voyageurs dans la poussière.

Nous arrivâmes rapidement sur eux, au moment où ils se relevaient en riant, ce qui nous rassura sur leur compte. Mais le tricycle était fort malade, et leur première gaîté passée, nos jeunes gens se prirent à le regarder d'un air piteux, fort embarrassés de savoir comment ils pourraient continuer leur voyage.

Nous étions en effet à six kilomètres de Minden, et il ne fallait pas songer à faire réparer cette voiture d'acier par un charron de village. Je me chargeai du premier appareil et trouvai dans mes boîtes tout ce qui était nécessaire. Un étau de fer réunit les deux extrémités brisées de l'essieu et s'y appliqua étroitement, vissé d'écrous puissants qui le moulèrent comme une cire molle. Ce fut fait en vingt minutes, et avec un tel succès que nos jeunes gens prétendirent continuer leur route.

Je leur fis comprendre que cette réparation, excellente à titre provisoire, ne résisterait pas à un trajet un peu long, et que les vibrations de l'essieu le dégageraient tôt ou tard de son enveloppe. Je les décidai à rebrousser chemin et à revenir à Minden, où ils trouveraient des ouvriers habiles et des essieux de rechange. Pendant ce temps ces messieurs regardaient Victorine, qui les regardait aussi.

— Comment vous rejoindrons-nous ? demandèrent-ils.
— Par le chemin de fer.
— Mais ce ne sera pas voyager en Vélocipède ?
— En effet. — Essayez alors de nous rattraper.

Ils se mordirent les lèvres. Victorine était fort rouge ; je suis sûr qu'intérieurement elle me trouvait cruel. La situation ne pouvait durer. Les jeunes gens prirent congé de moi et embrassèrent la main de notre amie.

— A bientôt, dit-elle.

Je fis un mouvement pour partir. Elle ne bougea pas, continuant à suivre des yeux le tricycle qui s'éloignait.

— Voyons, Victorine, dis-je impatienté, voulez-vous venir, oui ou non?

— C'est bon, dit-elle en se mettant en route, je suis payée pour cela.

Je me sentis pâlir de colère, et j'eus quelque peine à ne pas répondre. Nous partîmes comme l'éclair, lancés comme des chevaux de course. Victorine prit les devants, piétinant avec une sorte de rage sur les pédales de son bicycle. Je la suivais, haletant, serrant les lèvres, perdant la respiration, et soutenu pourtant par l'amour-propre...

Mais j'appris à mes dépens que les nerfs d'une femme agacée l'emportent sur les muscles les plus solides. Nous courions depuis un quart d'heure; je n'en pouvais plus; je me sentais pris de vertiges. A trois cents mètres d'avance, Victorine courait, la tête au vent, comme une évaporée, et malheureusement sans regarder la route...

Tout à coup un cri terrible retentit. Son Vélocipède heurte un obstacle formidable, une pierre placée en travers du chemin : Victorine est désarçonnée, lancée en avant, et roule sur elle-même, pelotonnée comme un lièvre sous un coup de feu...

Je n'ai pas besoin de vous dire, mon cher Jacques, que cette chute me fit refluer le sang vers le cœur. Une masse semblable, projetée en vertu d'une pareille vitesse, devait se broyer contre les obstacles, s'ils ne cédaient pas devant elle. Ce fut heureusement ce qui arriva, en partie du moins. Notre amazone pénétra dans un buisson épais qui fléchit sous l'effort et se referma sur elle.....

Quelques secondes après j'arrivais à son secours. Mais je compris l'impossibilité de l'enlever sans aide, et j'appelai quelques paysans qui travaillaient dans un champ voisin. Pendant qu'ils avançaient sans se presser, j'essayai sans succès de dégager notre amie. La haie dans laquelle elle s'était enfoncée, épais fourré de mai et de troëne, lui avait déchiré les mains et le visage. Ces égratignures me parurent sans gravité. Révérence gardée et fort heureusement pour elle, elle n'était pas entrée dans le buisson de face; au contraire; ses vêtements de cuir l'avaient protégée partout ailleurs. Nous n'avions à redouter que les contusions provenant de la chute elle-même ou des fortes souches du buisson qui l'avaient arrêtée, alors que la force de projection était heureusement amortie. Je me faisais ces raisonnements à deux pas d'elle, et je la voyais au travers des menues branches, pâle, inanimée et reployée comme un oiseau dans son nid, — un oiseau énorme.

Sur ces entrefaites arrivèrent mes gens, d'assez bonnes figures allemandes. Ils me parurent d'abord peu complaisants; l'un d'eux semblait même plus affecté du dommage de la haie que de l'accident lui-même. Ces dispositions changèrent, dès que j'eus mis à chacun un frédéric d'or dans la main. Leur physionomie s'éclaircit, et ils firent une trouée pour arriver à la jeune femme.

Ce ne fut pas sans étonnement qu'ils aperçurent cette immense créature et le jeune visage qui semblait jurer avec ses proportions inusitées. Nous enlevâmes notre fardeau avec mille précautions ; on le porta sur un tertre voisin, et je déballai ma pharmacie pour chercher des cordiaux.

Je n'obtins d'abord aucun succès. La violence du choc avait provoqué un tel étourdissement que Victorine restait plongée dans un évanouissement complet. La vie ne se révélait en elle que par une respiration oppressée et sifflante. Depuis cinq minutes je m'épuisais en efforts stériles, lorsque je vis arriver quelques bonnes femmes fort affairées, qui s'empressèrent autour de la malade et nous indiquèrent une auberge voisine. Un brancard fut improvisé, et Victorine fut enlevée par les paysans, pendant que je suivais le cortége avec nos Vélocipèdes, dans de tristes dispositions d'esprit.

Je pris la meilleure chambre de la maison, et le bruit de mes libéralités s'étant répandu, je fus entouré de civilités intéressées. Un chirurgien de village se présenta, ce qu'on appelle chez nous un rebouteux, et, après un rapide examen, il assura que le sujet n'avait rien de cassé. Nous l'abandonnâmes aux soins de deux ou trois commères, qui la déshabillèrent et la placèrent dans un grand lit. J'ordonnai des frictions qui eurent un excellent résultat, et au bout d'un quart d'heure on vint m'avertir que la malade reprenait ses sens.

Quand j'entrerai dans sa chambre, je la trouvai entourée de voisines officieuses qui la regardaient avec une admiration mal déguisée. Le lit, trop petit pour elle, les avait obligées à la placer en diagonale, les pieds dans la ruelle et la tête au bord de l'oreiller. Victorine avait ces regards vagues des gens qui n'ont pas la conscience de leur état et qui cherchent à retrouver leur mémoire ; un sentiment d'indéfinissable souffrance régnait sur son visage et donnait à ses traits, ordinairement un peu froids, une expression touchante. Je me sentis attendrir et lui demandai, de ma plus grosse voix :

— Eh bien ! mon enfant, comment allez-vous ?

Elle me regarda et poussa un cri, — un cri de reconnaissance. Elle se souvenait. Je me penchai pour l'embrasser au front, et ses joues se colorèrent faiblement.

Le chirurgien qui m'avait suivi proposa une saignée. Je m'y refusai, et comme il insistait plus qu'il n'était utile, je me souvins d'un mot de votre Balzac et répondis nettement :

— Non, j'aime mieux la perdre.

Je ne me justifie pas auprès de vous, mon bon ami,  car vous savez que ce refus est dicté par des convictions médicales auxquelles je ne soumets pas seulement ma santé, mais celle de mes amis. Victorine, interrogée, n'accusa qu'un malaise général et quelques douleurs sans importance. Je lui recommandai le calme, le repos ; je lui fis prendre une tisane américaine, et elle ne tarda pas à s'endormir d'un profond sommeil.

J'en profite pour vous écrire. Mais je ne vous enverrai cette lettre que demain, car j'espère avoir de meilleures nouvelles à vous donner, si bien que vous apprendrez la convalescence en même temps que l'accident.

Hanovre, 13 novembre 1867.

Le sommeil est décidément un grand médecin, mon cher Jacques, lorsqu'il est secondé par la jeunesse et par une heureuse organisation. J'ai veillé sur Victorine depuis hier, et, si elle n'a pas dormi vingt heures, peu s'en faut. Son repos était d'abord troublé par des tressaillements, des soubresauts nerveux ; puis à ces crises a succédé un assoupissement absolu.

Pendant ce laps de temps, elle s'est réveillée deux ou trois fois, et, après un instant de stupeur, quand ses yeux me rencontraient, elle me tendait la main avec un sourire, buvait la potion que je lui présentais, et se retournait pour dormir de l'autre côté. Ce matin, elle est enfin sortie de sa torpeur. Après s'être longuement frotté les yeux, elle a étouffé quelques bâillements de réveil. Le jour était fort pâle.

— Bonjour, m'a-t-elle dit ; quelle heure est-il ?
— Dix heures.
— Est-ce que vous m'avez veillée toute la nuit ?
— Sans doute.
— Ah !... vous devez être bien fatigué ?
— Pas trop, dis-je, j'ai dormi dans ce fauteuil.
— Vous êtes bon, mon ami.
— Pas plus qu'il ne faut, ai-je répondu rudement. Personne ne nous connaît ici ; il faut bien que nous nous aidions l'un l'autre. Est-ce que vous n'en auriez pas fait autant pour moi ?
— Si ! a-t-elle répondu vivement.
— Et cependant, ai-je ajouté, vous n'êtes pas payée pour cela...

Elle est devenue fort rouge. J'avais été un peu brutal.

— Pardonnez-moi, lui ai-je dit, mais j'avais ce mot sur le cœur. Maintenant que je suis vengé, c'est une affaire réglée. Je ne vous en parlerai plus...

Nous sommes restés assez longtemps sans rien dire. Elle cherchait évidemment quelque chose qu'elle avait dans la tête. Enfin cela lui est venu.

— Je croyais, dit-elle, que vous deviez tout sacrifier à vos idées, que vous n'attendiez personne, qu'il vous fallait arriver à tout prix...
— C'est vrai, répondis-je, mais je prétends arriver avec vous.

— Et quand nous aurons fini notre voyage? dit-elle.
— Le tour du monde?
— Oui.
— Eh bien! nous le recommencerons.

Je sortis là-dessus, car j'avais le cœur brouillé. Je déjeunai d'assez mauvaise humeur et me rendis sur la grand'-route, où je pris l'air du pays. Ces aventures de roman n'ont pas le sens commun. Nous n'arriverons jamais, si cela continue. Heureux les voyages qui n'ont pas d'histoire! Je me souvenais malgré moi de cette fameuse odyssée de Robert mon oncle, où le héros met sept ans pour aller de Paris à Montmartre. Il est vrai que le Vélocipède n'était pas alors inventé...

Pendant que je maugréais ainsi, on me frappe sur l'épaule. Je me retourne. C'était Victorine en costume de voyage. Je lui saute au cou je l'embrasse avec une effusion qui déborde.....

—Extravagante! gamine! Pourquoi vous êtes-vous levée sans ma permission ?...

Et mille autre gronderies que mon air démentait assurément.

— Bah! me dit-elle, est-ce que nous avons le temps d'être malades? Je vous jure que je me sens bien. Rien ne me fait mal; au contraire, j'ai besoin de courir.

— Quelle imprudence!
— Je vous en prie!

— Eh bien ! soit, nous allons partir, mais vous irez doucement.

— Comme vous voudrez.

Vous pensez bien, mon ami, que je n'ai pas abusé d'une bonne volonté pareille. Victorine était certainement de bonne foi, mais ses forces l'auraient trahie.

Nous avons plié bagage et réglé nos comptes. — A une heure, nous partions et prenions une petite allure de voyage que Victorine cherchait inutilement à presser. Nous avons mis quatre heures pour franchir les 50 kilomètres qui nous séparaient de Hanovre.

Notre amie, en mettant pied à terre, a eu la franchise de convenir qu'elle était fatiguée. Je lui ai prescrit un dîner réconfortant et douze heures de sommeil qui assureront sa convalescence.

Pendant qu'elle suivait mon ordonnance, je me suis rendu au chemin de fer, pour avoir des nouvelles de nos amis. Ils avaient passé le matin même, et nous croyant en avant, avaient continué leur voyage par le rail-way, emportant leurs vélocipèdes avec eux.

Je leur donne rendez-vous à Berlin par deux télégrammes que je lance un peu au hasard, et je vais dormir à mon tour.

De Berlin, 15 novembre 1867.

Le temps tournait décidément au froid, mais c'était un beau froid, quoique cette expression ait été critiquée amèrement par un de vos poètes. Le soleil de l'été de la t-Martin couvrait de ses rayons pâles les campagnes effeuillées par le vent du nord. Contre mes habitudes je restai paresseusement au lit assez tard, et ne me levai que sur les instances de Victorine, qui m'envoya chercher deux fois.

J'avais mon projet, — car vous savez que cette paresse n'est pas dans mes habitudes. Au lieu de prendre la route royale, je me dirigeai vers la gare du chemin de fer, avec ma compagne, qui me suivait, un peu surprise. Il s'agissait d'une expérience.

Vous savez, mon cher Jacques, que je suis assez intimement lié avec M. de Bismark, et que j'étais, il y a quelques mois, un des hôtes assidus de l'hôtel Mirabeau. Je méditais déjà mon voyage autour du monde, et je m'en ouvris à ce diplomate qui parut s'intéresser à la réussite de mes projets. Je profitai de son séjour à Paris pour lui demander des autorisations et des pouvoirs, si bien que je voyage en Prusse sous une protection officielle, comme vous allez vous en apercevoir.

La veille, en me renseignant sur nos amis, j'avais communiqué mes notes au chef de gare de Hanovre qui s'était mis à ma disposition. Nous avions fait une étude sérieuse des services de la ligne de fer, pour ne les entraver d'aucune sorte et éviter tout accident ; — le réseau prussien m'appartenait.

Vous devinez maintenant l'essai que je voulais faire. Les roues de nos Vélocipèdes, moyennant le déploiement des plaques à ressorts qui, en temps ordinaire, restent appliquées sur l'épaisseur des jantes, forment une espèce d'emboîtage circulaire, qui peut embrasser un rail et courir à sa surface, en l'enveloppant latéralement. La roue est en quelque sorte à cheval sur la ligne de fer, ce qui prévient le déraillement. J'avoue que je n'avais pas expérimenté cette innovation, mais je ne pouvais avoir d'inquiétudes graves à l'endroit de son succès.

Je conviens toutefois qu'elle n'est pas d'une application générale, et qu'on ne saurait s'en servir dans de courtes excursions ou de simples promenades. Elle n'a sa raison d'être que dans des voyages de long-cours, accomplis par des vélocemen habiles. Outre que la disposition spéciale des instruments est chère et compliquée, il est douteux que l'on crée des rails pour vélocipèdes, ou qu'on mette à la disposition de nos confrères le réseau national. Je ne vous parle donc de ce mode de voyage que comme d'une expérience qui nous a complétement réussi.

Notre projet n'était pas cependant sans inconvénients. Si la force de traction est extrêmement réduite à la surface d'un rail poli dont les pentes et les circuits sont fort doux, il paraît assez difficile de conserver l'équilibre en courant sur cette ligne à peu près droite, à cause du peu d'action qu'on laisse au gouvernail. L'emboîtage du rail par la roue-motrice ne lui permet pas en effet de pivoter autour de l'âme; elle peut tout au plus provoquer une sorte d'enrayage et de résistance. J'ai jugé cela suffisant pour maintenir le Vélocipède dans sa voie, quand la déviation est légère. Joignez à la rapidité de course qu'il est facile d'obtenir un déplacement léger du corps à droite ou à gauche, et les coureurs exercés devront se maintenir d'aplomb sur les rails emboîtés aussi bien que sur les grandes routes.

Il faut vous dire que nous avons fait de grands progrès, Victorine et moi, depuis notre départ. Quand nous sommes lancés à toute vitesse, nous décrivons deux lignes parallèles d'une rectitude à peu près parfaite et laissons le gouvernail au repos. Il ne nous sera donc pas difficile de suivre des rails, surtout lorsque notre vitesse sera presque doublée. — Ce raisonnement est parfait, mais je ne m'étais pas inquiété du départ, et vous allez voir que j'avais eu tort.

Nous étions arrivés au chemin de fer, où venait de passer un train express, et nous nous disposions à le suivre. Une certaine quantité de gens de Hanovre nous avaient accompagnés, et le personnel de la ligne de fer paraissait s'intéresser particulièrement à notre projet. Cependant quelques vieux employés hochaient la tête d'un air de doute et d'ironie. En réalité, mon cher ami, je ne faisais aucune imprudence. Cet essai ne nous exposait aucunement,

et si mes espérances avaient été trompées, nous en étions quittes pour un peu de temps perdu. Nous avons, ma compagne et moi, l'habitude de mettre dix fois pied à terre dans nos journées de course, sans que cela tire à conséquence. Nos Vélocipèdes, munis d'excellents freins, s'arrêtent aisément, et dès que leur vitesse est calmée, ils s'inclinent de côté et nous déposent sur le sol avec une douceur parfaite.

Victorine me témoigne d'ailleurs une confiance absolue, et quand je lui expliquai notre nouveau mode de voyage, elle ne fit aucune difficulté. Elle écouta attentivement mes recommandations, et nos Véloces étant préparés, je la plaçai sur le rail, les pied sur les pédales, et l'entraînai vivement, en l'accompagnant quelques pas. Cette première impulsion lui suffit; elle continua sa route en accélérant le mouvement. On put d'abord constater quelques incertitudes dans sa marche; elle vacilla, pencha de côté et d'autre; mais, ainsi que je l'avais prévu, le jeu restreint du gouvernail et son allure rapide la maintinrent d'aplomb. Ses inclinaisons de buste lui servaient de balancier; son éducation de saltimbanque ne fut pas étrangère à son rapide succès. Elle s'enfonça bientôt dans un tel éloignement que je jugeai prudent de ne pas tarder à la rejoindre.

J'avouerai sans amour-propre que je fus moins habile. Les employés de la voie se prêtèrent obligeamment à me donner le premier élan et à me faire la conduite. Je partis; mais la nouveauté de l'expérience, une préoccupation involontaire, un faux mouvement portèrent à mon équilibre une grave atteinte. Je me sentis pencher à droite plus qu'il ne convenait, et pour rectifier le mouvement, je me jetai du côté opposé avec une telle vivacité que je perdis la carte. Au même instant, je serrai vivement le frein, et quelques mètres plus loin, je mettais pied à terre.

Les bons Allemands me rejoignirent aussitôt et se montrèrent fort émus de cette chute inoffensive. Je repris les pédales sans désemparer, et, lancé plus sûrement, conservant mon sang-froid, je filai en droite ligne, rectifiai mes premières hésitations et arrivai promptement à une rapidité extrême...

Un équilibre presque stable fut le résultat de cette vitesse qui ne me coûtait presqu'aucun effort. La force de traction était à peu près nulle; les pédales fuyaient devant mes pieds, et je compris que le mouvement des jarrets me deviendrait impossible, si je persistais à piétiner de cette façon. Je pris un biais naturel; — il paraît que de son côté Victorine eut la même idée.— Je quittai les pédales pour me mettre au repos, me laissant entraîner par l'impulsion donnée qui subsistait pendant des centaines de mètres. Quand le mouvement des pédales se ralentissait notablement, je les reprenais quelques instants, si bien que je ne travaillais environ que pendant le tiers du temps de ma course. De cette façon je pouvais aller loin...

Quand je me sentis à peu près fait à cette façon d'aller, je m'occupai de Victorine, et je l'aperçus qui courait devant moi à près de deux kilomètres. Toutefois, elle ralentissait le mouvement sans doute, car je la gagnais sensiblement....

Mais une idée fâcheuse vint me troubler mal à propos au milieu de ma réussite. Je me demandai comment nous ferions pour repartir, si une cause quelconque m'obligeait à mettre pied à terre. Je pouvais toujours entraîner et lancer Victorine, mais qui me lancerait, moi? Par un effet bizarre, cette pensée m'obséda, et s'emparant de mon esprit, me rendit lourd et maladroit. Nous traversions des campagnes à peu près désertes, et ma préoccupation s'en accrût. Je retombai dans la faute que j'avais commise à mon premier départ...

Pour rectifier un manque d'aplomb, je fis un mouvement trop brusque, et ne tardai pas à m'apercevoir que mon équilibre était compromis. Un moment après, je mettais forcément pied à terre et demeurais debout, interdit, auprès de mon bicycle, pendant que Victorine, que j'apercevais à peine, disparaissait à l'horizon...

Cette hésitation ne dura pas longtemps. Le rail élevant mon véloce trop au-dessus du sol, je ne pouvais songer à partir en voltige. Je pris la tige de la pile dont je m'étais servi quelques jours auparavant, et parvins à enfourcher mon Vélocipède et à me maintenir en équilibre, au moyen de cet appui. Je partis alors, en relevant lentement ma position, de façon à ce que la tige me devînt peu à peu inutile, ce qui arriva au moment où je fus sérieusement lancé. Je repris alors courage, certain que j'étais de remédier facilement désormais à l'instabilité naturelle de mon bicycle.

Dix minutes après, je passais à Misburg, et j'interrogeais du geste les employés de la station, qui me montrèrent le prolongement de la ligne de fer où venait de passer Victorine. Ce n'est qu'un quart d'heure après que je la rejoignis à la jonction de Lehte, où elle avait mis pied à terre, un peu inquiète de moi. Elle m'accueillit par une cordiale poignée de main, et nous échangeâmes quelques observations sur notre nouveau mode de voyage, qui avait quelque chose de vertigineux. Il me suggéra l'idée d'une amélioration, d'ailleurs prévue, que j'ajournai au lendemain, et dont je me promis les meilleurs résultats.

Nous remontâmes à véloce, et Victorine insista pour que je prisse les devants. Je m'y prêtai volontiers, et nous reprîmes vers le nord notre vol de flèches.

Je vous rappelle, mon cher ami, que nous avions soin de ménager nos jambes, en les tenant le plus souvent au repos, et en courant à toute vitesse en vertu de la force acquise. En consultant ma montre, je constatai que nous marchions avec une vitesse moyenne de 30 kilomètres à l'heure ; il y avait même des moments où nous dépassions ce chiffre.

Au delà de Brunswick, où nous nous arrêtâmes pour boire un verre de bière, nous fûmes étonnés de la facilité avec laquelle nous nous déplacions, facilité plus grande encore que celle que nous avions constatée. La voie de fer s'enfonce en effet dans la vallée de Wolfenbutte, et quoique la pente soit très adoucie, elle suffisait à nous faire voler sur les rails comme des hirondelles. Nous restâmes plus de 3 kilomètres les pieds au repos, nous balançant lentement sur nos bicycles ronflants, et ne nous occupant qu'à nous maintenir en parfait équilibre. Jamais je n'avais mieux compris la volupté de la vitesse, et j'en jouissais intérieurement d'une façon délicieuse. Victorine, plus expansive, ne put s'empêcher de s'écrier : Quel plaisir !...

Et je pensais que, de quelque façon qu'il dût finir, notre voyage commençait d'une façon agréable.

Nous nous arrêtâmes un instant à Orchelsleb où j'avais l'intention de déjeuner, mais le temps me parut se couvrir, et craignant la pluie, je résolus de pousser jusqu'à Magdebourg où nous passerions au besoin le reste de la journée. Nous y arrivâmes vers quatre heures, ayant franchi depuis le matin près de 160 kilomètres.

Victorine était singulièrement animée. Cette rapidité de course, les effluves d'air qui nous frappaient en plein visage, tout nous enivrait, et nous nous regardions fièrement, comme si nous avions accompli quelque chose d'extraordinaire. Il nous semblait que nous nous élevions au-dessus des hommes. Tel dût être l'enivrement de Pilastre des Rosiers en planant pour la première fois dans les airs ; tel sera le transport de l'homme de génie qui traversera le premier l'espace, arrachant à la nature et aux forces naturelles le secret du vol de l'oiseau...

Après deux heures de halte, ma compagne n'y put tenir. Notre fatigue passagère avait disparu ; elle était remplacée tout entière par un désir fiévreux de se replonger dans les émotions de la journée. Je m'opposai pourtant à la demande qu'elle me fit de continuer notre route ; je fis valoir la nuit tout à fait tombée, le pays inconnu, le temps douteux qui se préparait... Les femmes sont toutes les mêmes. Au lieu de discuter mes objections, elle sourit et se contenta de répondre que cela lui ferait le plus grand plaisir du monde... Et comme j'étais au fond possédé de la même envie, nous fîmes nos préparatifs de départ.

A six heures nous nous remettions en route. Nous nous arrêtâmes deux fois à Lenthin et à Grosskreutz pour laisser passer les trains qui se dirigeaient vers Berlin. L'heure que je consultais me fournissait à cet égard des indications prudentes ; toutefois, le second train arriva avec une avance de quelques minutes ; nous nous aperçûmes de son approche aux vibrations du rail sur lequel nous courions. Quand nous mîmes pied à terre, la locomotive n'était guère qu'à cinq cents mètres de distance. Nous nous rangeâmes contre les talus, et dès que les wagons eurent défilé, nous reprîmes notre course interrompue...

Il était près de neuf heures, lorsque l'orage qui nous menaçait éclata soudainement. Toutes les cataractes du ciel parurent s'ouvrir ; une pluie battante nous assaillit, et bien que nous eussions mis nos manteaux, elle tombait avec une telle abondance qu'elle finit par nous pénétrer. Les rails ruisselants n'avaient plus de frottement ; la pluie, qui nous frappait dans le dos, semblait nous pousser en avant. Le vent nous favorisait : nous filions

sur la voie comme deux fantômes noirs emportés par l'ouragan : on nous saluait d'acclamations quand nous passions devant les gares, où nous ralentissions un peu notre mouvement. On nous avait annoncés à toutes les stations ; notre course, par ce temps et ces incidents, prenait des proportions épiques. — Mais les cantonniers et les gardes disséminés le long du railway n'avaient pas été prévenus, et quelques-uns tombaient à la renverse d'épouvante, croyant voir passer en nous les cavaliers de Lénore : Hurrah ! les morts vont vite !...

Nous étions pourtant bien vivants, et ce qui le démontrait, c'était l'impression que nous faisait éprouver une sorte de ruisseau, s'infiltrant par le collet de nos habits, au défaut de nos capuchons, et s'arrêtant dans nos bottes, en suivant la rigole naturelle aux bergers de Virgile. Toutefois nous n'avions pas froid, et notre agitation, mêlée à ces douches incessantes, constituait un bain d'une espèce nouvelle, — que je vous recommande contre toute sorte de rhumatismes.

Cependant les choses tournèrent mal. Il était neuf heures et demie, et depuis un quart d'heure nous courions sous cet abat-d'eau, lorsqu'un craquement effroyable se fit entendre. C'était le dernier orage de l'année qui s'allumait sur nous. A la lueur des éclairs, les rails mouillés se dessinèrent comme deux lignes de feu montant à l'horizon. Victorine poussa un cri de frayeur et se rapprocha tellement de moi, que les roues de nos bicycles, en se frôlant, lancèrent des volées d'étincelles.....

— Jonathan ! me cria-t-elle, j'ai peur, je vais tomber !

Je lui répondis par une bordée de jurements épouvantables dont je demande pardon à Dieu. J'ai souvent remarqué que, dans certaines occasions, le meilleur moyen de relever le moral des femmes est de les brutaliser. Victorine, d'ailleurs, n'avait pas reçu une éducation de petite-maîtresse.

— Voulez-vous vous tenir, sacrebleu ! Avez-vous fini vos jérémiades ! Est-ce que vous avez peur de l'orage, par hasard ? En route, et marchons comme il faut, sacré tonnerre !

J'avais d'abord songé, — vous excuserez cette faiblesse, — à descendre de mon bicycle pour rassurer ma compagne de voyage, mais j'appréhendai qu'en ralentissant le mouvement, elle ne se jetât sur moi de façon à nous renverser tous les deux. Quant à la prévenir auparavant, ce n'était pas aisé, car par un temps pareil une conversation n'était pas possible...

Pourtant je me rendis compte que le roulement de son vélocipède diminuait d'intensité, et je jugeai que j'avais assez d'avance pour mettre pied à terre. Je courus aussitôt vers elle...

Il était temps. L'orage l'avait énervée, et elle ne courait plus que machinalement, par un reste d'habitude...

Quand j'arrivai, je la trouvai prête à défaillir. En m'apercevant, elle abandonna le gouvernail et se jeta dans mes bras follement, pendant que son Vélocipède abandonné continuait sa course et finissait par se coucher sur la voie. Ce n'est pas sans peine que je soutins le choc.

— Ma foi ! ma chère Victorine, lui dis-je un peu rudement, je ne comprends rien à vos nerfs. Avec ces sensibleries nous n'irons pas loin. Je vous croyais un homme, et voilà que vous avez peur de la pluie !...

— Pardonnez-moi, dit-elle, je suis bouleversée. Le coup de foudre m'a répondu là. Mon cœur bat d'une manière affreuse, et je puis à peine respirer...

Elle disait la vérité ; c'était un effet électrique. J'essayai de raisonner, mais je suis sans doute maladroit ; je n'obtins aucun bon résultat, et, après un quart d'heure d'inutiles discours, nous ramassâmes nos bicycles, et nous nous mîmes en route à côté d'eux, chacun sur un rail, nous deux au milieu et Victorine accrochée à mon bras, car ses jambes flageolaient et lui refusaient le service. A ses nerfs de la journée succédait une prostration qu'il lui était impossible de vaincre...

Nous voyez-vous en route, dans ce pays inconnu, sous l'averse qui ne cessait de tomber, flanqués de nos machines et causant de nos infortunes ? Au loin, à mille mètres de distance environ, brillait une lumière qu'il s'agissait d'atteindre, et qui marquait sans doute une station du réseau.

Victorine se rassurait peu à peu. Tout à coup un bruit retentit ; c'était une horloge qui sonnait dix heures. Son timbre me parut trop sonore pour appartenir à un clocher de campagne. En effet, à mesure que nous avancions, des lumières surgissaient çà et là et nous annonçaient au moins une ville,..... Victorine s'arrêta, et avec un peu de raillerie, me dit :

— Ah ! mon ami, vous n'y pensez pas ?
— Qu'est-ce ? répondis-je.
— Ne faisons-nous pas un voyage à Vélocipède ?
— Sans doute.
— Eh mais ? il me semble que nous sommes à pied !
— C'est vrai, répondis-je...

Et je demeurai consterné.

Un peu de réflexion me rendit le calme. Je ne suis pas de ceux qui s'attachent à la lettre de la loi, quand on peut en suivre l'esprit. L'observation de Victorine m'avait surpris, mais en y réfléchissant, je n'y vis rien de fâcheux pour l'engagement que j'avais contracté. C'était une simple plaisanterie. On n'interrompt pas un voyage à Vélocipède pour faire une promenade de quelques centaines de pas, surtout quand on conduit son bicycle en laisse comme un barbet. Je n'avais donc rien de sérieux à me reprocher, et, après un court examen de conscience, je partis d'un éclat de rire.

Et puis, mon cher Jacques, nous parlâmes de vous, et elle le fit d'une façon si énigmatique que je ne sais que penser. Avez-vous donc un secret ensemble? Elle me dit des choses telles, que je supposai un moment que vous alliez nous rejoindre et vous associer à notre voyage..... Mais il faudrait pour cela que vous eussiez échangé quelque lettre avec Victorine, et Victorine n'écrit pas. Ce n'est pas que cela lui soit impossible ; elle griffonne déjà en demi-gros et s'exerce tous les soirs sur le coin de la table, depuis que nous sommes seuls. — Car sa dignité ne lui permet pas d'exposer aux yeux de nos amis une éducation trop négligée. Elle lit d'ailleurs couramment, même dans l'écriture, et vous voilà bien content, si vous avez quelque chose à lui mander que je ne doive pas savoir....

Nous approchions cependant de la station, et sous la pluie, à la lueur du gaz, je distinguai le nom de Postdam. Nous n'étions qu'à quelques lieues de Berlin. Une foule assez nombreuse stationnait en gare ; nous étions évidemment attendus, et les lanternes de nos bicycles nous avaient dénoncés. On ne s'expliquait pas la lenteur de notre approche, et sans le mauvais temps on eût couru au-devant de nous. Dès que nous fûmes entrés dans la zone éclairée, nous entendîmes un cri d'accueil et de reconnaissance ; c'étaient nos amis, nos transfuges, Abel et Albert.

Ils avaient reçu le matin même un de mes télégrammes à Berlin et étaient venus à notre rencontre. Nous nous retrouvâmes avec attendrissement. Les jeunes gens étaient transportés ; Victorine, gravement bienveillante, serrait leurs petites mains blanches dans une des siennes et répondait complaisamment à leurs questions....

— Hélas ! dit-elle, j'ai manqué mourir !....

Alors on s'aperçut de ses égratignures, et on s'apitoya sur ses malheurs.... Après quoi, nos Français finirent par trouver que cela ne lui allait pas mal ; de sorte que, si on les eût poussés dans cette voie, ils auraient fini par la féliciter de l'accident.

Ces politesses ne laissaient pas que de me refroidir, malgré le punch d'honneur et de bienvenue que le chef de gare nous avait fait servir. Nous étions vulgairement trempés comme des soupes, et je demandai qu'on nous fît grâce du récit de nos aventures.

Je pris congé de ces messieurs et dégageai Victorine à grand'peine du cercle qui l'entourait.

La magnifique prestance de ma compagne excitait une curiosité dont elle n'était nullement embarrassée. Elle se prêtait volontiers aux indiscrétions et tenait le dé de la conversation, oubliant ses récentes faiblesses dans l'enivrement du succès.

En temps ordinaire, quand, seule avec moi, elle traversait un pays inconnu, on la prenait pour un beau jeune homme, et les Allemandes la regardaient fort doucement. A Postdam les rôles étaient changés. Les attentions d'Albert et d'Abel et la façon dont elle y répondait désignaient suffisamment son sexe, et l'admiration des gens la faisait prisonnière.

Aussi dus-je faire acte d'autorité pour m'emparer de son bras et l'arracher à la foule. Nous nous rendîmes à grands pas à l'Hôtel du roi de Prusse, en riant des prévenances d'Albert qui nous offrait un parapluie. Nous nagions en pleine eau.

Il était près de minuit, quand je montai dans ma chambre, malgré les instances de nos amis qui voulaient me retenir. J'étais brisé de fatigue et ne tardai pas à m'endormir d'un sommeil de plomb.

Quant à Victorine, elle donna la preuve, une fois de plus, qu'il ne faut jamais compter avec les forces des femmes. Après demi-heure d'absence, elle reparut, dans une toilette bizarre, empruntée aux plus grandes filles de l'hôtel, se mit à table, mangea comme quatre, et se prit à babiller comme une pie borgne......

Le lendemain, je la laissai dormir la grasse matinée, et ce n'est que vers midi que je donnai le signal du départ. Il était question de faire une simple promenade. Nos jeunes gens nous accompagnaient à tricycle, et s'arrêtaient pour apprécier les plus beaux points de vue. Victorine dessinait des arabesques avec son bicycle, prenant le chemin des écoliers, faisant l'école buissonnière, descendant pour cueillir des fleurettes au bord du chemin... Aussi faut-il compter cette journée au nombre de nos jours de récréation ou de paresse : nous mîmes plus de deux heures pour arriver à Berlin.

L'après-midi, que nous y passâmes, ne fut pas cependant perdue. Je rendis quelques visites et m'occupai de détails importants. Il y a des questions matérielles dont les romans s'inquiètent fort peu, et qui tiennent dans la vie réelle plus de place qu'on ne pense.

Je vous les épargne autant que possible, mon cher ami, mais comptez que c'est une de mes préoccupations. Ces premières journées m'ont fait faire un apprentissage utile. — J'ai renouvelé à Berlin notre provision de lingerie et suis muni maintenant jusqu'à Saint-Pétersbourg, où nous trouverons les malles que j'y ai fait adresser. Vous comprenez que nous ne nous laissons pas retarder par la question de blanchissage ; nous abandonnons aux hôtels une foule d'inutilités. Au reste, si mes prévisions ne me trompent pas, nous ne tarderons pas à toucher la capitale de la Russie.

J'avais en particulier une besogne sérieuse à faire, car notre course sur rails m'avait éveillé l'esprit, et je tenais à savoir ce que pouvait donner le Vélocipède dans des conditions tout à fait favorables. Il s'agissait d'abord d'obtenir les autorisations nécessaires pour continuer ma route de la même façon, non-seulement en Prusse, mais en Russie. Je récoltai donc quelques bonnes lettres de recommandation, mais on me prévint qu'il serait nécessaire de les appuyer de généreux pour-boire. Le tout soit dit sans mauvaise intention.

Je fis appeler ensuite deux ouvriers habiles, et les décidai à travailler quelques heures, pour adapter à nos Vélocipèdes un mécanisme ingénieux, qui devait tripler leur vitesse, sans presser, plus que nous ne le faisions ordinairement, le mouvement des pédales. Je n'ai pas besoin de m'étendre sur la possibilité d'obtenir ce résultat, qui est dû à une simple transmission de mouvement. — Vous m'objecterez que je triplais aussi la résistance à vaincre ; mais vous savez que, sur les rails, cette résistance est à peu près nulle. Je ne devais pas craindre de dépasser la limite des forces que nous pouvions dépenser.

Le lendemain, tout était prêt, et la journée du 16 novembre se leva sereine sur nous; j'avais malheureusement à jouer le rôle de trouble-fête, et malgré mon stoïcisme, j'en laissai paraître quelque chose, car Victorine interrompit son déjeuner pour me demander: — Qu'avez-vous?...

J'expliquai à nos amis qu'il leur était absolument impossible de nous suivre, — soit à bicycle, soit à tricycle, — à cause des moyens d'action que nous possédions et dont ils ne pouvaient faire usage. Il ne fallait pas songer à appliquer à leurs Vélocipèdes les perfectionnements des nôtres, et la première condition de nos engagements mutuels étant de ne point nous retarder, nous étions obligés de les abandonner sans pitié.

Cette communication n'eut point l'effet que j'en attendais. Il paraît qu'ils l'avaient prévue, d'après le récit que Victorine leur avait fait de nos dernières journées de voyage, et qu'ils avaient passé la nuit à réfléchir là-dessus. Leur parade était toute prête, et ils se contentèrent de me demander où nous comptions nous arrêter.

Décidément, ils n'y mettaient pas d'amour-propre. Ils se résignaient à voyager de concert avec nous — par le chemin de fer. Mais au-delà de Saint-Pétersbourg, et quand les voies ferrées nous feraient défaut, ils comptaient prendre leur revanche et se rallier à notre caravane.

Victorine ne dit rien, mais ses yeux brillèrent étrangement. Elle sentait au fond du cœur qu'elle était pour beaucoup dans cette persévérance. Craignit-elle de s'être trahie ? Voulut-elle racheter quelques mots trop expressifs échappés peut-être à ses lèvres ? Je ne sais, mais une fois l'affaire décidée, elle devint distraite et traita fort mal nos amis, qu'elle quitta très-froidement. Y comprenez-vous quelque chose ? Savez-vous en quoi le cœur des femmes est fait ? Pour moi, c'est un livre éternellement nouveau, — parfaitement invraisemblable, — et toujours intéressant, — malgré le désordre de ses idées.

Abandonnant à leur malheureux sort nos chevaliers errants tombés en disgrâce, nous prîmes la ligne de Berlin à Francfort-sur-l'Oder, avec une heure d'avance à peu près sur le train de neuf heures, par lequel ils devaient partir. J'expliquai à Victorine le nouveau mécanisme de nos bicycles, et la vitesse extraordinaire qu'elle obtiendrait, sans accélérer ses mouvements. Elle m'écouta avec de grands yeux intelligents et comprit.

— Vous n'aurez pas peur ? lui dis-je.

— Non, répondit-elle, puisque je suis avec vous.

Sur ce mot obligeant, je la fis partir ; l'épreuve eut tout le succès possible. Elle s'éloigna avec une rapidité prodigieuse, pendant que ses pieds abattaient les pédales avec la régularité d'une marche ordinaire. Je m'élançai à mon tour, et salué par les acclamations de la foule, je me lançai à toute vitesse et sentis le vent siffler à mes oreilles...

Je rejoignis Victorine en quelques minutes, et l'engageai à modérer son allure, afin de la soutenir plus longtemps. Nous éprouvions une émotion nouvelle et très-singulière, provenant de la lenteur relative de nos gestes et de la vitesse avec laquelle nous étions emportés. Je calculai que nous faisions près de trente kilomètres à l'heure, ce qui correspondait au mouvement nécessaire pour faire dix kilomètres dans le même temps sur un bicycle ordinaire.

Trois heures après, nous mettions pied à terre à Francfort, où nos amis arrivèrent un quart d'heure après. Nous entrâmes à l'Hôtel de la Gare, et Victorine continua à se montrer superbement indifférente pour les jeunes gens. Je me demandais où elle en voulait venir, quand je la vis s'approcher de moi. Je m'occupais alors de vérifier l'état de nos bicycles pour lesquels j'ai des soins tout particuliers.

— Shopp, me dit-elle, vous êtes vraiment un homme !

Cette louange à brûle-pourpoint me surprit tellement que j'en demeurai interdit. — Mon cher Jacques, qu'est-ce que cela veut dire ?

Il était près de deux heures, lorsque nous quittâmes Francfort, et nos amis furent passablement déçus, quand on leur apprit, au chemin de fer, qu'ils ne pouvaient partir que par le train de trois heures et demie, qui touchait la frontière sur les minuit. Huit heures pour faire cent vingt kilomètres ! Il s'agissait, il est vrai, d'un train omnibus dont les arrêts fréquents et prolongés ne se discutaient pas ; mais il faut avouer qu'on entend singulièrement, dans la Prusse du nord, la rapidité de la vapeur. Ils se décidèrent alors à faire déballer leur tricycle et à nous suivre par la grande route, ce qui leur permettrait d'arriver quelques heures plus tôt. Abel prétendit qu'il ne se consolerait jamais de n'avoir pas eu l'idée de faire adapter à ce véhicule des roues de wagons d'une légèreté suffisante. Il est certain qu'un Vélocipède ainsi disposé, courant à quatre roues sur la voie de fer, leur aurait notablement facilité le voyage. Mais il était trop tard pour y penser.

Ce projet de voiture légère, lancée sur les rails et mue par la force humaine, ne manqua pas de me préoccuper. Je partis avec Victorine, et nous cheminions depuis une demi-heure, sans autre incident de voyage qu'un vent assez vif qui venait de s'élever, quand des déductions naturelles se présentèrent à mon esprit...

Je mis d'abord pied à terre pour changer de rail et me placer sur celui qui se trouvait parallèle à la ligne que suivait Victorine. Nous occupions ainsi toute une voie. Je la rejoignis, et nous nous félicitâmes de voyager de conserve et pour ainsi dire côte-à-côte. J'en avais eu déjà l'idée, mais je l'avais ajournée pour des raisons faciles à comprendre.

Malgré mon assurance et mes précautions, mes débuts sur le rail-way n'avaient pas été exempts d'appréhensions. Je ne pouvais craindre un conflit, puisque nous courions sur le rail extrême d'une des voies, près du talus, et dans le sens des trains qui la parcouraient. Notre course n'était pas assez rapide pour nous faire rattraper ceux qui étaient en avance. Restait le danger d'être rejoints par ceux qui venaient derrière nous...

Mais une demi-heure avant leur approche, je les surveillais exactement, et dès que je pouvais les apercevoir, nous nous placions tranquillement sur le talus voisin pour leur laisser la route libre. Ils nous dépassaient en un clin-d'œil, et nous remontions aussitôt sur nos bicycles,

essayant, pendant quelques instants, de lutter de vitesse avec eux. Je vous ai dit, d'ailleurs, que nous étions prévenus de l'approche des convois en marche par les vibrations du rail que nous suivions. Ajoutez que les mécaniciens nous honoraient de coups de sifflets assourdissants.

Les trains que nous croisions, moins dangereux sans doute, avaient quelque chose de plus effrayant. Victorine se faisait difficilement à ces rencontres, et dans les premiers moments, je craignais que l'ébranlement de la voie et l'émotion nerveuse ne lui fissent perdre l'équilibre. Elle prit le dessus sur cette faiblesse, et nous en arrivâmes à ne rien redouter

Pourtant, en occupant les deux rails de la même voie, nous commencions à nous montrer imprudents. Je suivais naturellement le rail intérieur, et me trouvais, par conséquent, à proximité des trains arrivant vers nous, ce qui est un fâcheux voisinage. Un simple convoi de marchandises marchant à petite vitesse, m'en fit faire l'épreuve. A n approche, et malgré les conseils de Victorine, je pris une allure hardie, en m'attachant à conserver un équilibre imperturbable. Cela marcha d'abord assez bien, mais un wagon, chargé de genêts et de bruyères, me fouetta tout à coup le bras avec une branche trop avancée. L'imprévu de 'attaque, plutôt que sa violence, me jeta du côté de Victorine, et je mis pied à terre sans accident, assez peu satisfait de ce début.

Cependant l'idée d'une voiture stable, courant sur deux rails, germait dans mon esprit, et nous n'avions pas fait trente kilomètres que j'engageai ma compagne à mettre pied à terre pour faire une expérience. Nos bicycles, maintenus sur les rails en face l'un de l'autre, furent reliés ensemble par les baguettes de fer qui servaient à leur voilure, — à l'avant et à l'arrière. Il en résulta un bicycle double, d'une stabilité complète, qui devait courir le plus facilement du monde et permettre à ses cavaliers de négliger entièrement la question d'équilibre.

Victorine se montra enthousiasmée de cette combinaison.

Je lui fis comprendre la nécessité d'accorder nos mouvements, pour ne pas disloquer la frêle charpente qui nous réunissait. Nous nous lançâmes sur la voie avec une confiance qui fut justifiée, et arrivâmes par degrés à une vitesse considérable.

A la tombée de la nuit, nous descendions à Kreuz, où se trouve un poste important de douanes, et vers les neuf heures du soir, nos amis arrivaient, passablement échauffés de la course qu'ils avaient fournie.

A mesure que nous avançons vers le nord, mon ami, la végétation prend un aspect particulier, et les essences des forêts méridionales disparaissent lentement pour faire place aux arbres sombres, aux sapins, aux ifs, aux mélèzes. Il se mêle à cet aspect inaccoutumé je ne sais quelle impression de dévastation et d'aridité qu'il faut attribuer à la saison plutôt qu'au pays. La terre s'engourdit sous les étreintes de l'hiver, les verdures pâlissent, et quoique Novembre y soit pour beaucoup, l'impression produite n'en est pas moins pénible et presque douloureuse. Aussi nos réunions n'ont-elles pas la gaîté d'autrefois. Le souper fut peu animé, malgré les plaisanteries dont nos Français cherchèrent à l'égayer. Albert voulut nous dire une chanson de circonstance; voici l'un de ses couplets :

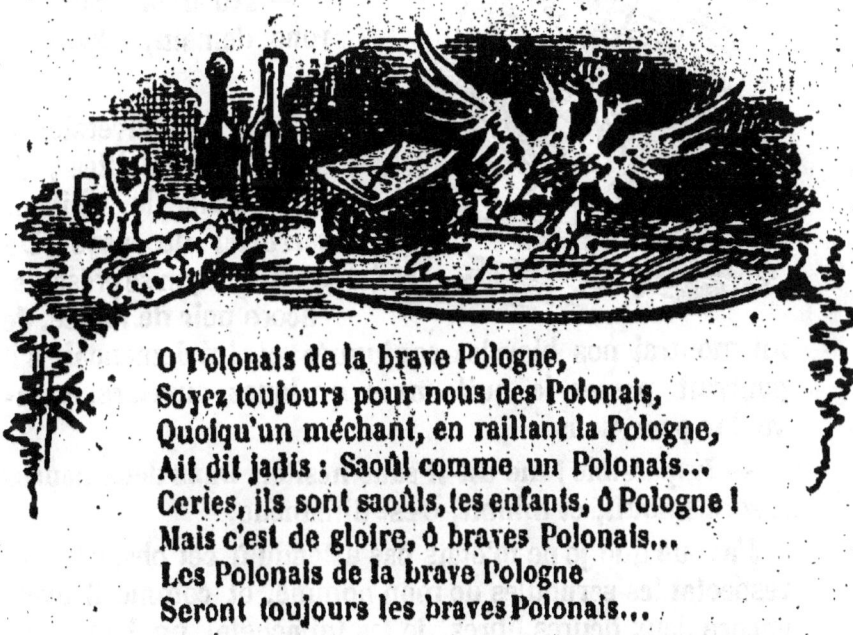

O Polonais de la brave Pologne,
Soyez toujours pour nous des Polonais,
Quoiqu'un méchant, en raillant la Pologne,
Ait dit jadis : Saoûl comme un Polonais...
Certes, ils sont saoûls, tes enfants, ô Pologne !
Mais c'est de gloire, ô braves Polonais...
Les Polonais de la brave Pologne
Seront toujours les braves Polonais...

Cela n'était pas sérieux, tant s'en faut, et cependant on ne sut pas rire.

— Pourquoi parlez-vous de la Pologne? dit Victorino.
— C'est qu'elle est à côté, répondit Albert.
— Où donc? montrez-la moi.

Le jeune homme se leva et ouvrit la fenêtre. La nuit

était épaisse; pas de lune. Le vent s'était levé et courait dans une forêt voisine qui se ployait sous son effort avec une espèce de gémissement....

— Entendez-vous? dit-il; c'est la Pologne qui râle.

Je ne voulus pas prolonger cette émotion. Victorine, fille du peuple, sans aucune éducation politique, avait senti son cœur battre à ce nom de Pologne, si populaire encore en France, malgré les railleries dont on le poursuit.

— Est-ce que nous verrons la Pologne? me dit-elle.

— Nous la traverserons demain, répondis-je.

Pour faire diversion à ces sentimentalités, je fis appeler le meilleur serrurier du pays. Un grand garçon se présenta, encore noir de fumée. Je lui montrai nos bicycles conjugués et lui demandai s'il pourrait passer la nuit, avec quelques ouvriers, à travailler pour nous.

— Impossible! me dit-il sans hésiter. Dans deux heures il sera minuit, et minuit, c'est dimanche.

J'avoue que je ne m'étais pas attendu à cet obstacle. Je respectai les scrupules de mon homme, et comme il avait encore deux heures libres, je les lui achetai un bon prix.

Il confectionna fort habilement et avec une grande rapidité une croix de Saint-André légère et solide, de son meilleur fer, portant des écrous aux extrémités de ses branches. Elle devait assembler nos bicycles plus solidement que les porte-voiles dont je m'étais servi dans la journée.

Nous devenions maîtres ainsi d'une voiture à quatre roues, courant sur la voie de fer, ne pouvant dérailler, et d'une solidité extrême. Je ne doutai pas qu'avec ces facilités et nos pédales à engrenages, nous ne pussions atteindre une vitesse supérieure à 30 kilomètres à l'heure.

Je prévins nos jeunes gens que je comptais faire le lendemain une forte journée, et je leur donnai rendez-vous à Kowno, qui est la vraie frontière russe, quoique la ligne de douanes soit établie à Eydtkouhen, à l'entrée de la Pologne. Ils s'arrangèrent pour partir par un train de nuit, afin de nous devancer.

Le dimanche, 17 novembre, à huit heures du matin, j'achevais d'assujettir le cadre qui reliait nos bicycles, et nous prenions congé des employés de la voie de fer, pour accomplir notre dernière étape prussienne.

En moins de deux heures, nous atteignîmes Bromberg, en suivant la ligne de Varsovie. Nous n'étions qu'à dix kilomètres de la Pologne, mais nous abandonnâmes la voie principale, pour remonter directement vers le nord par l'embranchement de Dirschau. Outre que ce dernier itinéraire était plus court et plus rapide, il me maintenait sur les possessions prussiennes, où la signature de M. de

Bismark me donnait toute autorité. La voie de Bromberg à Dirschau, par Terespol, court presque toujours sur

une pente descendante et se dirige en droite ligne vers la mer Baltique. Nous fîmes, à cette occasion, un essai de course à grande vitesse, qui fut couronné d'un plein succès.

J'avoue que nous étions favorisés de toutes les manières par la voie, par notre appareil et par le bon usage que nous en savions faire.

L'assemblage de nos bicycles était d'une parfaite solidité, et cela nous permettait, Victorine et moi, de n'agir que l'un après l'autre. Une fois les Vélocipèdes lancés, il suffisait qu'un de nous persistât dans le mouvement-moteur pour que le système entier fût entraîné avec rapidité. La dépense de forces était un peu plus élevée, mais n'avait rien d'anormal. Pendant ce temps, l'autre cavalier plaçait ses pieds au repos, et sans aucun travail, se laissait aller à toute vitesse. Les rôles changeaient au bout d'un moment.

Vous n'avez pas oublié, qu'au moyen de nos engrenages, soixante tours de pédales à la minute nous donnaient trente kilomètres par heure. Sur la ligne inclinée de Bromberg à Dirschau, nous réunîmes nos efforts, et pendant près d'une demi-heure, cette vitesse fut dépassée.

Le mouvement qui nous entraînait avait quelque chose de vertigineux; nous évitions de regarder la campagne environnante, de peur d'un éblouissement, et ne quittions pas des yeux la route que nous dévorions. Bien nous en prit, car à Mew, après un circuit, Victorine s'écria :
— Attention, Jacques! un train vient sur nous!

Malgré nos freins, nous fûmes emportés à cent cinquante mètres, et si Victorine ne se fût pas trompée, nous passions un vilain quart d'heure. Mais, loin de redouter une rencontre, c'était nous au contraire qui, par notre course enragée, avions rattrapé un train de marchandises qui marchait tranquillement à la vitesse réglementaire. Nous le suivîmes jusqu'au changement de voie de la station de Mew. Là, nous reprîmes notre allure, et en quelques minutes nous le laissâmes derrière nous, constatant, par nos hurrahs, le triomphe du jarret sur la vapeur.

À Dirschau, nous fîmes une halte et déjeunâmes sommairement à la gare, pressés que nous étions de repartir. Dantzig n'était qu'à quelques lieues au-devant de nous, mais nous n'avions rien à y faire. Nous abandonnâmes de nouveau la voie principale pour prendre l'embranchement qui suit le littoral, et nous nous dirigeâmes sur Konigsberg.

Victorine cependant humait l'air comme un chien de chasse qui trouve une piste.

— Qu'est-ce que cela ? dit-elle ; il me semble que je respire salé.

— C'est la mer, répondis-je ; vous la verrez dans une heure, si nous continuons de ce train-là.

— La mer ? je croyais qu'elle était du côté du soleil couchant ; on me l'a dit à Paris.

— En effet, mais on vous parlait de l'Océan. La mer que nous allons voir est plus modeste. Vous en serez contente pourtant.

Vous n'attendez pas, mon cher Jacques, que je vous répète les conversations que j'ai avec cette belle fille. Elles sont plus fréquentes depuis que nos procédés de voyage, en se perfectionnant, nous laissent l'esprit plus libre. Victorine est désireuse de s'instruire et ne m'épargne pas les questions ; elle m'en fait même quelquefois de fort étranges : je vous en reparlerai.

Une heure après notre départ, des grondements sourds et terribles s'élevèrent. Le ciel était cependant serein, quoique le vent qui nous arrivait des côtes fût très-vif.

— Qu'est-ce que cela ? demanda ma voyageuse.

— C'est la mer.

Au même instant, la voie de fer, émergeant des dunes déroula sous nos yeux le plus splendide panorama. La Baltique, grondante et houleuse, blanchissait ses rives d'écume et venait battre la falaise sur laquelle nous courions. Au loin, dans l'immensité, ses eaux noires et plombées s'élevaient comme un mur montant à l'horizon.

— Ah ! s'écria Victorine, Shopp, arrêtons-nous ; laissez-moi voir !...

Nous enrayâmes en effet et demeurâmes immobiles ; la jeune fille avait de grosses larmes dans les yeux ; je lui donnai une poignée de main.

— Je suis bien aise d'avoir vu cela, dit-elle.

A deux heures, nous entrions à Konigsberg, où nous prîmes une heure de repos. Nous étions las, mais sans fatigue excessive. Les émotions de la journée et la vue de la mer avaient amolli le courage de Victorine. — Pour réveiller sa vaillance, je n'eus qu'un mot à dire :

— Allons-nous voir la Pologne, mon enfant ?

— Oui, dit-elle, je suis prête.

La fin de cette journée fut rude ; le chemin de fer s'élevait sensiblement. Cependant, en deux heures, nous atteignîmes Gumbinnen, dernière ville importante de la Prusse, et ne tardâmes pas à toucher Eydtkouhen, où les formalités de douanes nous furent à peu près épargnées, à cause du passage de nos amis qui nous avaient annoncés.

Comme nous repartions, le crépuscule tombait ; un immense voile de deuil semblait flotter sur les campagnes désertes. Le pays avait je ne sais quoi de sombre et de désolé....

— C'était la Pologne....

Nous ralentîmes d'abord le pas. Puis, comme pour échapper à ces paysages funèbres, nous accélérâmes le mouvement et finîmes par voler sur les rails à toute vitesse....

A sept heures et demie, nous descendions à Kowno, après avoir franchi depuis le matin près de 300 kilomètres. Nos amis nous attendaient pour nous donner la main.

La Russie s'ouvrait devant nous, la Sainte Russie, cet étrange empire qui soude la civilisation européenne, d'un côté à la vie orientale, peuplée d'almées, de djinns et de contes arabes, de l'autre aux derniers représentants de la vie nomade, aux Tatares, aux Cosaques, aux peuples pasteurs de la Sibérie; steppes immenses, vastes solitudes, déserts glacés que le soleil effleure à peine de ses rayons. Je vous assure, mon cher ami, que je ne cherche pas à faire du lyrisme, mais à vous donner une idée des impressions que nous ressentîmes, Abel, Albert et moi, quand nous nous vîmes placés sur cette ligne idéale qu'on appelle frontière et qui distingue les nationalités. — Chose absurde je vous le dis avec ma franchise américaine, et qui disparaîtra avec bien d'autres absurdités ! Mais ce n'est pas l'heure de nous occuper de semblables questions....

Pendant qu'on préparait notre souper, Victorine essayait de causer avec la fille de la maison, servante accorte et souriante, mise avec une certaine coquetterie. Inutile de vous dire qu'elles ne s'entendaient pas. Mais Victorine n'était pas fille de Bohême pour rien. Elle interrogeait l'étrangère par gestes avec une singulière sagacité. Celle-ci, d'abord effarouchée par la taille de la voyageuse, s'était rassurée en devinant son sexe, si bien que de sourires en familiarités, elle avait fini par s'asseoir sur ses genoux. Notre amie se faisait rendre compte des toilettes et des plaisirs de la fillette; après quoi, plus curieuse encore, elle appuya sa main sur le cœur de la petite, et lui demanda si elle aimait quelqu'un. Une vive rougeur fut la seule réponse qu'elle obtint. Et comme Abel et Albert s'étonnaient de cette mutuelle compréhension :

— Bah! leur dis-je, ce sont deux filles d'Eve.

Sur ce mot, on nous annonça un exprès qui m'était envoyé par le commandant de Kowno et qui me rapportait mes papiers, que je lui avais adressés à notre arrivée. — Le commandant me présentait ses civilités et me priait de lui faire l'honneur de passer la soirée chez lui avec mes compagnons. Je répondis que j'étais très-reconnaissant à M. le commandant de sa politesse, mais qu'il devait excuser des voyageurs qui avaient fait plus de deux cents kilomètres dans la journée, et qui étaient plus pressés de gagner leur lit que d'aller dans le monde.

L'exprès écouta cette réponse avec un étonnement inexprimable; il me la fit répéter, et nous quitta, passablement effaré.

Demi-heure après il revint et nous trouva à table. Il refusa d'accepter un grand verre de bière que je lui versai, ce qui me fit présager quelque événement. Le commandant me prévenait en effet, qu'à défaut d'ordres directs de son gouvernement, il se croyait obligé de s'opposer à un mode de voyage illégal, ou du moins inusité, et qu'en conséquence, il mettait sous séquestre nos Vélocipèdes et nos bagages; il persistait d'ailleurs dans son invitation et nous offrait à souper et à dormir dans la citadelle.

Je bondis en entendant ces paroles; Victorine s'émut; Abel et Albert se mordirent les lèvres, en murmurant votre proverbe français : Contre la force point de résistance. — Mais moi, citoyen de la libre Amérique, le moyen d'accepter cet affront! Je ne sais ce que je dis au messager, ni de quel ton je lui parlai; mais il est certain qu'il s'enfuit épouvanté.

Cette scène nous avait ôté l'appétit. Nous demeurions à table, en face les uns des autres, rongeant notre frein et cherchant à ces contrariétés une issue quelconque. Victorine s'endormait sur sa chaise, et j'allais donner le signal de la retraite, quand la fille de l'hôte arriva tout effrayée :

— Les soldats ! cria-t-elle.

— Les soldats ?...

Au même instant, des crosses de fusil résonnèrent à la porte; un vieux sergent à longues moustaches se présenta, et après nous avoir considérés quelque temps, il nous apprit qu'il était chargé de nous arrêter et de nous emmener au quartier sous bonne escorte.

— Du reste, dit-il, les plus grands égards!

J'avais envie de prendre mon revolver, mais je réfléchis que cela gâterait nos affaires. Je résolus d'opposer le sang-froid et le calme à la violence dont nous étions l'objet. L'hôte et ses gens paraissaient consternés; Victorine ne comprenait pas. Je lui offris mon bras; nos jeunes gens se levèrent, et entre deux files de baïonnettes, nous nous dirigeâmes vers la citadelle, prisonniers de M. le commandant de Kowno.

Je sais que la vie réelle nous réserve des péripéties plus invraisemblables que celles des romans, et qu'il n'y a pas d'extravagance que ne se permette le hasard à de certaines heures. Une impression qui me manquait certainement était celle d'être conduit, comme un criminel, à travers un pays inconnu, sous une escorte de vingt soldats, car ici on ne les épargne guère. Nous trouvâmes à la porte de l'hôtel, malgré l'heure avancée, une foule avide de repaître ses yeux de la vue de nos personnes. Les événements manquent à Kowno; c'était une fière aubaine que de pouvoir considérer une troupe entière de malfaiteurs. Je devrais dire une bande. Victorine, à cause de sa taille majestueuse, passait généralement pour notre chef, et ces braves gens s'étonnaient de voir tant de perversité sous des traits aussi doux. Les bicycles qui nous suivaient, car je ne m'en sépare pas, étaient des machines infernales, destinées à ruiner le pays. On sait que tous les Français sont magiciens; cela est connu depuis les grandes guerres, et patati, et patata, car les lambeaux de conversations qui nous arrivaient étaient farcis de bien d'autres sottises.

Je ne m'exagérais pas la gravité de la situation et ne prévoyais pas la captivité de Latude. Toutefois il est toujours ennuyeux de ne pas savoir où l'on va. Nous avions des chances pour tomber sur un fonctionnaire intelligent qui reconnaîtrait sa méprise, mais nous pouvions également avoir affaire à un imbécile zélé, heureux de déployer un dévouement intempestif dans une persécution inutile. Seul, du reste, je me fusse médiocrement inquiété. Ce qui me contrariait le plus, c'était d'entraîner dans ma mauvaise fortune, non-seulement nos jeunes gens, mais Victorine qui savait à peine de quoi il s'agissait. Sous prétexte que « nous n'avions rien fait de mal, » elle n'admettait pas qu'on pût nous conduire en prison. Le droit naturel remplaçait dans son esprit naïf les usages des nations civilisées.

Cependant, quand elle vit la herse se lever, le pont-levis s'abaisser avec un bruit de ferrailles, quand les soldats qui nous conduisaient échangèrent un mot d'ordre, l'appareil militaire de notre entrée commença à l'émouvoir. Ce n'était pas la première fois que je constatais cette impressionnabilité en présence de faits extérieurs dont l'apparence seule était redoutable, tandis qu'elle gardait un sang-froid superbe dans les dangers réels. C'est ainsi que, dans nos dernières journées, elle courait résolument, avec une vitesse qui eût transformé le moindre accident en catastrophe, et qu'elle pâlissait d'une terreur involontaire, toutes les fois qu'il fallait s'engager dans un tunnel d'une certaine longueur.

Bien qu'ils ne soient pas fréquents sur ces lignes, où le peu de valeur des terrains leur fait préférer d'immenses tranchées, ils se présentaient encore trop fréquemment à son gré. Quand j'entendais pousser par ma compagne un « Ah ! » d'ennui profond et d'agacement nerveux, j'étais sûr qu'un tunnel devait poindre à l'horizon. Passe encore quand, à l'entrée du souterrain, nous pouvions apercevoir la sortie qu'il nous fallait atteindre, point lumineux vers lequel nous nous dirigions avec une allure prudente. Mais quand le tunnel dessinait une courbe et ne nous offrait qu'une ouverture plus noire que celle de l'Averne, je voyais Victorine rappeler son courage défaillant. Elle pressait la marche, malgré mes conseils, et se précipitait sur la ligne polie éclairée par le feu de son bicycle, ne respirant à l'aise que lorsqu'elle pouvait apercevoir la clarté de l'arrivée. Son émotion se traduisait alors par des refrains qu'elle bourdonnait ou par une conversation très-animée, un vrai bavardage. C'est surtout aux bords de la mer Baltique que les plus cruelles épreuves en ce genre lui avaient été réservées.

Mais je m'éloigne de la citadelle, et vous m'excuserez, si je manque d'art dans ce récit véridique. La porte par laquelle on nous introduisit, basse, massive, couverte d'épaisses ferrures, fit sur notre compagne l'effet du tunnel le plus affreux. Ces frayeurs ne furent pas de longue durée.

La forteresse de Kowno n'est en réalité qu'une grande maison, entourée de murs, de fossés, et d'ouvrages en terre, qui lui donnent au dehors une physionomie guerrière qu'elle ne conserve pas à l'intérieur. Après cette entrée farouche, nous nous trouvâmes dans une sorte de jardin 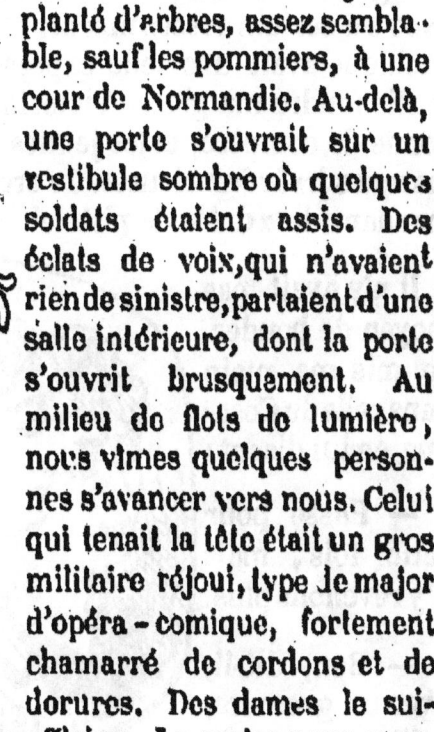 planté d'arbres, assez semblable, sauf les pommiers, à une cour de Normandie. Au-delà, une porte s'ouvrait sur un vestibule sombre où quelques soldats étaient assis. Des éclats de voix, qui n'avaient rien de sinistre, partaient d'une salle intérieure, dont la porte s'ouvrit brusquement. Au milieu de flots de lumière, nous vîmes quelques personnes s'avancer vers nous. Celui qui tenait la tête était un gros militaire réjoui, type de major d'opéra-comique, fortement chamarré de cordons et de dorures. Des dames le suivaient, avec trois ou quatre officiers. Le major nous enveloppa d'un coup-d'œil, comme pour chercher le maître de la caravane, et après une courte hésitation, vint à moi :

— Mon frère, dit-il, pardonne-moi la brusquerie de mon invitation. Il s'agit de souper, pas autre chose. C'est ta faute si je t'ai envoyé les gendarmes. Pourquoi ne voulais-tu pas venir ? J'aime les étrangers moi, et je suis curieux de voir tes petits chevaux. Tu m'en veux, tu n'as pas l'air content ; ça se passera. Tu t'obstinais à rester à l'auberge, et moi je voulais te voir ici. Je suis Cosaque, vois-tu, et on dit : Têtu comme un Cosaque. D'ailleurs tu seras mieux. Voyons, ne te fâche pas, donne-moi la main...

Je m'attendais si peu à ce discours que je restais stupéfait. Cet accueil ne pouvait me faire oublier les formes désobligeantes de notre arrestation, et je regardais notre hôte avec un certain ressentiment. Mais sa mine rougeaude et pacifique avait une telle expression de cordialité que je sentis fondre ma glace. Victorine souriait à cette physionomie de compère, et les jeunes gens échangeaient des remarques irrévérencieuses. Je crois qu'ils traitèrent le commandant de « drôle de pistolet. »

Il n'y avait pas moyen de bouder. Je mis ma main dans celle du Cosaque, en lui disant :

— Passe pour cette fois, mais n'y revenons plus.

— Bon, dit-il, avec un gros rire, voilà que la paix

est faite. Mon frère, je te présente ma femme Marie Ivanovna, et ma fille Pulchérie Ivanovna, et ma nièce Nathalie. Celui-ci est mon neveu, Hortinja Muranow, et les autres des officiers de ma garnison. A présent, tu connais tout le monde. Viens t'asseoir. Moi je suis Alexis Ivanovitch.

— Eh bien ! répondis-je, mettons-nous à table. Voici mes compagnons et mes amis, des Français, Abel et Albert. Celle-ci est une dame, ma nièce Victorine. Mais je te prie de laisser entrer nos petits chevaux qu'on mettra dans un coin.

— A ton aise, mon frère. Mais ta nièce est bien grande, et nous n'en avons pas de pareilles en Russie.

Il se retourna pour dire quelques mots aux dames, dans un patois plus intime que le russe officiel dont nous nous étions servis. Elles s'empressèrent aussitôt auprès de Victorine, dont le premier soin fut de demander une robe de chambre quelconque, pour corriger la bizarrerie de son costume. Les jeunes gens et les officiers se saluèrent cérémonieusement. Quant au commandant, il me fit placer auprès de lui et me versa un grand verre de vin de France.

Le souper de l'auberge avait été si fâcheusement interrompu qu'un certain appétit nous revint à l'improviste. Notre hôte paraissait enchanté de nous et s'occupait à me nourrir abondamment...

— Mange, disait-il ; ceci sont des galouchkis frits au beurre ; on n'en fait de pareils qu'à la maison. Préfères-tu des poissons secs ? Cela se mange sans faim. Je te recommande ces petits pâtés à la graine de pavot. Marie Ivanovna les fait à merveille. Voilà des champignons salés dont tu me diras des nouvelles...

Je m'accommodais fort bien de ces plats étranges qui me parurent apprêtés d'une façon intelligente. Abel et

Albert s'étaient placés à côté des demoiselles de la maison.

Ces agréables personnes, malgré leur froideur naturelle, ne dédaignaient pas de servir ces messieurs qui les remerciaient par des gestes exagérés. Cette pantomime réunissait les formes orientales aux traditions de l'Opéra. Pour dire merci, ils plaçaient leurs mains sur le cœur et sur le front, avec des sourires de danseur. Les dames souriaient à leur tour, et cette entente cordiale ne risquait pas d'être troublée.

Les officiers s'étaient rassemblés autour de Victorine qu'ils regardaient avec une admiration mal déguisée. Pulchérie et Nathalie jetaient quelquefois des regards de leur côté, mais ces messieurs étaient décidément infidèles. Ils remplissaient l'assiette de la voyageuse des meilleurs morceaux, et celle-ci mangeait avec un appétit qui augmentait encore, s'il est possible, l'enthousiasme de ses cavaliers servants. L'un d'eux pêchait au fond de sa mémoire quelques mots français appris autrefois au collége, et les lançait comme des flèches irrésistibles : — Très belle!... disait-il, ou bien : Vous êtes jolie..., ou encore : Je vous prie, mangez...

Ses compagnons consternés se voyaient distancés par ces effets de l'éducation et de l'à-propos.

Tout alla bien, jusqu'au moment où Victorine demanda une charlotte...

Les dames se regardèrent d'un air étonné, pendant que nos Français partaient de grands éclats de rire. Cela parut faire de la peine au commandant. J'intervins pour expliquer la méprise que notre compagne commettait, en prenant la « charlotte russe » pour un plat national. Maria Ivanovna, après avoir un peu rêvé, fit apporter un grand pot de kissel, sorte de gelée aux fruits, qui nous fit oublier le reste.

Nous arrivions au dessert, et pendant que les convives essayaient de s'entendre, le commandant devenait expansif. Il me disait sa vie et ses campagnes; il en arriva à me parler de son fils, absent depuis le matin, et qu'il attendait à chaque instant.

— C'est un beau garçon, me dit-il, un peu sauvage, mais fier et brave, un vrai cosaque de l'ancien temps; il est presque aussi grand qu'elle...

En disant ces mots, il désignait Victorine, et je ne sais pourquoi cette comparaison me déplut. J'allais demander la permission de nous retirer, en objectant les fatigues de la journée, lorsque la porte s'ouvrit :

— Tiens, me dit le commandant, voilà mon fils, Serge Ivanovitch.

Le commandant avait dit vrai. Serge était un digne rejeton des grandes races caucasiennes, et sa taille, à peu près égale à celle de Victorine, était réellement majestueuse. Outrageusement serré dans un uniforme vert sombre, boutonné du menton à la ceinture, son bonnet fourré à la main, il apparut au seuil de l'appartement et demeura interdit. Sa figure n'avait rien de déplaisant. Un léger écrasement des traits rappelait le type tartare; une gaucherie naturelle dans les manières, une incertitude bizarre dans le regard dénotaient une nature primitive, dégrossie par la discipline, mais étrangère aux usages du monde.

Après une première hésitation, le jeune homme vint baiser la main de son père; puis il fit le tour de l'assemblée, saluant de leur nom tout entier, à la manière russe, les personnes qu'il connaissait. Quand il arriva devant moi, le major raconta en quelques mots les circonstances auxquelles il devait « l'honneur de notre visite. » Serge se prit à considérer Victorine avec une véritable stupéfaction, pendant que celle-ci cessait de manger, sous le coup d'une émotion qui ne put m'échapper.

Il ne me convenait pas de prolonger cette scène, et j'avais une excuse suffisante, pour me retirer, dans l'emploi de notre journée. Les événements qui l'avaient terminée, le souper, nos connaissances nouvelles avaient eu le pouvoir d'éloigner le sommeil de nos paupières, mais nous nous sentions depuis quelques instants dominés par une fatigue invincible. Le commandant s'en aperçut, ainsi que Marie Ivanovna qui fit un signe aux domestiques. Ils disparurent un instant et revinrent avec des flambeaux, pour nous conduire à nos gîtes respectifs.

— Allez avec Dieu! nous dit le maître du logis en nous serrant les mains. Et après maintes révérences, nous allâmes, nos bicycles compris, prendre un repos dont nous avions le plus grand besoin.

Le lendemain, je m'oubliai dans mon lit et manquai complétement à mes devoirs de chef de caravane. L'excitation qui m'avait soutenu la veille avait fait place à un accablement tel, que je ne savais plus me réveiller. Il était presque midi, quand je repris l'usage de mes facultés. J'avais depuis quelques heures le sentiment du grand jour et du mouvement dont la maison était remplie; je manquais du courage nécessaire pour secouer la torpeur qui m'envahissait. Le commandant était venu plusieurs fois me voir avec son fils Serge, et je dormais de si bon cœur qu'il n'avait pas voulu troubler mon repos. Quand j'ouvris les yeux, je l'aperçus au pied de mon lit. C'était décidément un excellent homme.

Il m'apprit qu'on avait déjà déjeuné deux fois, et qu'on nous attendait pour le troisième repas. Les dames étaient chez Victorine qu'elles habillaient ; il venait avec Serge Ivanovitch assister à ma toilette et parler de notre voyage. Je me fis un plaisir de satisfaire leur curiosité.

Le commandant parut charmé de mon récit. Serge, à ce qu'il me parut, s'en préoccupait singulièrement. Il prit mon bicycle par le gouvernail et lui fit faire quelques évolutions.

— Ainsi, me dit-il, c'est là-dessus que tu cours ? Est-ce que c'est difficile ? Est-ce que tu vas vite ?

— Tu le verras, répondis-je, puisque nous allons repartir.

— Quoi ! dit le commandant, sitôt ? Dieu ne le veut pas, mon frère. Repose-toi toute la journée dans ma maison. La Russie est longue à traverser ; c'est le plus grand pays du monde. Reste, tu nous porteras bonheur. Et puis, je te donnerai des lettres pour mes amis ; j'en ai beaucoup, même plus loin que Pétersbourg. Ivan Semenoff, qui est un des nobles employés d'Arkangell, est mon parent. Ta nièce est fatiguée ; tes amis dorment encore. Ne t'en vas pas.

— Si je reste avec toi, Alexis Ivanovitch, comment veux-tu que j'arrive ? L'homme ne doit pas se laisser détourner de son chemin. Laisse-moi partir ; je me souviendrai de ton hospitalité.

— Tu t'en souviendras mieux demain, et tu marcheras plus vite. Penses-y ; dans cinq heures il fera nuit. Donne-nous ce jour en signe d'amitié.

— Oui, restez, fit Serge fort ému.

Je finis par y consentir. Le commandant accueillit ma promesse avec un hurrah de satisfaction ; Serge devint fort rouge. Oui, mon cher Jacques, je vous vois hocher la tête, mais c'est comme ça. — Comprenez-vous qu'en courant comme je le fais, en n'ayant qu'un but, qu'une idée, je m'empêtre à chaque pas dans des romans impossibles ?... car vous prévoyez certainement ce qui va arriver.

Je commence à me ranger de l'avis des auteurs qui se sont occupés de la femme, et qui ont conseillé de la prendre la plus petite possible, si l'on ne peut s'en passer, — à titre de mal nécessaire. Une petite femme se cache dans un boudoir, dans un coupé, dans un manteau ; on la prend sous le bras ; elle passe inaperçue. Mais le moyen de cacher Victorine ? Avec sa taille, sa désinvolture et sa beauté, elle devient forcément le point de mire des regards, le centre de toute attraction. Autant vaudrait essayer de supprimer le soleil dans notre système planétaire.

Et puis, je ne sais comment vous dire cela : Cette vie de fatigues, de courses, de haltes, de grand air et de grand appétit lui réussit à merveille. Elle est devenue plus belle qu'autrefois ; ses manières sont plus assurées ; sa tenue est de meilleur goût...

Sa timidité a disparu depuis que nous avons quitté les frontières de la patrie. Elle est persuadée qu'elle représente la France à l'étranger, et j'ajoute qu'elle s'en tire à merveille. Nos jeunes gens le lui répètent dix fois par jour...

Nous avions rejoint les officiers de la veille et nous fumions depuis un quart d'heure, quand ces dames arrivèrent. Victorine s'élevait au milieu d'elles, comme Calypso, qui dépassait ses nymphes de toute la tête, à ce qu'assure monsieur de Fénelon. Elle s'était fabriqué une sorte de peignoir avec des rideaux blancs qu'on avait mis à sa disposition. Avec le secours des dames et de leurs femmes de chambre, force épingles et force rubans, elle arborait une toilette de fantaisie qui ne manquait ni de charme ni d'originalité.

Ce qui me plut moins fut la profusion de bijoux dont on l'avait parée; elle s'en était laissé couvrir comme une châsse. Un diadème russe, posé sur ses cheveux châtains, la faisait paraître plus grande encore; des colliers, des boucles d'oreilles, des bracelets l'ornaient comme une idole, et elle portait cela avec un plaisir inexprimable. Ces fanfreluches me firent songer à la foire de Saint-Cloud, à la robe rose, aux rubans disparates, à la grosse caisse. Ces dames s'en étaient amusées comme d'une poupée et l'admiraient de très bonne foi. Elle s'admirait elle-même.

Cela me donna de l'humeur, et, quand elle vint me tendre la joue, je ne pus m'empêcher de lui demander ce qu'elle voulait faire de cet étalage de bijouterie. Mais le nuage qui passa sur son front se dissipa bien vite, au bruit des compliments de nos amis et des officiers, qui n'auraient pas autrement contemplé un phénomène céleste. Serge Ivanovitch trébucha sur place et faillit choir sur lui-même. Cette préoccupation se traduisit à table par des toasts répétés à l'alliance française et à notre belle compatriote, si bien que ces messieurs perdirent leur sang-froid : Jamais je n'ai vu tant boire.

Devinez un peu à quoi nous passâmes l'après-midi ? Si vous avez étudié le cœur humain, il ne vous sera pas difficile de toucher juste. Ne vous êtes-vous pas étonné de voir les comédiens, obligés par état de passer leur vie au théâtre, employer leurs soirées de loisir à aller voir jouer leurs camarades? Nous sommes logés à la même enseigne, et, quand nos hôtes nous demandèrent à voir fonctionner nos Vélocipèdes, nous nous regardâmes avec plaisir. Le Bicycle commençait à nous manquer.

Victorine reprit son costume de voyage, non sans un peu d'embarras, et nous installâmes notre carrousel dans la cour de la citadelle, suffisamment sablée. Abel et Albert débutèrent avec modestie, comme pour faire attendre les acteurs principaux ; ils en furent récompensés par les applaudissements des dames. J'intéressai fort la compagnie avec mon bicycle à rouages, que je manœuvrai avec une rapidité de course ; mais les honneurs de la séance furent pour Victorine, dont je renonce à vous décrire le succès.

Ce qui nous amusait fort, c'était de voir la stupéfaction des soldats de la garnison, attirés par ce spectacle, et qui se tenaient à une distance respectueuse. J'en vis plusieurs faire distinctement des signes de croix, et s'écarter avec épouvante quand j'arrivais sur eux. Mais ils finirent par  se rassurer, surtout en voyant leurs officiers essayer à leur tour les petits chevaux.

Leurs débuts ne furent pas heureux, bien qu'ils ne fussent pas plus maladroits que la plupart des élèves ; ils manquaient de confiance, et leurs hésitations se traduisaient par des chutes. J'y veillais de près. Mais je ne pus gouverner, comme je l'aurais voulu, Serge Ivanovitch qui prétendit monter sur le bicycle de Victorine.

Sa taille s'accordait à merveille avec les proportions de l'instrument, dont la roue-motrice avait plus de 1 m. 20 c.

de diamètre. Mais cela le juchait à des hauteurs dangereuses, et je redoutais de voir une masse pareille s'écrouler sur moi. Je ne comprenais pas où il puisait l'assurance qui avait manqué à ses compagnons. Victorine avait manœuvré avec une telle aisance, avec une grâce si facile, que, malgré les déceptions de ses amis, il s'imaginait réussir sans peine. Je lui recommandai vainement la prudence; à peine fut-il en selle qu'il pesa violemment sur les pédales, avança de dix mètres en chancelant, et s'étendit lourdement sur le côté.

Les femmes sont les mêmes partout. A l'exception de Marie Ivanovna, sa mère, les dames répondirent à l'accident par un éclat de rire. Serge se releva meurtri et remonta aussitôt sur le bicycle. Vingt pas plus loin, il tombait de nouveau.

Je courus à lui et lui fis de sérieuses remontrances. Ce qui parut le toucher le plus fut la crainte de briser ou d'endommager l'instrument dont il se servait. Je le guidai pendant quelques instants, et il vint à bout de parcourir une centaine de mètres, sans trop de difficulté. Vous savez ce que peuvent dans ce cas une ferme volonté et un grand courage. La Vélocipédie sous ce rapport est sœur de la natation : Le succès est aux audacieux.

Victorine ne dédaigna pas d'applaudir aux débuts de Serge qui en parut fort touché. On se remit à table, car c'est ici la principale affaire. La soirée se passa au salon, autour du poêle sur lequel fumait le samovar national, dont on faisait circuler des tasses bouillantes. On fit de la musique; Albert s'assit devant le piano et exécuta une sonate de Beethoven ; Pulchérie Ivanovna lui succéda et fit entendre des polkas et des quadrilles qu'elle trouvait bien plus amusants. Enfin Victorine, tourmentée par la compagnie, chanta « le Chapeau de la Marguerite » qu'elle donna pour une romance à la mode. — Sainte pudeur!

Le lendemain, mardi, aux premières lueurs de l'aube, je faisais mes préparatifs de départ, quand je vis entrer Alexis Ivanovitch, suivi de son fils aîné, avec des allures solennelles...

Ils avaient évidemment une communication à me faire. Nous nous assîmes avec plus de cérémonie que l'heure matinale n'en comportait. Quand nous fûmes installés, le commandant toussa, prit son temps, regarda Serge qui était véritablement cramoisi, et me dit sans autre préambule :

— Mon frère, je viens te demander la main de ta nièce pour mon fils Serge Ivanovitch....

Je mentirais, mon cher Jacques, si je vous disais avoir été surpris outre mesure par cette proposition à brûle-pourpoint. La conduite de Serge m'avait préparé à cette demande, quoique je n'eusse pu penser que sa famille s'y fût associée. Je ne tombai donc pas de mon haut, et me contentai de chercher d'honnêtes prétextes pour colorer mon refus. Je ne pouvais objecter la jeunesse de Victorine, et si jamais fille a été « bonne à marier, » il me semble que c'est celle-là. Je répondis au commandant :

— Mon frère, tu n'y penses pas. Tu nous as reçus dans ta maison comme des envoyés de Dieu, mais tu ne nous connais pas, et notre amitié commence. Tu sais à peine mon nom et celui de ma nièce ; il y a deux jours, tu n'avais jamais entendu parler de nous. Sais-tu ce que nous valons ? Crois-tu te conduire en homme sage, en cédant aux désirs de ton fils, sans y réfléchir davantage ?

— Tu es sévère, répondit Alexis Ivanovitch. Mon fils n'est pas une tête folle. Il a près de trente ans, il a fait la guerre ; c'est un homme. Il aime ta nièce et te la demande. Il ne fallut qu'un jour au tzar Pierre pour emmener Catherine et la faire asseoir à côté de lui.

— Oui, dis-je, il la fit monter en croupe de son cheval, et elle fut impératrice. Je connais ta légende. Mais Catherine n'était pas Française ; elle appartenait au tzar.

— Est-ce que ta nièce ne t'appartient pas ?

— Non, Alexis Ivanovitch ; tu ignores les lois de mon pays ; les femmes y sont libres, et ma nièce Victorine ne relève que d'elle-même.

— Peut-être, reprit le commandant, n'oses-tu pas tout dire ? C'est toi qui ne nous connais pas assez. Tu as pourtant vu notre maison. J'ai servi l'Empereur et je le sers encore. Je suis un des grands propriétaires de Courlande ; mon fils sera riche après moi. Et puis on connaît les hommes en les regardant au front. Regarde Serge : c'est un bon sujet.

— Je le crois, dis-je, et c'est parce que j'ai pour lui et pour toi une estime vraie que je t'ai parlé comme je l'ai fait. Puisque tu insistes, adresse-toi à ma nièce. Elle est maîtresse de ses volontés et te répondra elle-même.

— C'est bien, je lui parlerai.

— Oui, dit Serge, dis-lui...

Il se tut ; Victorine entrait. Elle croyait me trouver prêt à partir, et ce conciliabule parut la surprendre. Je l'invitai à s'asseoir.

— Ma fille, lui dit le commandant, je suis venu ce matin vous demander en mariage à votre oncle, pour mon fils que voilà, et il n'a pas voulu me répondre. Vous allez me trouver un peu prompt, mais il fallait bien parler, puisque vous partiez. Serge est un bon garçon et, quoique cela lui soit venu vite, je crois qu'il vous aime. Voulez-vous de lui pour votre mari ?...

Vous vous figureriez difficilement, mon ami, le changement des traits de Victorine pendant ce discours. Elle crut d'abord à une plaisanterie, mais ce ne fut qu'un éclair. Le sérieux du père, la contenance de Serge, ma présence ne lui permettaient pas de douter de la vérité. Un sourire d'orgueil passa sur son front, car l'amour-propre féminin ne perd jamais ses droits ; l'offre avait de quoi flatter une parvenue. Puis ses regards rencontrèrent les miens, et ses joues se couvrirent d'une rougeur intense. Je suis assez maladroit à deviner les femmes, mais je suis sûr que Victorine pensa aux choses d'autrefois, et que d'étranges silhouettes passèrent devant elle...

Après une pause qui lui permit de se remettre, elle fit au commandant une réponse que je traduisis ainsi, — car vous avez compris que j'étais l'interprète obligé de la conversation :

— Je te remercie. Je ne veux pas me marier. J'ai mes raisons pour cela, mais je ne peux pas te les dire.

— Je respecte ton secret, dit Alexis Ivanovitch, mais tu vas rendre mon fils bien malheureux.

— Pourquoi serait-il malheureux ? Il ne m'a vue que depuis deux jours ; il ne peut pas m'aimer encore. D'ailleurs, je ne l'aime pas, moi.

— Tu finirais par l'aimer. Reste quelques jours avec nous. Tu apprendras ce qu'il est. Si tu t'ennuies, tu seras toujours libre de t'en aller.

— Mais quelle confiance as-tu donc en moi? fit-elle impatientée. Tu ne me connais pas seulement. Sais-tu si je suis digne d'être ta fille?

— Oui, dit le vieil Alexis, on n'a qu'à te regarder pour cela. Tu as les yeux clairs et pleins de franchise. Tu es trop grande et trop belle pour n'être pas bonne. Tu tiens ta parole.

— C'est pour cela que je dois partir, répondit-elle. J'ai promis à Jonathan de le suivre dans son voyage, et il compte sur moi.

— Eh bien! fit Serge qui prit la parole d'une voix un peu étranglée, si l'Empereur et mon père le permettent, je ferai le voyage avec toi.

Victorine haussa légèrement les épaules.

— Tu perds ton temps, fit-elle. Je ne puis t'épouser, parce que je ne t'aime pas, et je ne t'aime pas, parce que j'en aime un autre...

Elle dit cela en regardant la pointe de ses bottines ; cet aveu me parut excessif. — Non que les affaires de cœur de Victorine m'intéressent plus qu'il ne convient, mais cette déclaration me parut compromettre singulièrement le succès de notre voyage. J'aurais dû m'en douter : On ne vit pas impunément dans l'atmosphère d'encens que nos jeunes gens font fumer autour d'elle. S'éprendre de tels gamins!...

Une courte réflexion me rassura à moitié. Peut-être notre amie exagérait-elle les choses. Son argument me parut lancé pour dégager la position et se débarrasser d'une importunité.

Serge était consterné ; son père ne faisait pas meilleure mine. Un silence gênant pesait sur nous. Enfin le jeune Cosaque souffla comme un phoque et se tourna vers moi :

— Petit père, dit-il, je t'accompagnerai, si tu le veux et elle aussi.

Victorine, à qui je transmis ces paroles, répondit en se levant :

— Vous savez bien, Jonathan, que cela ne regarde que vous.

Elle fit là-dessus une grande révérence et sortit. Serge et son père attendaient ma réponse.

— Mon frère, dis-je au commandant, je n'ai rien à te refuser. J'emmènerai ton fils, si Dieu le veut. Mais réfléchis un peu à l'inutilité de ce voyage. Ma nièce ne veut pas de lui ; c'est une fille obstinée. Veut-il perdre son avenir et abandonner son état et sa famille ? Le lui conseilleras-tu ?

— Non, fit le vieil Alexis, mais j'ai peur qu'il ne m'écoute pas.

— As-tu si peu d'autorité sur tes enfants ?

— Serge n'est pas un enfant, et j'aurais tort de l'oublier. Il sait ce qu'il a à faire ; il restera, s'il plaît à Dieu, car je suis vieux et n'ai pas d'autre fils.

— Tu te portes bien, répondit Serge, et tu sais que je reviendrai...

Il me vint alors une mauvaise inspiration...

— Mais sais-tu bien où nous allons ? dis-je à Serge. Sais-tu que nous voulons traverser la Sibérie tout entière sur nos chevaux de fer, la Russie d'Asie ensuite, et toucher au pôle, pour passer en Amérique par le détroit ? Sais-tu que nous avons dix chances contre une de nous perdre dans les neiges et de périr de froid et de faim ?

— Eh bien ! dit Serge en se tournant vers son père, j'espère maintenant que tu me laisseras partir.

— Oui, dit Alexis.

Je ne fus pas maître d'un premier mouvement et tendis la main à ce brave cœur. Mais je ne me tins pas pour battu et lui fis entrevoir les résultats d'une pareille expédition.

— D'ailleurs, lui dis-je, tu ne montes pas à Vélocipède ; comment nous suivras-tu ?

— J'apprendrai, répondit-il.

Je lui parlai alors des conditions de gouvernement absolu que j'imposais à notre caravane, de l'abandon convenu des retardataires, du despotisme sans contrôle que je prétendais exercer...

— Soit, dit-il, je te promets de t'obéir comme à mon père.

— Alors, dit Alexis, vas annoncer ton départ à ta mère et à ta sœur.

Il n'y avait rien à objecter. Le vieillard me recommanda son fils. Je rejoignis Victorine et les jeunes gens dans la cour de la citadelle, où ils passaient l'inspection de nos bicycles. Ma figure avait sans doute quelque chose de particulier, car Victorine m'interrogea du regard...

Je répondis à cette demande muette :

— Eh bien ! il part avec nous...

— Qui donc ? s'écrièrent les jeunes gens.

— Serge Ivanovitch.

— Le Cosaque ?

— Lui-même.

Ils se regardèrent.

— Et jusqu'où vient-il ? demanda Albert.

— Dame ! répondis-je avec un peu de malice, demandez à Victorine.

— Mon Dieu ! répondit celle-ci, je n'aime pas les mystères. Voilà ce que c'est : Serge demande à m'épouser ; je refuse, et il nous accompagne. J'espère que vous ne lui ferez pas mauvaise figure pour cela.

— Comment donc ! dit Albert, au contraire !...

Ce mot trop parisien ne fut pas compris.

Je résolus de partir sans retard, pour couper court à ces événements, et pour chasser les diables bleus qui commençaient à me marteler le cerveau. J'allai prendre congé du commandant et de ces dames. Tout le monde voulut nous accompagner au chemin de fer, où la protection d'Alexis Ivanovitch ne nous fut pas inutile. Après une courte discussion, nos bicycles conjugués furent installés sur le rail-way russe : Serge s'en occupa lui-même. Quoiqu'il ne nous fût pas d'une grande utilité, j'acceptai ses services. Nous montâmes en selle, et, après avoir serré une dernière fois les mains de nos hôtes et de nos amis, nous posâmes le pied sur les pédales et partîmes à toute vitesse dans la direction de Pétersbourg.

Nous avions peu de rencontres ou de croisements à redouter, car la grande ligne russe ne voit passer que deux trains par vingt-quatre heures. Le pays avait du reste notablement changé. Nous courions sur une voie à peu près directe qui montait jusqu'à l'horizon, sans accuser de soulèvement, de dépression, ni même de courbe. Elle traversait des steppes plus incultes qu'arides. Ce n'étaient plus les campagnes accidentées de la Prusse, mais des champs sans limites, des landes interminables, qui fuyaient à

— 126 —

perte de vue et prenaient au lointain les apparences de la mer.

Les villages étaient rares dans ces contrées, et les stations davantage encore ; nous faisions souvent dix kilomètres sans découvrir une habitation. Je compris Potemkin élevant des villages factices sur le passage de Catherine, pour égayer les solitudes de son Empire.

Pour notre usage personnel, nous n'avions pas à nous plaindre de ces routes, qui nous permettaient d'aller à toute vitesse, sans appréhension et sans danger. Nous n'avions pas même conscience de la rapidité de notre course, tant l'aspect du pays était uniforme ; Victorine affirmait plaisamment qu'on remettait le chemin devant nous.

Toutefois, à l'approche des villages, la campagne se transformait. C'étaient d'abord des forêts dont ils étaient le centre naturel d'exploitation, puis des champs cultivés, des vallées et des ruisseaux, la station, l'église, les bâtiments officiels. Quoique nous eussions fait distribuer, par les trains de la veille, des avis de notre passage aux employés de la ligne de fer, quelques-uns nous parurent n'en pas avoir connaissance, si j'en juge par leur stupéfaction en nous apercevant, et par les signaux d'arrêt ou de détresse qu'ils agitaient devant nous.

Comme nous n'avions pas de temps à perdre en pourparlers, nous tournions la difficulté eu passant à toute volée, pour éviter les explications. Il nous suffisait d'apporter une attention suffisante aux changements de voie qui auraient pu nous faire dérailler ; nous les prenions comme détour, quand des voitures arrêtées ou un obstacle quelconque nous empêchaient de suivre la voie directe.

En moins de trois heures nous touchions Vilna, à plus de cent kilomètres de Kowno, et nous y déjeunions gaîment. Après toutes ces agitations, j'éprouvais un plaisir réel à me retrouver seul avec Victorine, qui est un excellent camarade. Je la quittai un moment pour remettre au commandant de la place une lettre qu'Alexis Ivanovitch m'avait donnée pour lui. Il me reçut fort bien et voulut m'accompagner à la gare pour voir les machines nouvelles dont lui parlait son ami. Il parut enchanté des Vélocipèdes et de Victorine, et se plut à me parler de Paris, où il avait fait un voyage. Son intervention nous fut utile auprès des employés de la gare, qui se montraient plus scrupuleux qu'il n'était nécessaire. Les ordres qu'il donna et quelques roubles que je distribuai parvinrent à rassurer ces esprits timorés. A midi, nous reprenions notre course, sans qu'aucun train nous eût rattrapé. Deux heures après nous traversions Swentsiani, où je voulais d'abord faire une halte, mais, sur la proposition de Victorine, nous nous contentâmes de modérer notre allure pendant une demi-heure, agissant sur les pédales chacun à notre tour. Cela suffit à nous reposer, et nous poursuivîmes vaillamment notre route.

La nuit était tombée depuis longtemps, quand nous atteignîmes Dunabour, après une étape de 270 kilomètres pour notre journée.

C'était là que devaient nous attendre ces messieurs, mais, partis à midi de Kovno, ils ne nous atteignirent qu'à neuf heures du soir, ce qui témoigne de la prudence de l'administration russe. Ils avaient marché un peu plus lentement que nous.

Nous étions à table quand ils entrèrent, n'ayant pas eu l'héroïsme de retarder notre repas. Victorine mourait de faim en arrivant, et j'avais moi-même grand appétit. Ils me trouvèrent le verre en main; notre voyageuse s'était paresseusement endormie dans un fauteuil.

Serge avait accompagné nos Français, qui l'avaient dissuadé de nous suivre à cheval, ce qui l'eût infailliblement éreinté, sans parler des pauvres bêtes qu'il eût crevées. Ils avaient pris tous trois le train de jour, et ces messieurs avaient passé leur temps à jouer aux cartes, s'entendant très-suffisamment pour se dévaliser. Le jeu est essentiellement cosmopolite. Ils étaient devenus les meilleurs amis du monde, et Abel déclara qu'il irait ainsi jusqu'au détroit de Behring.

Serge me parut humilié des aises qu'il avait prises, pendant que nous courions les grands chemins. En contemplant Victorine assoupie, il songeait sans doute qu'elle avait accompli, à la force des jarrets, le trajet qu'il avait fait sur des coussins moelleux. Cela ajoutait aux charmes de la jeune femme des qualités vigoureuses qui devaient être appréciées par une semblable nature. Aussi

la regardait-il avec une admiration passionnée, quoique, s'il faut le dire, elle ronflât un peu...

Je la réveillai pour l'envoyer coucher, bien qu'elle insistât pour demeurer avec ces messieurs. Je lui fis comprendre qu'il nous fallait réparer nos forces, pour fournir le lendemain une nouvelle étape. Elle convint que j'avais raison, et nos amis eux-mêmes n'essayèrent pas de la retenir. Un quart d'heure après, elle dormait comme un loir, et je pris le parti d'en faire autant.

Le jour se leva avec une belle gelée. J'appris, en me réveillant, que nos jeunes gens étaient partis à cinq heures du matin, et qu'ils se chargeaient à leur tour de marquer nos logements à Pskoff où nous devions nous réunir.

Cette journée du 20 novembre s'annonçait comme devant être claire et froide. Une brise sèche soufflait dans la direction de l'est, mais sans nous incommoder, car elle nous prenait en arrière. C'était un vrai temps de marche. On sait combien les basses températures, quand elles ne sont pas excessives, ajoutent à la vigueur des nerfs : les muscles ont un besoin naturel de réagir contre le froid par le mouvement, et l'on avance d'autant.

Notre départ se fit sans difficultés. Nous reconnûmes bien vite que nous avions été l'objet de recommandations spéciales de la part de nos amis et surtout du jeune officier. Les employés de la voie s'empressaient à l'envi d'aider à nos préparatifs. Ce fut au milieu de leurs souhaits de bon voyage que nous posâmes les pieds sur les pédales pour prendre notre élan.

Nous nous dirigions vers Antonopol, que nous traversâmes vers dix heures. Je comptais arriver à Korsovka sur les midi, pour y déjeuner, après un parcours de 130 kilomètres. Mais un incident fâcheux nous arrêta aux environs de Régitza plus que nous l'aurions voulu.

Nous avions déjà plusieurs fois rencontré des ouvriers occupés à réparer la voie de fer, et sauf la surprise que leur causait notre approche, il n'en était rien résulté d'ennuyeux. Ils s'écartaient ordinairement devant nous, et nous laissaient passer, parfois avec des cris, parfois avec un étonnement silencieux. On sait que les travaux des voies ferrées se font autant que possible de façon à ne pas interrompre la circulation. Aussi franchissions-nous facilement l'obstacle, en ralentissant simplement notre mouvement par mesure de précaution.

Il n'en fut pas ainsi cette fois. L'escouade d'ouvriers, employée près de Régitza, avait attendu le passage du train du matin, pour enlever complétement les rails sur une longueur de près de cent mètres. Cela devenait inquiétant pour des bicycles qui, comme les nôtres, empiétaient sur les priviléges des locomotives. Nous étions lancés à grande vitesse, quand je m'aperçus de la solution de continuité qui s'ouvrait devant nous. J'enrayai vivement, ainsi que Victorine, ce qui ne nous empêcha pas d'être emportés au-delà des rails et de plonger dans un sable épais. Notre course était heureusement assez ralentie pour que le choc n'eût rien de brusque. Nous tombâmes, chacun de notre côté, sans trop de violence ; mais un craquement se fit entendre, et les écrous qui reliaient nos bicycles se brisèrent. Si les Vélocipèdes ne souffrirent pas, ils le durent à leur excellente fabrication.

Comme j'allais réclamer du secours auprès des ouvriers qui nous entouraient, je vis que nous étions les mal venus. Le directeur des travaux était un petit homme trapu, lourd, d'assez mauvaise mine, qui cherchait à se donner l'importance que lui refusait sa taille. Il comprenait d'ailleurs très-peu le russe que je lui parlais, et de mon côté, je trou-

vais son patois à peu près inintelligible, ce qui nous indisposa mutuellement.

Je vis cependant qu'il me reprochait mon arrivée et l'accident qui en était résulté. Il jetait, en parlant, les yeux sur Victorine avec une timidité sauvage. Ses hommes s'étaient réunis derrière lui, comme une troupe de dogues, et grondaient sourdement. Ils semblaient se consulter et montraient du doigt Régitza, dont le clocher pointait à l'horizon. J'entrevis une arrestation nouvelle, de mauvais procédés, et des embarras qui eussent pu finir moins bien que les précédents.

Je pris la parole et appuyant mon discours d'une pantomime animée, j'essayai de faire comprendre à ces messieurs que je voyageais sous la protection des lois et des autorités. Victorine, les bras croisés, se tenait auprès de moi, dans une tranquillité superbe. Je crus bien faire en fouillant dans ma poche en guise de péroraison, pour en tirer quelques roubles que je tendis à mon interlocuteur. Mais, avec un désintéressement imprévu, il recula d'un pas et me répondit par un grognement qui me parut signifier « Voleur !» ou quelque chose d'approchant.

La scène commençait à devenir dangereuse : les ouvriers causaient et gesticulaient avec animation ; leur chef semblait les exciter. De mon côté, je me sentais irrité en face d'une stupidité pareille ; la patience m'échappa tout à fait, quand je vis quelques individus s'approcher de nos bicycles avec des intentions évidemment hostiles. Nos bicycles, vive Dieu ! On ne touche pas à cela !

Vous saurez, mon cher Jacques, qu'on s'attache d'une manière étrange à ces machines qui vous ont porté, et qui, pendant de longues routes, ont presque fait partie de vous-même. On a fait des poèmes sur les vieux habits et les pipes cassées ; croyez qu'un bicycle a des séductions plus réelles. On ne peut comparer les sentiments qu'il inspire qu'à ceux de l'Arabe pour le cheval qui vit sous sa tente, et l'avantage est sans doute au bicycle qui procède plus absolument de celui qui lui donne la vie et le mouvement.

Cela vous fera comprendre l'emportement auquel je cédai, quand je vis l'un de ces idiots secouer rudement mon Véloce, et le râcler de son couteau pour savoir en quoi il était fait. Je saisis le curieux au collet et l'envoyai rouler à dix pas ; — puis, me plaçant devant nos instruments, je tirai un revolver de ma poche et me tins sur la défensive. Rassurez-vous : je n'avais pas l'intention de faire usage de cette arme, mais n'ayant pu séduire nos ennemis par des prévenances, je voulais essayer de l'intimidation. Ils accueillirent cet acte de vigueur par des cris aigus; je les jugeai trop bruyants pour redouter une agression sérieuse. C'est alors que Victorine entra en scène, au moment où je m'y attendais le moins. Un des ouvriers, plus observateur que les autres apparemment, tournait autour d'elle avec curiosité, et, peut-être pour s'assurer de sa bravoure, s'avisa de la saisir par le bras. Ah! mon ami, quel magnifique soufflet! L'imprudent en perdit l'équilibre et mesura la terre au milieu de ses compagnons qui reculèrent de quelques pas...

Je vis que nous étions dans la bonne voie. Mais comme je ne pouvais songer à livrer bataille à vingt adversaires, je résolus de profiter de ces premiers avantages pour les étourdir tout à fait. Je tirai de ma poche l'autorisation prussienne à grand cachet rouge, que m'avait remise M. de Bismark, et je la déployai devant le chef de la troupe, en lui répétant à plusieurs reprises:

— Connais-tu la signature du tzar?

Le malheureux ne savait pas lire, et je comptais là-dessus. Je n'avais pas du reste le choix des moyens: il paraît que j'avais été bien inspiré. Jamais talisman ne produisit un effet plus prompt. Le nom du tzar, répété par les paysans, parut leur inspirer une sorte de terreur religieuse, et ils se mirent presque à genoux devant le papier que je brandissais effrontément.

— Pardon! balbutiaient-ils...

Et ils s'approchaient tour à tour pour baiser le nom sacré que je livrais à leur vénération...

Dix minutes après, nos bicycles, portés par nos ennemis comme de véritables reliques, reprenaient les rails au-delà de l'interruption de voie. Des ligatures solides en fils d'acier remplaçaient provisoirement les écrous rompus, et nous reprenions notre route, laissant derrière nous quelques poignées de roubles qui nous valurent mille bénédictions.

Il était près d'une heure quand nous arrivâmes à Korsovka. Notre allure avait souffert de cette alerte, et c'est une vérité dont se rendront compte tous les Vélocemen : l'activité des jambes dépend en partie des bonnes dispositions de l'esprit. L'émotion passée nous paralysait encore.

A déjeuner, je crus devoir faire quelques remontrances à Victorine sur sa vivacité:

— Où donc avez-vous pris l'habitude, dis-je, de donner de pareils soufflets?

— Ah! répondit-elle, autrefois !..

Elle n'acheva pas. Je la trouvai d'ailleurs imbue de ce préjugé patriotique, qui a cours dans tous les pays, — à un point de vue différent, — et qui consiste à croire que dix ennemis ne tiennent pas contre un national, effet naturel des représentations de l'ancien Cirque. Elle parut indignée, quand je lui racontai qu'on voyait, dans les petits théâtres de Londres, six généraux français rossés à plate couture et mis en déroute par un fifre anglais, à grands coups de pied dans l'uniforme. Mais la contre-partie de ces combats de fantaisie lui semblait toute naturelle, et les Français pour elle étaient les fils aînés de la victoire....

— Vous voyez bien, disait-elle, que nous avons fini par l'emporter tout à l'heure.

— Mais je ne suis pas Français !

— Bah! c'est tout comme.

Il fallut se contenter de ce mot, car les femmes ne raisonnent pas autrement.

Deux heures sonnaient, quand nous reprîmes la voie de fer. Nous avions encore une longue route à faire pour rejoindre nos amis.

Nous courions à toute bride vers Ostroff, dont nous séparait une distance de 80 kilomètres, quand Victorine me fit remarquer combien le soleil était bas. Je cherchai à lui en faire comprendre la cause, mais je doute qu'elle ait saisi mon raisonnement. La ligne de fer que nous avions suivie, entre Paris et les frontières de Russie, s'élève au nord, mais en suivant une direction très-oblique vers l'est. Aussi les différences de durée entre nos jours de voyage et les jours français ne nous frappèrent pas sensiblement. A partir de Vilna, le rail-way se relève et monte vers Pétersbourg, en s'élançant presque en droite ligne sur le pôle. Des trajets quotidiens de 250 kilomètres étaient suffisants pour changer notablement notre latitude, raccourcir nos journées et allonger nos nuits. Nous nous en étions peu aperçus la veille, car nous avions constamment voyagé sous une coupole d'un gris de plomb, qui nous couvrait d'une clarté de crépuscule, sans qu'il fût possible de distinguer la position du soleil....

Le temps clair de la journée nous permettait de nous rendre compte de ce que nous avions perdu. Ce crépuscule hâtif produisit sur nous une impression de tristesse. Pour la dissiper, j'entretins Victorine des merveilles et des splendeurs des régions polaires. Je lui dis les jours et les nuits de six mois qui se partagent l'année, les aurores boréales, les banquises flottantes, les ouragans de neige, — et l'obligation où nous serions de prendre des lunettes, si nous voulions conserver les yeux. Je parvins à la distraire, et nous atteignîmes Ostroff sans y penser.

Le chef de gare vint à notre rencontre, dans l'intention de nous offrir un lunch. Je lui fis comprendre que nous avions à peine le temps de nous arrêter. Il insista. Après un quart d'heure de causerie, pendant lequel il nous donna des renseignements utiles, nous prîmes la route de Pskoff.

Je pensais y arriver en deux heures, mais nous fûmes de nouveau retardés par une cérémonie inattendue. Il était près de sept heures, et nous avions dépassé Orly, quand nous aperçûmes, sur la voie que nous suivions, des torches enflammées qu'on agitait comme des signaux. Nous modérâmes notre allure et arrivâmes lentement sur ces illuminations, sans nous douter qu'elles se faisaient en notre honneur. Deux ou trois cents villageois ou villageoises étaient réunis sur la route, la physionomie riante et l'air endimanché. Le maire de l'endroit, qu'on appelle, je crois, le staroste, nous harangua avec effusion. Il nous apprit que les paysans qu'il conduisait appartenaient au commandant Alexis Ivanovitch, et que son fils s'était arrêté le matin même, pour leur recommander de fêter une grande dame, qui devait passer le soir même à cheval sur un bâton...

Voilà, du moins, ce que je crus comprendre. Au même instant, des jeunes filles s'avancèrent, portant une corbeille de feuillage et de bruyères, qui témoignaient de la rareté des fleurs dans le pays. J'en acceptai quelque brins pour la dame et pour moi, tandis que les paysans faisaient retentir l'air de leurs acclamations....

Victorine mit pied à terre pour embrasser les jeunes paysannes qui reculèrent d'effroi. Il ne fallait rien moins que l'affirmation de leur seigneur pour qu'elles prissent pour une femme cette créature de proportions déme-

surées. Il est certain que si ma barbe avait été coupée, on se fût adressé de préférence à moi. Victorine s'amusa de ces frayeurs, et avisant une fillette de seize ans, des plus petites et des plus jolies, elle la prit sur le bras, comme un baby.

— Est-ce que je te fais peur? dit-elle.

Le son de voix de la jeune femme eut le don de rassurer la petite fille qui, sans comprendre ce qu'elle lui disait, se pencha vers elle et posa ses lèvres sur sa joue...

Passe pour une fois. J'espère que notre ami Serge n'a pas d'autres villages sur la route, ou qu'il nous fera grâce de semblables ovations. Nous arrivâmes à Pskoff à plus de huit heures du soir; nos amis nous y attendaient depuis une heure de l'après-midi et commençaient à s'inquiéter de notre retard.

Serge, moins familier que les jeunes gens, se tenait modestement en arrière. Mais il s'avança, tout rayonnant, pour répondre à la poignée de main que Victorine lui tendait. Elle le remercia de sa petite fête, mais en lui faisant remarquer qu'il nous avait retardés, contre nos conventions formelles. Il nous jura que, jusqu'à Pétersbourg, nous n'avions plus rien à craindre.

On nous servit un souper d'une splendeur inaccoutumée;

Je devinai que Serge avait passé par là. Je ne voulus pas me montrer sévère au sujet d'une galanterie qu'il ne lui sera pas possible de renouveler dans quelques jours. Je lui donnai même une place auprès de Victorine, ce qui fit qu'Abel et Albert furent obligés de se placer en face d'elle, comme des exilés.

Avec tout cela, je n'oublie pas les choses sérieuses, mais je ne crois pas utile de vous donner l'emploi de mon temps. Vous devez penser que le journal que je vous écris tient une large place dans mes occupations ; je serai bien aise plus tard d'y retrouver mes souvenirs de voyage. En arrivant à Pskoff, j'avais confié nos bicycles à un forgeron de confiance, qu'on me donna comme fort habile. Il promit de me livrer le lendemain, à la première heure, l'appareil qui me permettait de les annexer. Mais cela ne se fit pas sans peine. Le matin, notre homme arriva, passablement embarrassé, et me fit part de ses inquiétudes. Quelques voisins étaient venus regarder son ouvrage, et, informés qu'on le lui payait fort cher, avaient affirmé qu'il travaillait à une œuvre de ténèbres. Il craignait d'engager le salut de son âme dans le marché que nous avions conclu. Je commençai par rire, mais cela ne persuada pas l'ouvrier qui avait l'air de vouloir me rendre mon argent. Quelques compères, entrés sur ses talons, achevaient de le démoraliser par des contes de l'autre monde...

Après réflexion, je compris que les discours et les pourboires ne suffiraient pas à lever la difficulté, et je priai Serge d'arranger cela. Il commença par s'emporter, menaça du knout le forgeron, et gourmanda de la bonne façon les imbéciles qui voyaient de la diablerie dans un mécanisme, alors que le pays était déjà parcouru par des locomotives. Grâce à ces injures et aux bourrades dont il accompagna ses remontrances, les bicycles me furent livrés par l'ouvrier, et nous nous quittâmes bons amis.

Arrivés à la gare, nous tînmes conseil sur l'itinéraire de cette dernière journée, car nous voulions arriver le soir même à Saint-Pétersbourg. Serge me parut rempli de prudence, quand il nous conseilla de ne pas arriver sur la voie de fer jusques dans la capitale de l'Empire. Il fut convenu que nous quitterions les rails à Gatchina, où ces messieurs nous attendraient, et que nous entrerions ensemble dans la ville à cheval ou en Véloce. Là-dessus, je donnai le signal du départ qui fut marqué par une nouvelle politesse de notre officier...

Au moment où Victorine allait s'élancer sur son bicycle, il mit un genou en terre et lui présenta l'autre en guise de marchepied. Cette action chevaleresque troubla notre amie, qui se retourna vers moi comme pour me demander con-

seil. Elle me vit rire, et riant aussi, elle se mit en selle, en effleurant à peine le genou de Serge qui se releva, charmé, proclamant que « mademoiselle Victorine avait des ailes. » Voyez-vous notre géante passée à l'état de sylphide ? En vérité, les amoureux sont bien fous !

Nos Français craignirent de se voir distancés par cette diplomatie, et avec l'aplomb qui les caractérise, ils s'avancèrent vers Victorine, feignant de vouloir lui serrer la main. Elle la leur donna franchement, et ils y déposèrent un baiser l'un après l'autre. Serge n'osa pas s'approcher à son tour.

Ces comédies ne m'ennuyaient pas précisément, mais elles nous faisaient perdre un temps précieux, et j'y coupai court en pesant sur les pédales. Victorine suivit le mouvement et nous fûmes bientôt hors de vue.

Un moment interdite, elle se remit au grand air et se prit à causer :

— Vraiment ! dit-elle, je ne comprends rien à ces cérémonies. Il y a des moments où je crois que ces messieurs se moquent de moi.

— Non, répondis-je, ils sont de bonne foi, mais je comprends que l'excès de leur galanterie vous fatigue. Vous ne pouvez pourtant leur en savoir mauvais gré.

— Je ne me fâche pas, dit-elle, mais expliquez-moi pourquoi leurs façons m'agacent, tandis que...

Elle s'arrêta, embarrassée.

— Tandis ? demandai-je.

— Tandis que ce n'est pas la même chose — avec notre ami Jacques, par exemple....

— C'est que Jacques vous plaît mieux.

— Non, ce n'est pas cela.....

Elle demeura quelques instants muette.

— Je crois, dit-elle enfin, que cela tient à ce qu'il me connaît comme vous. Je sais que vos politesses s'adressent bien à moi. Ces messieurs ne seraient peut-être pas aussi aimables, en apprenant qui je suis...

— Ils auraient tort, dis-je ; votre humilité ne me paraît pas justifiée. Je vous ai fait ma nièce, mais je m'en tiens pour honoré.

— C'est que vous êtes bon, répondit-elle. Enfin je crois qu'il vaut mieux ne pas parler de cela...

Pendant cette conversation, nous courions rapidement sur la ligne de fer qui avait vraiment l'air d'être interminable. Depuis trois jours que nous poussions au nord, nous retrouvions toujours les mêmes points de vue, les mêmes paysages désolés, les mêmes campagnes. Notre façon de voyager nous donnait un sentiment des distances plus intime et plus précis que celui que peut éprouver un touriste étroitement enfermé dans un wagon de première classe.

— Non, s'écriait Victorine, je n'aurais jamais cru le monde si grand !

Et quand je lui disais que nous avions fait tout au plus la dixième partie de la route que nous voulions accomplir, route parcourue dans des conditions exceptionnelles de bien-être et de confortable, elle tombait dans des rêveries.

Les événements et les émotions de ces dernières semaines semblaient lui présager des aventures plus étranges encore, et elle se demandait ce que l'avenir lui réservait. Elle me dit une fois :

— Est-il bien nécessaire, Jonathan, que nous allions làbas ?

— Non, répondis-je, pas le moins du monde.

— Alors, pourquoi y allons-nous ?

— Parce que je me le suis promis.

— Ah !....

Et au bout d'un moment, elle ajouta :

— Moi, je vous l'ai promis, ce qui revient au même.

— Vous n'auriez qu'à dire un mot, répondis-je, pour vous dégager.

— Vous savez bien que je ne le dirai pas.

Nous étions à cent kilomètres de Pskoff lorsque le temps changea subitement. Le ciel se couvrit de nuages ; un vent tiède remplaça la bise aiguë des jours précédents ; je ne sais quel accablement s'empara de nous et ralentit notre marche. Cependant il n'y avait pas d'orage dans l'air. Au lieu de la tension électrique qui signale les temps lourds à l'occident, c'était une sorte de prostration, de défaillance de la nature entière. Malgré la douceur de nos Véloces, nous donnions à peine un coup de pédale par deux secondes, et cependant nous nous sentions moites et en proie à une transpiration malsaine. Nous n'avions pas la force de réagir contre la torpeur qui s'emparait de nous.

Je m'obligeai en quelque sorte à parler, et Victorine, par politesse, fit semblant de m'écouter et me donna la réplique. Je lui parlai de la Russie et de la grande ville où nous allions entrer. Elle avait peine à se figurer qu'on pût trouver une cité présentable à une telle distance de Paris, et se croyait presque chez les sauvages.

Je rectifiai ses idées, et l'étonnai fort en lui racontant que les Russes avaient été glorieusement gouvernés par des femmes, — ce que leur civilisation primitive peut expliquer. Aux peuples enfants, des gouvernantes. A l'âge de puberté, les hommes s'emparent d'eux, — jusqu'à ce qu'une virilité puissante leur permette enfin de se gouverner eux-mêmes.

Pendant ces discours, le ciel s'assombrissait toujours et semblait s'affaisser sur nos têtes. Quelques grosses gouttes de pluie annoncèrent la crise; le vent se leva presque en face de nous et nous envoya l'averse en plein visage. A mesure que nous marchions, la pluie et le vent augmentaient; nous eûmes bientôt affaire à un véritable ouragan. Malgré les manteaux dont nous étions couverts, l'eau nous transperçait. Un effet étrange ne tarda pas à se produire; sous l'effort du vent qui nous repoussait, la résistance des pédales augmenta progressivement, et notre élan se paralysa...

Cela me surprit, car notre action était restée la même. Nous nous rendîmes facilement compte de ce qui arrivait. Les roues de nos bicycles patinaient sur les rails mouillés et ne parvenaient pas à vaincre la force du vent contraire. Le ralentissement de notre marche augmenta de plus en plus, et nous fûmes bientôt arrêtés, puis renvoyés en arrière avec une vitesse qui tendait à s'accroître à chaque instant. Les roues que nous maintenions immobiles glissaient sur la voie comme des patins.

Après avoir rétrogradé de près de cent mètres, pour le plaisir de faire une expérience et d'éprouver une sensation inusitée, je repris les pédales et, par un mouvement accéléré, je parvins à neutraliser notre recul. Nous mîmes aussitôt pied à terre, et aidé de Victorine qui, dans un coup de main, peut déployer une vigueur singulière, j'enlevai nos bicycles que je remisai auprès de la voie, sur un terrain sablonneux, pour que le vent ne pût les entraîner.

Nous leur manquions d'ailleurs pour cela, car la pression du vent s'était surtout exercée sur l'obstacle naturel que formaient nos personnes. Nos bicycles en sûreté, nous nous réfugiâmes sous un bouquet de sapins qui croissait au bord de la route, et où nous nous trouvâmes à peu près à l'abri. Nous pûmes le faire sans commettre d'imprudence, à cause de la nature résineuse de ces arbres et du peu d'électricité qui remplissait l'air.

Ce mauvais temps dura demi-heure encore, et nous commencions à nous inquiéter de sa persistance, quand le ciel s'éclaircit sensiblement. Nous reprîmes les rails, afin de rattraper le temps perdu, mais le ciel ne s'y prêtait pas. Bien que la pluie fût à peu près calmée, un vent tiède et tenace s'opposait à notre marche, et dès que nous voulions l'activer, il se changeait en aquilon. Nos forces se seraient rapidement épuisées dans cette lutte contre une puissance aveugle, inépuisable, et nous dûmes nous contenter d'aller au pas et de faire huit à dix kilomètres à l'heure.

Ce fut ainsi que nous arrivâmes à Louga, après six heures d'une marche qui finit par devenir très-pénible. Je ne voulus pas continuer notre voyage dans des conditions aussi défavorables, et j'installai Victorine à l'auberge avec l'intention de m'y arrêter. J'envoyai un télégramme à Gatchina pour prévenir nos amis de ne nous attendre que le lendemain.

La précaution était bonne, car le vent dura toute la

journée. Je crus m'apercevoir que ce retard contrariait Victorine. Cela ne m'étonne pas. Alors même qu'elles ont les meilleures intentions du monde, les femmes se plaisent à être entourées et cajolées. Or, je ne vaux rien pour ce métier-là. Assis devant le poêle, je passai l'après-midi à écrire, tandis qu'elle suivait du regard les nuages qui fuyaient, à travers nos doubles fenêtres,—ou plutôt elle ne regardait rien. Femme qui rêve, le diable n'y perd pas. Si je me trompe pourtant, que Dieu me pardonne !

Nous nous retirâmes d'assez bonne heure dans nos appartements respectifs, qui occupaient à eux deux une seule chambre, divisée par un paravent. Vous me connaissez trop, mon ami, pour me croire capable d'abuser de cette intimité. Victorine, d'ailleurs, sans afficher aucun rigorisme, me paraît avoir des principes arrêtés. Elle a beaucoup d'amitié pour moi, mais j'ai la conviction qu'au besoin elle me jetterait par la fenêtre, — si nous n'étions pas trop haut cependant.

Nous nous laissions bercer aux sifflements du vent qui gémissait autour de l'habitation avec des notes désolées. Rien n'endort mieux que cela. Toutefois, je me réveillai de bonne heure, soit à cause de mon désir d'avancer, soit en raison de notre repos de la veille. Je n'eus pas de peine à faire partager mon impatience à Victorine, et pendant que je m'occupais de nos bicycles, elle s'habilla rapidement.

Il n'était pas encore six heures quand nous reprîmes la voie de fer. Le vent était tombé et ne soufflait plus que par brises irrégulières. Nous touchâmes à Divenskaïa en deux heures, à cinquante kilomètres de notre couchée, et une heure et demie après, nous étions accueillis par nos amis, établis en permanence à la gare de Gatchina. Il n'était pas encore dix heures du matin.

Serge, qui se plaît aux fonctions d'intendant de la dame de ses pensées, se chargea d'une foule de détails que je lui abandonne volontiers. Sa nationalité lui prête ici une autorité que je n'ai pas. Il fit enlever nos bicycles, préparer le déjeuner, et offrit son bras à Victorine, qui l'accepta volontiers à cause de la parité de taille. Il me sembla qu'en suivant ce couple magnifique, qui se balançait au-dessus de nos têtes, Abel et Albert étaient un peu découragés. Cependant tous les amoureux ont la devise de Fouquet : Où n'atteindrai-je pas ?

Nous étions encore à table, quand on nous annonça qu'un inconnu demandait à me parler. Ce monsieur se présenta comme un employé supérieur du chemin de fer, chargé de vérifier nos pouvoirs et de se rendre compte de nos droits à nous servir, pour notre usage particulier, des voies impériales. Serge voulut s'interposer, mais la discussion s'anima, et je le priai de me laisser la conduite de cette affaire.

Je convins que nous n'étions pas absolument en règle, et j'offris de payer à la Compagnie l'indemnité qu'elle voudrait bien fixer, à condition que l'affaire se terminât sans retard. Le monsieur voulut bien s'y prêter et taxa notre voyage à mille roubles, que je payai sans sourciller.

Nous résolûmes de profiter des dernières heures de jour pour arriver à Saint-Pétersbourg. Nos compagnons montèrent à cheval, et l'on nous amena nos bicycles dont j'avais fait enlever les barres de jonction et les engrenages. La route de Gatchina à Pétersbourg est fort belle et parfaitement entretenue. Nous nous élançâmes vers la capitale de toutes les Russies, escortés de nos trois cavaliers, qui, après avoir essayé de caracoler autour de nous, virent qu'ils n'avaient pas trop, pour nous suivre, de toute la vitesse de leurs chevaux.

La route fut d'abord un peu fatigante pour Victorine et pour moi. Malgré la précaution que j'avais prise de dégager nos pédales, nos bicycles se montraient paresseux. Ils roulaient sur un sol élastique, trempé de la pluie de la veille, et sur lequel l'effort de traction était bien plus élevé que sur des rails de fer. Nous ressentions en outre le contre-coup de toutes les inégalités du sol, et l'habitude que nous avions prise de courir sur une surface parfaitement unie nous rendait cela très-pénible. Ce fut presque un apprentissage à faire, ou du moins un surcroît de fatigue à accepter. Toutefois, nous étions familiarisés avec cette nouvelle façon d'aller, quand nous aperçûmes, dorés par le soleil couchant, les dômes de Saint-Pétersbourg.

Il faisait encore jour quand nous entrâmes en ville; une population nombreuse remplissait les rues. Nous avions modéré notre allure, et nos cavaliers s'étaient mis sur nos flancs pour nous protéger. Je voulais tenir le milieu de la chaussée, mais Serge, qui nous conduisait, prenait un détour, quand nous approchions d'un groupe de piétons peu disposés à se déranger. Je vis du reste les voitures de toute espèce en faire autant. L'homme ici tient le haut du pavé; il ne s'écarte pas devant les obstacles, mais les obstacles devant lui. Singulier usage dans un pays où le servage vient à peine d'être aboli!

L'officier russe nous conduisit, par de larges et splendides voies, à l'hôtel de la Perspective, où des appartements étaient retenus pour nous. Il nous abandonna aux soins de notre installation, pour s'occuper des formalités de notre arrivée, car on n'entre pas comme on le veut dans la capitale des Tzars.

C'est accessoirement que je m'occupe de nos jeunes gens, mais je leur donne les conseils qu'ils me demandent. Malgré leur bonne volonté, je persiste à croire qu'ils n'iront pas loin. Notre expédition n'a pas encore éprouvé de difficultés sérieuses.

Pétersbourg, 23 novembre.

— Nous sommes arrivés hier, mon cher Jacques, et je coordonne les dernières pages de ce journal pour vous l'adresser. Tout va bien. Toutefois Victorine est inquiète et préoccupée...

Ne croyez pas que je m'effraie outre mesure de ses fantaisies. Hier soir, au débotté, elle a fait appeler des tailleuses et des modistes, et leur a demandé des robes pour le lendemain. Les ouvrières ont travaillé toute la nuit, après un conseil où Abel et Albert ont eu voix délibérative. On s'est enquis également de mon opinion, et j'ai répondu que ces préparatifs étaient absurdes, puisque nous partions dans trois jours.

— Mais trois jours, c'est bien long ! a dit Victorine.

Vous comprenez qu'il n'y a rien à répondre à cela.

Ce matin, la belle fille est venue me voir en grande parure. Ses robes m'ont fait l'effet de confections parisiennes allongées d'un mètre, à l'aide de doubles jupes. Elle était fort bien néanmoins, et je lui ai fait compliment sur sa tournure.

Je ne m'inquiète pas de ces dépenses inutiles. Mais il y a autre chose sous jeu. Malgré son triomphe, il y avait des nuages sur le front de l'enfant. Elle s'est informée, auprès du directeur de l'hôtel, s'il n'était rien arrivé pour elle, si personne n'était venu la demander. — Qui peut-elle attendre ?... Avec une gaucherie naïve, elle m'a adroitement questionné, pour savoir s'il était facile de trouver des voyageurs fraîchement arrivés dans une ville aussi grande que Pétersbourg. Je lui ai répondu que rien n'était plus aisé, puisque notre adresse avait été donnée au bureau de la police. Elle s'est un peu rassurée.

Serge ne s'est pas montré depuis hier, mais il s'occupait de nous, et ses soins ont eu d'excellents résultats dont il vient de me rendre compte. Nous serons probablement présentés à l'Empereur.

L'heure me presse, et j'arrête ici ces notes que je tiens à faire partir. J'entends, de mon bureau, Victorine qui arrive, suivie de sa cour, et ses éclats de voix annoncent quelque événement...

L'excellent Shopp en était là, quand Victorine fit brusquement irruption dans sa chambre et lui ferma les yeux de ses mains...

— Devinez qui je vous amène? s'écria-t-elle.

— Parbleu ! dit Shopp, j'aurais dû m'en douter !...

Et il se jeta dans mes bras.

Après les premières effusions, Shopp me regarda fort surpris, et sa pensée intime se traduisit par ces mots :

— Et vous aussi, mon cher Jacques?

— Non, répondis-je en riant, je ne viens pas grossir le

cercle des adorateurs de Victorine, et encore moins vous accompagner au bout du monde. Ce n'est pas que l'envie m'en fasse défaut, mais ma vie, vous le savez, ne m'appartient pas. Je suis venu simplement vous serrer la main.

— Et vous êtes dix fois le bien arrivé, répondit Shopp, car nous avons à tenir conseil au sujet de notre voyage, et je sais ce que valent vos avis. Pour le moment, soyons tout aux joies de notre réunion.

Il en résulta un déjeuner mémorable où nous oubliâmes les heures, et où les épanchements de l'amitié tinrent le premier rang. Serge me fut présenté; je le trouvai magnifique. Esprit naïf, mais rude buveur, il s'était dévoué absolument, sans arrière-pensée, à Victorine, — et accessoirement à Jonathan et au voyage autour du monde.

Notre amie m'avait fait asseoir à ses côtés; et l'officier m'en aurait voulu, si elle ne lui eût enjoint d'avoir pour moi beaucoup de sympathie. Elle réglait cela avec un grand sang-froid. Pendant le repas, elle m'entretint de Saint-Pétersbourg qu'elle trouvait splendide.

Elle s'était attendue à voir une bourgade à l'extrémité de sa route, et ne se rendait pas compte que tant de richesses eussent été accumulées si loin.

— Comment des gens riches, disait-elle, peuvent-ils ne pas habiter Paris?

Elle eût cru certainement faire œuvre pie, en transportant Pétersbourg à Montmartre; elle critiquait d'ailleurs certains détails d'intérieur auxquels elle n'était pas habituée.

— Pas de cheminées! s'écriait-elle. Des armoires de faïence qui ne s'ouvrent pas, et qu'on remplit de bois le matin pour toute la sainte journée! Si encore on pouvait voir le feu, tisonner, lancer des étincelles! Mais non, il suffit que l'on ait chaud. Le feu est dans l'armoire. Moi, je trouve que l'on étouffe dans ce pays.

— C'est que l'hiver n'est pas encore venu, dit Jonathan.

— Alors, pourquoi ferme-t-on si bien les fenêtres ? Ce matin, je me lève, je veux prendre l'air et voir le temps; impossible. Les fenêtres, et il y en a deux l'une sur l'autre, sont calfatées, mastiquées et ensablées jusqu'au printemps. J'appelle cela une prison.

— Vous ne vous en plaindriez pas dans quelque temps, dit Serge. Le temps est doux maintenant, quoique l'hiver nous soit arrivé en octobre dernier. A ses premières atteintes, la ville se transforme : en quelques jours les arbres perdent leurs feuilles, et les maisons prennent leurs quartiers d'hiver. La neige semblait s'affermir, mais cela n'a pas duré. Nous avons tous les ans de fausses alertes à ce sujet, ou plutôt de fausses joies, car l'hiver est ici la saison bénie. Ce n'est qu'en décembre qu'il se fixe définitivement.

— C'est bien ce qui me contrarie, dit Shopp. J'ai retardé mon départ tout exprès pour trouver la terre glacée et le traînage établi, et je tombe dans une boue qui me rappelle le macadam de Paris.

— Ne vous mettez pas en peine, répondit l'officier; l'hiver sera rude, si j'en juge par certains signes qui trompent rarement. Vous n'attendrez pas quinze jours pour le voir.

— Quinze jours! fit Jonathan en bondissant. Nous partirons jeudi, si vous voulez bien le permettre.

— Soit, jeudi. Mais vous ne ferez pas dix lieues par jour.

— C'est ce qu'il faudra voir...

Deux jours se passèrent en courses et en promenades. Liberté entière était laissée à toute la caravane. Des rendez-vous étaient fixés; on s'y trouvait ou l'on ne s'y trouvait pas, à volonté. Victorine avait une passion singulière pour visiter les monuments publics, et je l'accompagnais fidèlement. Elle admira fort le pont Nicolas, ouvrage de fer et de granit qu'on a eu la hardiesse de jeter sur la Néva, et qui résiste aux gelées, aux crues d'eau et aux débâcles. Les autres ponts du fleuve impérial sont mobiles et s'enlèvent aux premiers froids. On les met de côté jusqu'à la belle saison; la municipalité trace et jalonne des routes sur la rivière prise, et les éclaire de réverbères. Nous regrettâmes de ne pas voir ce spectacle, ainsi que la bénédiction des eaux qui est une des belles cérémonies du pays.

Dans le fond nous n'étions pas venus si loin pour voir Saint-Pétersbourg, et nos excursions étaient purement fantaisistes.

La ville centrale est comparable aux plus beaux quartiers de Paris. A mesure qu'on avance vers les faubourgs, les rues deviennent désertes et mornes, et il faut dépasser les portes pour trouver de jolis cottages à la manière anglaise, qui, presque tous, ont des serres fort bien organisées. Aussi les fleurs sont-elles communes à Pétersbourg, même pendant les plus grandes gelées.

L'allure des voitures est très-rapide. Nous sortions le plus souvent en kibitka, calèche découverte attelée de trois chevaux constellés d'ornements de cuivre. Victorine se plaisait à entrer dans les chaumières, quand l'aspect en était pittoresque ou que des enfants se roulaient devant leur porte. Nous étions accueillis par des sourires de bienvenue.

L'hospitalité russe est la première du monde. Les paysans ne savent comment vous exprimer leur reconnaissance, quand vous leur faites visite. Victorine s'approchait d'abord des saintes images, en style byzantin, qui ornent le mur des plus modestes habitations, et devant lesquelles brûle toujours une petite lampe. Sans être dévot, on s'attendrit devant ces pratiques religieuses, qui placent dans chaque maison des protecteurs visibles. L'esprit de l'homme s'élève avec peine aux conceptions philosophiques. La religion naturelle est certainement l'idolâtrie, et les cultes les plus raffinés, après avoir dévasté ses autels, sont obligés d'y revenir doucement et de fabriquer des dieux de poche pour les besoins des âmes simples.

Quand les paysans voyaient entrer cette belle et gigantesque personne, couverte de soie et de fanfreluches, ils n'étaient pas éloignés de la prendre pour la madone à laquelle ils ont une grande dévotion. Victorine embrassait les enfants, et leur donnait quelques louis que les parents perçaient, pour les leur pendre au cou en guise de médailles. Il suffit d'avoir la foi.

Après ces petites expéditions, nous rentrions en ville au galop, rêvant à la lune, ou écoutant les conversations du postillon et de ses chevaux. Il ne se contente pas d'animer leur zèle par les exclamations que la tradition nous a léguées, soutenues de quelques coups de fouet. L'abbesse des Andouillettes et la sœur Marguerite elles-mêmes n'y feraient que de l'eau claire. Ce sont de véritables discours que le cocher adresse à ses compagnons de fatigue. Il leur parle, il les exhorte, il gronde, il s'apaise, et les chevaux l'entendent fort bien. Quelques-uns lui répondent. De temps en temps il interrompt son colloque, pour adresser aux passants un vigoureux « *Béréguisse!* » (Garde à vous!); puis il reprend sa causerie interrompue.

Nous sommes allés dîner au cabaret, et, Dieu merci! ce ne sont pas les restaurants français qui manquent ici. Cependant les habitudes russes ont légèrement modifié le service. Le samovar, bouilloire à thé nationale qui porte son feu avec elle, occupe le bout de la table.

Le thé, ordinairement bon, se boit dans de grands verres au commencement du repas. Mais il ne tarde pas à céder la place au Laffitte, nom sous lequel sont connus tous les vins de Bordeaux. — C'est ainsi qu'on les appelle *Clarets* en Angleterre. — Inutile de dire que ces boissons, passables dans les bonnes maisons, n'ont aucun rapport avec le Château-Lafite, dans le nom duquel, d'ailleurs, les consonnes ne se doublent pas.

On est servi, dans ces restaurants français, par des Tartares fort bien élevés, en habit noir, en cravate blanche, qui paraissent plus civilisés que quelques-uns de leurs clients. En voyant ces garçons pommadés, qui figureraient

à merveille sur le boulevard Montmartre, on se rend compte
— que les Tartares — ne sont barbares — qu'avec leurs ennemis. Je n'ai jamais mieux compris ce chœur de Lodoïska
qu'au restaurant Borrel.

On nous assura que ces messieurs étaient musulmans,
ce qui troubla nos idées. J'interrogeai l'un deux, qui m'affirma la chose en souriant. Il ajouta qu'il suivait exactement la loi du prophète. — S'il est sincère, quel sommelier!

Victorine regardait avec étonnement ces hommes qui
pouvaient légalement avoir plusieurs femmes, et si je ne
me trompe, un léger sourire de dédain courut sur ses lèvres.

Nous en étions au dessert, quand elle aperçut, dans un
coin de la salle, un gros meuble d'acajou qui avait les apparences d'un piano. Elle s'en approcha et découvrit une manivelle qu'elle se mit à tourner vivement. L'air du galop
de Gustave remplit la salle de ses notes précipitées. J'en
restai stupéfait. Serge m'expliqua que l'orgue mécanique,
vulgairement dit orgue de Barbarie, était le commensal
obligé de toutes les salles de restaurant russes, et qu'on en
trouvait des modèles réduits jusque chez les plus minces
traiteurs....

Cependant Victorine tournait toujours.... Elle semblait éprouver à cette manœuvre un plaisir inexprimable
et ressentir une volupté perdue depuis longtemps.
Elle pressait ou ralentissait la mesure ; elle avait trouvé du
premier coup la clé qui change les airs ; elle passait,
avec une sorte d'enivrement, du galop à la polka, du quadrille à la symphonie. Combien d'années, sur les tréteaux
de la foire, avait-elle fait l'apprentissage de cette harmonie
populaire ! Elle nous avait oubliés et semblait chercher de
l'œil une cloche à taper dessus, une grosse caisse à s'accompagner. Shopp était muet et agacé ; Serge dodelinait de

la tête en mesure ; nos jeunes gens trouvaient la plaisanterie excellente. Et Victorine tournait toujours !...

— Voyons, fis-je impatienté, vous êtes au bout du rouleau, ma chère. Ah ! vous avez-là de jolies dispositions !

— N'est-ce pas ? dit-elle.

Mais elle comprit tout-à-coup que nous n'étions pas contents. Elle fit un geste d'humeur et se rassit auprès de nous, pendant qu'Albert, enchanté de l'incident, courait vers l'orgue pour faire à son tour l'orchestre. Mais aux premières notes, la jeune femme l'interrompit :

— Mon Dieu ! dit-elle, en voilà assez. Ne voyez-vous pas que j'ai cassé la tête à tout le monde, et voulez-vous recommencer ?

Cela mit fin à la musique. En y réfléchissant, je crois que nous avons été cruels. Avons-nous donc affaire à une duchesse ? Il y avait quelque chose de touchant dans ce souvenir. Si Victorine restait à Saint-Pétersbourg, je lui achèterais certainement un orgue de salon.

Le dimanche, 24 novembre, nous sommes allés à la messe à la cathédrale d'Isaac, splendide église grecque un peu trop fortement chauffée. Que devient le mot charmant d'Henri Heine, qui prétend que le catholicisme est une excellente religion d'été ? Le poète songeait aux fraîcheurs de marbre qui tombent des coupoles romaines. Cet ingénieux Allemand ne savait écrire qu'en français, — et sur l'Italie.

Victorine a été passablement embarrassée. L'usage des chaises et des bancs n'est pas connu en Russie. On s'assied ou l'on s'agenouille, comme en Espagne, sur la dalle nue, sur un tapis ou des carreaux. Serge avait prévu

le cas. On a placé devant elle une espèce de tapis fourré sur lequel elle s'est placée. Sa tête arrivait encore à la hauteur de celles d'Abel et d'Albert. Elle a fini par s'asseoir sur ses talons, comme ses voisines.

On ne dit pas la messe dans le rite grec; on la chante, et on ne la chante pas mal. Les décors et les costumes religieux sont d'une grande magnificence. Serge m'a assuré que les églises foisonnaient dans la capitale, et que chaque régiment avait la sienne.

Le soir, nous avons pris une loge au théâtre Français; le

lendemain, au théâtre Alexandre, qui est la grande scène russe. On y joue également la comédie, le drame et l'opéra, et l'on essaie d'y faire de l'art national. Victorine s'y amusa singulièrement et eut beaucoup de succès. Mais elle ne se fait pas à la langue du pays, et quoique Serge réclame, elle affirme qu'on ne parle bien le russe qu'à la condition d'être enrhumé.

Nous avons pris des bains de vapeur; on ne saurait s'en dispenser ici, surtout quand on voit les trois quarts de la population se presser aux portes des étuves. Cela n'était pas une nouveauté pour nous, mais Victorine ne se prêta pas sans émotion à l'expérience. Elle ne nous dit rien de ce qui s'était passé, mais elle affirma qu'elle ne recommencerait plus.

J'avais l'intention d'aller visiter les îles de l'embouchure de la Néva, oasis de verdure, qui sont le but des promenades d'été de la ville, mais on m'en dissuada avec raison. Elles étaient en effet dévastées par l'approche de l'hiver et les premières gelées.

Shopp, qui s'absentait fréquemment, nous prévint qu'il serait en mesure de partir le jeudi suivant. Aussi tînmes-nous un conseil important, où Victorine fut admise. Ce conseil, du reste, ressemblait à beaucoup d'autres. Shopp nous réunissait pour prendre nos avis et écouter nos observations, mais il avait d'avance arrêté qu'il agirait d'après sa volonté seule et ses inspirations personnelles.

Le temps se maintenait au dégel; les routes, sur lesquelles nous avions poussé des reconnaissances, étaient vraiment impraticables. Shopp s'en était rendu compte, et ses projets étaient bouleversés. Il avait espéré trouver l'hiver plus avancé et le traînage organisé. Il en eût profité pour s'élever directement au nord, en suivant à peu près le prolongement fictif de la ligne de fer qui l'avait amené à Pétersbourg, de façon à atteindre Arkangelsk en peu de temps. Cela devenait impossible.

Le temps doux qui le contrariait pouvait durer encore longtemps. Fallait-il attendre l'hiver dans la capitale ou prendre une autre voie ? C'était là-dessus que nous avions à délibérer.

La majorité, je dois le dire, — y compris Victorine qui n'osa pas se prononcer, mais dont la physionomie décela l'opinion, — se serait fort accommodée d'un prolongement de séjour dans la ville. Mais Jonathan fronça les sourcils devant cette prétention.

Il rappela d'une manière enjouée les erreurs d'Annibal s'arrêtant à Capoue, et prétendit qu'un repos de quinze jours serait un désastre véritable, qui ruinerait leur voyage et compromettrait leur courage et leur résolution. Il fallait avancer à tout prix, mais dans les meilleures conditions, — et cela le décidait à modifier son itinéraire. Les nouvelles études qu'il avait faites sur ses cartes spéciales lui avaient prouvé que son voyage gagnerait en rapidité à s'allonger un peu. Au lieu d'aller vers le pôle, il fallait se diriger vers l'Orient, jusqu'à ce que le froid lui permît de trouver des routes glacées pour remonter au nord.

La ligne qu'il prétendait suivre descendait de Pétersbourg à Moscou, et se relevait pour atteindre Nijnie-Novogorod. Ces trois villes étant unies par des voies de fer, il serait d'un grand secours d'obtenir l'autorisation de les parcourir à bicycle. — Serge fit à ces mots un signe d'assentiment. — De Nijnie-Novogorod, Shopp voulait courir directement vers l'est, par la Sibérie, la Russie asiatique et la Mongolie, et traverser les monts Ourals par Coiavaschi ou Ekaterimbourg, suivant le temps et les circonstances.

Cette traversée pouvait être difficile. Dans son projet

primitif, Shopp évitait les montagnes et doublait l'extrémité de la chaîne de l'Oural sur les rives de la mer de Kara, pour descendre ensuite dans les plaines de la Sibérie. Il maintenait le Vélocipède sur un terrain plat. — En réalité, il lui fallait tourner le pôle, en décrivant à peu près une demi-circonférence. La route était d'autant plus réduite que le rayon de la courbe était plus court.

Il s'agissait de suivre, en effet, sauf les accidents du chemin, un des cercles de latitude. Or, ces cercles vont en se réduisant, depuis l'équateur où ils ont quarante mille kilomètres de circuit, jusqu'au pôle, où ils n'ont plus d'étendue et se contractent en un point fixe par lequel passe l'axe du globe. Il est évident que la traversée la plus prompte, de la Russie d'Europe à l'Amérique du Nord, serait le passage direct du pôle, qui malheureusement n'est pas ouvert. Il fallait donc suivre les bords d'une calotte sphérique, qui devait conduire nos voyageurs de l'ancien dans le nouveau monde, d'autant plus vite qu'elle serait moins considérable.

Arrivé à Saint-Pétersbourg, sous le 59° cercle de latitude environ, Shopp se résolvait à descendre au 55° pour poursuivre sa route plus librement, mais avec l'intention formelle de remonter au nord, pour abréger, dès que les voies seraient praticables.

Tout cela fut parfaitement expliqué par notre Yankee, et comme on savait que les observations seraient inutiles, personne ne s'avisa d'en faire. — Serge se leva cependant, et demanda modestement la parole.

Après quelques remercîments à l'adresse du chef qui avait bien voulu l'associer à son expédition, il rendit compte des démarches auxquelles il s'était employé.

Il avait eu l'honneur d'être reçu par l'Empereur, qui s'était intéressé à notre entreprise. Notre entrée à Saint-

Pétersbourg avait eu du retentissement ; les journaux s'en étaient occupés, et quoique nous eussions évité de nous donner en spectacle, on parlait beaucoup de nous. Nos bicycles étaient devenus des objets de curiosité : quelques visites que nous avions accueillies nous valaient des appuis sérieux et des protections utiles. Victorine, en se montrant au théâtre, avait fait sensation ; on l'avait remarquée dans les promenades. Son succès était immense auprès de l'armée, et l'on parlait tant de la belle Française que cela était venu aux oreilles du Tzar. En accordant à Serge le congé qu'il sollicitait, il consentit à recevoir ses compagnons, et l'officier nous prévint que nous serions admis au Palais d'Hiver, en audience impériale, le lendemain, 27 novembre. Nous n'avions que le temps de nous préparer.

Victorine rayonnait de joie et voulait commander un manteau de cour, mais Shopp calma son enthousiasme et la pria de se contenter de son costume de voyage. Elle me regarda avec stupéfaction, comme pour me demander aide et secours contre cette tyrannie. Je fus obligé de convenir que Shopp avait raison, mais ce ne fut pas sans peine que je persuadai la jeune femme....

Je n'y parvins qu'en faisant appel à ses sentiments de vanité et de patriotisme :

— Le Tzar, lui dis-je, reçoit la voyageuse et non la femme. Il donne audience à la caravane et non aux individus. Voudriez-vous surprendre la faveur impériale par un subterfuge? N'êtes-vous plus Française? Qu'iriez-vous faire aux bals de la cour? Savez-vous que ces fêtes commencent par une promenade lente et lugubre qu'on appelle *la Polonaise?*

— C'est bien, dit-elle, je ferai ce que vous voudrez.

Toute question politique mise à part, Alexandre nous re-

çut de la manière la plus affable; ce despote est un homme charmant et bien élevé. Jonathan, citoyen d'un pays libre, le traita généreusement sur un pied d'égalité. Il lui dit en quelques mots nos projets, notre espoir, et les facilités qu'il avait obtenues de M. de Bismark pour traverser la Prusse. Il termina en priant S. M. I. de lui accorder la même faveur.

L'Empereur l'engagea à s'adresser aux bureaux spéciaux, auxquels il promit de recommander l'affaire; cela équivalait à un consentement.

L'autocrate daigna distinguer Victorine, qui s'élevait

superbement au milieu de nous Par une espèce de compromis, elle avait orné son costume de route d'une sorte de grand manteau qui l'enveloppait tout entière et qu'elle retenait à la taille avec beaucoup d'aisance.

— Madame, dit l'Empereur en excellent français, vous êtes d'une beauté extraordinaire. Je serais très-heureux de compter d'aussi belles personnes dans mes États.

— Sire, répondit Victorine en se redressant, on n'en fait que chez nous...

Ces mots jetèrent du froid, et Shopp, avec un tact exquis, prit immédiatement congé. La bonne volonté de l'Empereur était réelle, car le soir même, on nous délivra, à la direction des chemins de fer, l'autorisation qui nous ouvrait toutes les voies de l'empire.

Cette nouvelle fut accueillie avec transport. Au moyen de la jonction de deux bicycles, les courses sur rails étaient de véritables amusements. Abel et Albert, profitant des essais de Shopp, avaient fait construire, par les meilleurs ouvriers de Pétersbourg, un Quadricycle à grandes roues capable de courir sur la voie ferrée avec une extrême rapidité. Depuis leur arrivée, Jonathan, Serge et les jeunes gens faisaient travailler jour et nuit des ateliers de mécaniciens payés au triple des prix ordinaires. Ils étaient donc à peu près en mesure, et Jonathan espérait partir le jeudi suivant.

Serge, du reste, ne s'était pas contenté de courir les bureaux et de s'occuper de nos affaires. Il s'exerçait tous les matins des heures entières sur le bicycle de Victorine et, grâce à sa hardiesse et à son adresse naturelles, il était devenu fort habile en quelques jours. On lui confectionnait un bicycle superbe, d'une grande solidité, dont la roue motrice n'avait pas moins de 1,25 de diamètre. On le lui livra le mercredi soir, et il en fit l'essai devant nous avec un aplomb magnifique.

Toutefois, il ne pouvait songer à nous suivre sur le chemin de fer avec un appareil auquel il avait été impossible d'apporter les améliorations qui distinguaient les bicycles de Shopp et de Victorine. Ceux-ci, comme on doit s'en souvenir, portaient sur leurs jantes des plaquettes à ressorts, qui pouvaient se développer, soit pour augmenter la largeur des roues, soit pour emboîter le rail sur lequel elles devaient courir.

Quand les deux bicycles étaient réunis, Shopp abaissait simplement les plaquettes qui regardaient la voie, de façon à ce que les roues des Véloces offrissent une saillie à l'intérieur, qui suffisait à les maintenir sur les rails, quelle que fût leur vitesse. Mais quand un bicycle courait seul, les plaquettes tombaient de chaque côté, pour envelopper le rail sur ses deux faces latérales.

Serge avait pris son parti à contre-cœur, et se résignait à voyager par les trains, pour ne reprendre son Véloce qu'au bout de la ligne ferrée. Mais, en bons camarades, nos Français lui ménageaient une surprise. Ils avaient fait disposer sur leur voiture un troisième siége qu'ils lui offrirent avec beaucoup d'effusion. Serge se montra fort touché de cette attention, et jura, en tordant ses moustaches, qu'il ne l'oublierait pas.

L'aube du jeudi se leva pure et sereine. C'est par un temps magnifique que Shopp donna le signal du départ, qui se fit en gare de Pétersbourg, au milieu d'une assemblée nombreuse. Victorine avait bravement renoncé à ses robes, qu'elle avait à peine eu le temps de mettre; — mais, dans un but d'économie louable, elle les envoyait à Moscou devant elle.

Je vis partir la caravane tout entière, et demeurai passablement désœuvré. Cependant Victorine m'avait fait comprendre quelle absurdité ce serait que d'aller en Russie sans voir la ville sainte, Moscou et le Kremlin. Je pris mon billet à midi et partis à la poursuite des voyageurs.

Les chemins de fer russes vont assez lentement. Je fus

obligé d'en convenir, en parcourant le *Journal de voyage* de Shopp, qui charmait mes loisirs. Ils sont du reste bien tenus et soumis à une sorte d'organisation militaire, chose naturelle dans un Etat où les citoyens sont divisés en castes numérotées, et où le titre d'employé du Gouvernement équivaut à des lettres de noblesse. Nous faisions à peu près trente kilomètres à l'heure, ce qui me donnait la certitude de ne rejoindre mes amis que s'ils consentaient à m'attendre.

Leur vitesse était en effet égale à celle du train qui me portait. Il ne faut pas oublier que Shopp et Victorine montaient des bicycles à rouages, et qu'un mouvement normal, facile à maintenir sur des rails où l'effort de traction ne montait pas au centième du poids entraîné, pouvait leur faire franchir très-facilement trente à quarante kilomètres à l'heure.

Abel et Albert, que Serge suppléait tour à tour, se donnaient, il est vrai, un peu plus de mal, mais cela n'était pas excessif, car leur voiture courait sur des roues immenses qui dévoraient l'espace. Ils n'eurent aucune difficulté à se maintenir à la suite des chefs de la caravane et les talonnèrent quelquefois de si près que la conversation put devenir générale. C'est du moins ce qu'ils me racontèrent le soir.

Je traversai plusieurs localités qui me parurent fort bien cultivées, et dont le nom finit uniformément par les syllabes *kaya*, ce qui est un effet du génie de la langue. Cela n'est pas une critique, car les étrangers auraient beau jeu à reprocher à la Gascogne ses noms en *ac*, à l'Alsace ses noms en *heim*, à la Bretagne ses noms en *ec* et en *cl*, toutes particularités qu'il suffit de constater. J'arrivai vers cinq heures à Vischerkaya, où j'appris que la caravane avait passé vers le milieu de la journée et s'était reposée deux heures. La nuit tombait. A huit heures nous nous arrêtions à Okoulovskaya où j'espérais trouver nos compagnons. Mais le chef de gare me remit un billet dans lequel ils me priaient de poursuivre jusqu'à Bologovkaya, où le train touchait à dix heures. Il paraît que le repos de nos derniers jours avait donné à nos touristes des nerfs infatigables. C'est ce qu'ils me confirmèrent à table, devant un souper abondant ordonné par Serge, qui remplit l'office de fourrier de la compagnie. Victorine me maintint à la place d'honneur, je veux dire auprès d'elle, justifiant cette aimable préférence par le peu de temps qu'elle avait à me garder.

Ces messieurs n'en furent pas jaloux. Arrivés à sept heures du soir, ils avaient plus d'appétit que de lassitude. La partie la plus pénible de leur trajet avait été la route qui séparait la gare de l'hôtel où ils étaient descendus. Effondrée, impraticable, elle témoignait de la négligence de l'administration russe dont l'excuse est d'ailleurs toute prête. Les chemins de fer ont ici ruiné toutes les autres voies, qui sont à peu près abandonnées.

Nous restâmes longtemps à table ; je me levai le premier, non pour aller me coucher, mais pour repartir par le train de nuit qui devait me permettre de précéder tout le monde.

Le sommeil ne me tint pas rigueur, et je m'endormis profondément sur les coussins du wagon, bercé par la trépidation du train et rêvant à la foire de Saint-Cloud.

Le lendemain soir, je reçus en gare de Moscou la caravane entière qui avait accompli, en dix heures, une traite à peu près semblable à celle de la veille. Grâce à leurs moyens exceptionnels de transport, deux jours leur avaient suffi pour franchir les six cents kilomètres qui séparent Pétersbourg de l'ancienne capitale de toutes les Russies.

Toutefois ils étaient bien aises d'arriver. Quoique le repas que j'avais fait dresser à l'hôtel Saint-Nicolas fût supérieur à celui de la veille, on ne mangea que sommairement. Une fatigue invincible paralysait l'esprit et les nerfs de nos voyageurs. Victorine, — faut-il le dire? — s'endormit sur mon épaule, bonheur que Serge parut envier singulièrement. Tout ce que je puis constater, c'est qu'elle était fort lourde.

Lorsque je l'éveillai, d'ailleurs, elle ne témoigna aucun embarras, et me tendit la main avec un bâillement de bonne amitié. — On dormit rudement cette nuit-là.

Le samedi, 30 novembre, devait être un jour de paresse. Victorine se chargea de donner un démenti à ces prévisions. Elle voulut voir Moscou et me mit en réquisition. J'obéis avec d'autant plus d'empressement que je repartais le lendemain pour la France. Cela jeta quelque tristesse sur nos plaisirs.

Moscou est une merveille, mais on l'a si souvent décrit qu'il me paraît inutile d'en parler davantage. La ville n'a pas l'aspect brillant et confortable de Pétersbourg, mais ses édifices ont plus de lourdeur et de richesse. La couleur locale de la vieille Russie est là tout entière, avec ses préjugés et ses traditions. Victorine, qui croyait que Versailles était le dernier mot de l'âge de pierre, pâlit d'admiration devant les jardins et le château de Stoukine. Jamais ville n'a affiché un tel luxe de clochers, de coupoles, de

dômes et de flèches. Sa population bigarrée de Persans, de Tatares, de Russes en costume national, de Popes, de Turcs, de gens vêtus à la française, la jetait dans un étonnement indicible. Quel spectacle pour un cœur simple qui n'a jamais quitté les départements arrosés par la Seine !

Le repas du samedi fut une sorte d'agape et de festin d'adieu. Serge, qui me montrait beaucoup d'amitié, surtout depuis qu'il savait que je m'en allais, avait voulu me faire connaître les raffinements de la cuisine nationale.

On nous servit un consommé aux fines herbes, qui sentait la rose et l'œillet et qui me rappela les bouillons aromatisés de la Suisse allemande. On y rompt des gâteaux, ce qui transforme le potage en dessert.

Mais, avec le rôti, comme avec tous les plats, on sert une

profusion de sauces enragées, de violentes épices, du caviar, des harengs salés, du saumon fumé, de l'eau-de-vie de seigle, des choux rouges, des betteraves à la crème, des gâteaux de gingembre et des tartes au lait caillé.

Ces mets bizarres ont des saveurs insolites qui effraient à première vue. Mais la jeunesse, l'exercice et l'appétit sont des assaisonnements admirables. Là est le secret des voyageurs qui se font à toutes les cuisines. D'ailleurs on n'est pas obligé de manger de tout.

Le dimanche fut un jour triste. Je ne connais rien d'ennuyeux comme les séparations. J'étais presque fâché d'être venu; mes amis semblaient m'en vouloir de mon départ. Une gêne singulière pesait sur nous. J'aidai Victorine dans ses préparatifs de voyage; elle devait partir à midi.

Shopp me prit à part et me donna ses dernières instructions. Je devais continuer à recevoir le journal détaillé de son voyage; le passé me répondait de l'avenir. Abel et Albert étaient pleins de résolution; Serge me parut plus solide encore. Comme j'embrassais Victorine, elle me dit avec une grande confiance :

— Ne vous effrayez pas, mon cher Jacques; je suis sûre de vous revoir.

Dieu l'entende!

TROISIÈME PARTIE

JOURNAL DE VOYAGE

DE NIJNIE-NOVOGOROD

EN SIBÉRIE

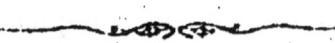

JOURNAL DE VOYAGE

(SUITE)

De Nijnie-Novogorod.

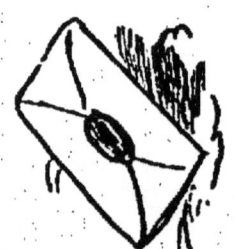

Je me demande, mon cher Jacques, pourquoi nous nous sommes séparés l'autre jour avec tant de sangfroid, avec une insouciance de si bonne compagnie. Nous avions peur de montrer notre ennui. Nous étions moins affligés, d'ailleurs, que lorsque nous nous sommes quittés à Paris. J'ai fini par en trouver la raison. Vous avez eu tort de jouer à cache-cache avec moi, et la surprise que vous m'avez faite ne me permet plus de vous croire parti tout à fait. En arrivant à Nijnie-Novogorod, je vous ai cherché à la gare, et Victorine a compris mes regards.

— Il est loin, a-t-elle dit.

Et voilà votre oraison funèbre. Notre nouveau voyage sur la voie de fer s'est accompli le plus heureusement du monde, et à peu près sans incident — pour nous. Toutefois, les circonstances nous ont permis de rendre un service signalé aux chemins de fer russes et au pays qui les a mis à notre disposition. Vous voyez qu'un bienfait n'est jamais perdu. Mais n'anticipons pas sur les événements.

Partis à midi de Moscou, sous vos yeux, nous étions hors de vue au bout de dix minutes, ce qui n'empêchait pas Victorine de se retourner encore, et de secouer son mouchoir, prétendant qu'elle vous apercevait sur la voie.

En une seule traite de sept heures, pendant laquelle nous avons eu un peu de pluie, nous sommes arrivés à Vladimir, passablement fatigués, quoique nous n'eussions fait que 180 kilomètres. Une sorte de préoccupation nous poussait en avant, et lorsque je commandais un temps d'arrêt, comme je le fais à peu près tous les 50 kilomètres, on semblait faire halte à regret et attendre impatiemment l'ordre de repartir. Le souper a été court et silencieux ; nous étions couchés à dix heures.

Ce matin, lundi, nous nous sommes réunis en gare à huit heures, le pied à l'étrier, répondant aux souhaits et aux politesses dont nous comblent les employés de la voie ferrée, depuis que nous voyageons sous la protection de l'Empereur. A une heure, nous déjeunions à Viarmki, où se trouve un buffet assez bien garni, qui se pique de faire de la cuisine française. Nous repartions à trois heures, comptant atteindre en une dernière étape Novogorod. Sur les sept heures du soir, nous approchions de Tchernaïa, lorsque la voie nous parut encombrée, sans que nous pussions distinguer l'obstacle qui la barrait. Notre marche fut ralentie, et nous arrivâmes à petite vitesse, pour constater qu'un accident assez grave venait d'avoir lieu.

Un orage violent, le même qui nous avait valu la veille de la pluie à deux cents kilomètres de distance, avait inondé le pays. Un ruisseau voisin de la ligne de fer s'était transformé en torrent et avait profondément raviné les terrains qui l'enserraient. Un immense sapin, placé au bord de la voie, avait eu ses racines découvertes, et, poussé par le vent, était tombé en travers des rails.

Ce dernier incident, ayant eu lieu dans la journée, avait échappé aux regards des surveillants, qui sont du reste assez rares sur cette partie de la ligne. Un train de marchandises, qui transportait un assez grand nombre d'ouvriers, était tombé sur l'arbre qu'on avait aperçu trop tard. Malgré le sifflet d'alarme et l'enrayage qui avait suivi, le choc avait été rude, et plusieurs individus se trouvaient gravement blessés.

L'événement s'était passé une demi-heure environ avant notre arrivée. Nous trouvâmes tous ces gens dans une confusion inexprimable. La plupart s'empressaient autour de la machine renversée, au lieu de porter secours à leurs frères. Je mis aussitôt pied à terre, et accompagné de Serge, dont le costume avait conservé quelque chose de militaire, j'essayai de rétablir l'ordre et d'organiser les secours. Cela ne fut pas difficile. A la voix rude de l'officier, les ouvriers se rassemblèrent près de nous, et sans observation, se rendirent au poste qui leur fut désigné. Les blessés furent installés auprès de la voie, sur un terrain abrité. Victorine se chargea de les recevoir, et déballa notre pharmacie de voyage pour leur donner les premiers soins. Pendant ce temps, Abel et Albert partaient sur leur tricycle à toute vitesse, pour prévenir les chefs de station voisins et ramener des gens de l'art.

Je n'entrerai pas dans plus de détails sur un accident dont se sont d'ailleurs occupés tous les journaux russes. Nous avons été heureux de payer la dette que la Vélocipédie avait contractée envers les chemins de fer. Une heure après, vingt personnes descendaient sur le théâtre du sinistre, médecin et personnages officiels, et nous leur cédions les pouvoirs dont nous nous étions emparés.

Victorine est une excellente sœur de charité et nous a donné des preuves de son savoir-faire. Non-seulement elle encourage et console, mais elle gouverne et panse les blessés avec une dextérité admirable. Rien ne l'embarrasse. Quand elle trouve que ses malades ne sont pas dans une bonne position, elle les enlève dans ses bras, comme des enfants, pour les placer à sa guise. Cela est de bon augure pour le voyage que nous allons entreprendre.

Parmi les voyageurs les moins endommagés, Serge a rencontré un de ses paysans, qui travaille à Novogorod, comme charpentier, sous condition d'obrok, c'est-à-dire en lui payant une redevance. L'ouvrier a reconnu son jeune maître avec une effusion qui nous a touchés, et s'est informé de toute la famille. On l'appelle Michel. Ce petit homme, trapu et vigoureux, avait au bras une blessure peu profonde, causée par un éclat de fer lancé par la machine broyée. Quoiqu'il fût à peu près couvert de sang, il affirmait que ce n'était rien. Sa confusion fut extrême, quand il vit une dame, — car son costume ne la déguisait pas absolument, — s'occuper de lui avec tant de bienveillance. A peine lui eût-on arrangé le bras en écharpe, qu'il courut baiser la main de Serge et se mettre à sa disposition. Celui-ci lui enjoignit simplement de se tenir tranquille.

Cette affaire nous retarda beaucoup, et nous n'atteignîmes Nijnie-Novogorod qu'à une heure avancée, après avoir fait 250 kilomètres environ dans la journée. Mais le temps des longues étapes est passé, car nous touchons à l'extrémité des lignes de fer d'Europe.

Nous étions encore à table à minuit. J'annonçai à nos amis que nous allions continuer notre voyage dans des conditions nouvelles. Il ne fallait plus compter sur le secours que la voie ferrée nous avait prêté, quoiqu'il eût été légitime. Je crois, en effet, qu'un jour viendra où des routes spéciales, créées pour les Véloces, sillonneront les pays civilisés. Nous n'avons fait que devancer ce temps.

Mardi, 3 décembre 1867.

Bonne nouvelle, mon cher Jacques, le temps tourne au froid, et le ciel est pour nous. Hier, en vous écrivant, je n'étais pas sans inquiétude, quoique Serge m'affirmât que l'hiver allait nous surprendre au premier moment. Ce matin, le jour nous a montré Novogorod couvert d'un voile blanc. Une neige fine et grésillante, qui crie sous le pied, ne cesse de tomber. Elle cache la boue et remplit les ornières; notre officier prétend que le traînage pourra s'établir demain. Abel et Albert, qui savent avec quelle impatience j'attends la gelée, m'ont fait une espièglerie, à laquelle Victorine s'est gaîment associée. Au déjeuner, on a apporté un grand plat couvert, — une surprise, a-t-on dit, qu'on me ménageait. Après quelques cérémonies, on a fini par le déposer devant moi : c'était de la neige.

J'ai fixé notre départ à jeudi prochain.

Mercredi, 4 décembre 1867.

Nijnie-Novogorod est une ville russe d'un commerce florissant, mais qui présente peu d'intérêt aux touristes et aux artistes.

Ce n'est pas qu'elle manque de pittoresque; sa situation rappelle les cités haut-perchées de l'Ecosse. Elle est bâtie sur des collines escarpées, séparées par de tels ravins, qu'on a dû relier leurs sommets par des ponts. Dans les bas-fonds roule le Volga, célèbre par ses sterlets et ses inondations. Victorine s'est longuement promenée dans ses rues, accompagnée de nos Français, qui vous ont remplacé dans vos fonctions de cavalier servant. Ils ne ressemblent pas mal, quand ils la suivent, à de petits pages perdus dans les jupes d'une châtelaine. Elle prétend d'ailleurs que Novogorod n'est rien auprès de Moscou et de Pétersbourg.

Mais il est une chose dont elle ne se consolera jamais. La fille de notre hôte, qui parle fort bien le français, lui a conté que la foire de Nijnie-Novogorod était la plus belle du monde. Plus de cent mille étrangers s'y donnent rendez-vous; c'est le lieu de réunion des saltimbanques de Perse, de Turquie et de l'Inde. On y joue la comédie dans

toutes les langues ; on y chante l'opéra sur tous les tons ; on y avale des sabres ; on y montre des géantes....

Je crois qu'à ce mot Victorine a rougi. Malheureusement il y a deux mois que la foire est passée.

De Lelujewa, 5 décembre 1867.

Hier soir, mercredi, comme nous regardions tomber la neige avec complaisance, car il ne faut pas être difficile ici sur le choix des distractions, Serge est entré, suivi de Michel, l'ouvrier que nous avions rencontré lors de l'accident de la voie ferrée.

— Père, m'a-t-il dit, j'ai quelque chose à te demander.

Ne vous récriez pas, mon cher Jacques, au sujet de cette expression filiale. Elle est naturelle dans la langue russe dont Serge se sert avec moi, et mon titre de commandant et de chef de caravane l'autorise à ses yeux. Il est à remarquer, d'ailleurs, que ces façons de parler sont également communes en Afrique : Les vieux Arabes appellent volontiers « Père » les jeunes officiers qui les commandent. Ainsi, sous le soleil de la zone torride, comme dans les steppes glacées que nous parcourons, l'homme a voulu donner à l'autorité de convention le prestige de celle de la famille.

Serge s'expliqua en quelques mots. Michel désirait nous accompagner; il répondait de son courage et de son dévouement. Je crois, en effet, qu'on peut compter sur cet homme. Sa face écrasée et barbue, ses traits grossiers sont éclairés par des yeux intelligents et d'une douceur infinie. Son regard rappelle celui du chien. C'est un de ces êtres évidemment nés pour consacrer leur vie à quelqu'un ou à quelque chose. Je ne discutai donc pas le mérite de l'individu, mais je demandai à Serge quelle nécessité il voyait de nous adjoindre un nouveau compagnon.

Serge agit alors en profond politique, et me fit un discours par lequel je voulus bien me laisser séduire. Il me rappela que nous devions suivre une parallèle de latitude, au lieu de remonter au nord, et que nous allions parcourir des routes frayées, peuplées de villes et de villages. Puisque nous voyagions en pays civilisé, il n'y avait aucun inconvénient à nous faire escorter d'une voiture portant des provisions et pouvant au besoin remédier à un accident ou à une défaillance.

Victorine et moi étions sûrs de nos bicycles, mais les Français et lui ne faisaient que commencer leur apprentissage et pouvaient avoir besoin de secours... On renverrait d'ailleurs Michel à la traversée des monts Ourals ou au terme de notre course vers l'est. Je ne me mépris pas sur le motif qui dictait ces paroles. C'est une galanterie déguisée à l'adresse de notre compagne de voyage. On redoute de lui voir affronter le mauvais temps, et l'on agit comme ces nageurs en pleine eau qui se font suivre par un bateau protecteur. Après quelque réflexion, je donnai mon consentement. Il ne faut pas craindre le danger ni la fatigue, mais il est inutile de les chercher.

Victorine, du reste, s'est associée franchement à mes vues. Elle met autant d'amour-propre que moi à faire notre voyage en Vélocipède, et je suis sûr qu'elle refuserait de nous accompagner en calèche. Cependant elle ne put s'empêcher d'admirer la talenta massive qui, ce matin, est venue se ranger devant notre hôtel, et que nos amis ont bourrée de provisions de toute nature.

Michel, qui s'était pavoisé de rubans pour la circonstance, arriva avec un attelage de cinq chevaux qui me parurent pleins d'ardeur. Le plus vigoureux fut placé entre les brancards; les quatre autres, attelés deux à deux en flèche, des deux côtés de la voiture, tirent sur les marche-pieds qui ont besoin d'être d'une grande solidité. Le timonier seul garde une allure convenable; ses camarades de flanc se livrent à des gambades insensées, ruent, piaffent, se cabrent, sans être gênés par des liens qui leur laissent à peu près toute leur liberté. A peine sont-ils dressés, et grâce à cette fougue, qu'on entretient par des injures et des coups de fouet, la talenta vole comme une plume sur les routes les plus dévastées.

Ce n'était pas le cas pourtant, car une neige abondante aplanissait les chemins. Nous voulûmes voir partir notre

équipage. Michel, tout fier de se donner en spectacle, monta sur le cheval du centre, sous un cerceau pavoisé, chargé de sonnettes bruyantes, et formant un arc-de-triomphe au-dessus de sa tête. Il poussa quelques vivats, fit claquer son fouet, et disparut dans une course effrénée, soulevant de tous côtés des tourbillons de neige.

Ce dernier fait me donna à réfléchir, et quelques mots, que j'échangeai avec Serge, confirmèrent mes appréhensions. La neige n'était pas suffisamment tassée, et nous ne pouvions espérer de routes solides qu'après une gelée. Je donnai néanmoins le signal du départ.

Je pressai la pédale et m'élançai, ayant Victorine à ma droite et Serge à ma gauche, nos bicycles étant dégagés des engrenages qui pouvaient augmenter leur vitesse, mais qui nous auraient demandé une dépense de force trop considérable. Abel et Albert nous suivaient en tricycle. Tant que nous n'eûmes qu'à traverser la ville et la banlieue, les choses allèrent assez bien : les neiges des jours précédents, pressées par les piétons, nous offraient un appui suffisant ; mais à quelques kilomètres de Novogorod, la marche devint très-pénible. Nous nous plaçâmes en file pour suivre un sentier frayé par les voyageurs, et trop étroit pour nous permettre d'aller de front. Nous courûmes ainsi une demi-heure encore, mais les traces finirent par disparaître, et nous ne vîmes plus devant nous que les sillons tracés par les roues de la talenta qui nous avait précédés, sillons dans lesquels nous nous appliquâmes à nous maintenir.

Pour des gens accoutumés à voler sur les routes, l'allure que nous tenions était vraiment désespérante. Nos vélocipèdes traçaient des rainures dans les ornières laissées par la talenta, et nous enfoncions de plusieurs centimètres, ce qui ne nous permettait d'avancer qu'avec une peine extrême. Je m'arrêtai.

Comme nous mettions pied à terre, je m'aperçus que le Tricycle n'était plus là. Je ne m'en inquiétai pas sérieusement, car nous n'avions pas fait un long trajet. L'appareil que j'ai emporté de Saint-Pétersbourg et que j'adapte à mon bicycle pour mesurer les distances marquait à peine 12 kilomètres ; nous étions partis depuis plus d'une heure.

Au bout d'un instant, on aperçut un point noir dans l'éloignement ; un quart d'heure après, Abel et Albert nous rejoignaient, passablement fatigués, mais fort gais encore.

Je les prévins que nous allions les abandonner, ainsi que notre officier, — puisqu'il leur était impossible de nous suivre. Sur mon ordre, Victorine déploya les plaquettes couchées sur les jantes des roues de son bicycle, pendant que j'en faisais autant au mien. Serge l'aida poliment, quoique le résultat de ce travail dût l'éloigner de lui. Avec le développement horizontal des mêmes plaquettes à charnières, qui nous avaient servi à emboîter les rails, nos roues acquéraient dix centimètres de largeur, ce qui leur permettait de courir sur la neige sans enfoncer. Je n'ai pas besoin de dire qu'un renflement supérieur des fourches des bicycles ouvrait un libre passage à la roue ainsi développée.

Serge paraissait atterré. Je lui fis remarquer que j'avais agi avec une rare condescendance. Nos bicycles étaient ferrés de façon à éviter le patinage, et le sien y cédait facilement. C'est en présence des efforts inouïs qu'il faisait pour ne pas rester en arrière, que j'avais arrêté notre course.

Il fut convenu que Victorine et moi pousserions jusqu'à Lelujewa, où la talenta devait nous attendre. Nous leur renverrions la voiture aussitôt. Pendant ce temps ils avanceraient autant que possible, sans abuser de leurs forces.

Nous les quittâmes sur les dix heures et partîmes rapidement. Le vent, qui chassait la neige, avait à peu près rempli les ornières de la talenta, mais non pas assez pour les faire disparaître; nous les suivîmes exactement, et grâce à l'élargissement de nos roues, notre marche devint aussi douce qu'elle avait été d'abord fatigante.

Nous laissions à peine des traces, et quand nous perdions les sillons qui nous guidaient, nous n'enfoncions pas d'un demi centimètre dans la neige qui criait doucement sous notre passage.

Pas d'aspérités de terrain, de cailloux, de cahots, ni de heurts; à peine quelques pentes légères, qui n'étaient guère plus prononcées que celles des voies de fer.—A onze heures nous fîmes une courte halte, et je comptai seize kilomètres de trajet, depuis que nous avions quitté nos amis.

C'était une bonne allure, et nous nous hâtâmes de repartir.

Comme je causais avec Victorine, elle se plaignit d'éblouissements; je sentis moi-même que j'avais la vue fatiguée. Je m'accusai d'imprudence, et lui offris une paire de lunettes fortement cendrées, pendant que je m'en plaçais de pareilles sur le nez. Ce ne fut pas sans quelques petites façons qu'elle s'affubla de cet ornement singulier.

— Ah! dis-je en plaisantant, que diront Serge, Abel et Albert, en vous voyant ainsi?

— Que voulez-vous qu'ils disent? N'en porteront-ils pas aussi?

— Sans doute; j'en ai pour tout le monde. D'ailleurs, je vous assure que cela ne vous va pas mal.

— Eh bien! dit-elle, c'est tout ce qu'il faut.

Deux ou trois heures se passèrent sans que nous nous sentissions précisément las. J'avais l'intention de m'arrêter, mais les lieues succédaient aux lieues, sans nous montrer aucun village. Le pays est particulièrement désert. Çà et là quelques cabanes surgissaient, mais paraissaient inhabitées. Il fallut nous passer d'auberge.

J'avisai dans un champ une espèce de bergerie abandonnée, avec quelques troncs d'arbres qu'un mauvais toit de chaume abritait à moitié. Il suffisait qu'il y eût de quoi s'asseoir autre part que sur le tapis blanc et glacial qui couvrait la campagne. Je déballai notre cuisine portative, et Victorine parut fort contente de jouer au ménage.

Quoique je ne m'attendisse pas à une telle pénurie, à proximité d'une grande ville, mes précautions étaient prises. Nous prîmes plusieurs tasses de thé, fortement sucré et relevé de rhum, avec quelques biscuits. Ce repas, accompagné d'une heure de repos, nous rendit des forces. Nous regrettâmes pourtant, — puisque nous nous étions décidés à amener un fourgon d'approvisionnement, — de ne pas l'avoir gardé sous la main.

Nous reprîmes notre course à deux heures, avec l'intention de presser le pas, pour ne pas abandonner nos compagnons sur une route déserte et glacée. Ce n'est pas que nous eussions de graves inquiétudes. Ils trouveraient toujours une masure pour s'abriter, et le tricycle avait un coffre suffisamment garni. A six heures du soir, nous arrivions à Lelujewa, où Michel nous attendait en fumant sa pipe. Il parut fort étonné de ne pas voir son jeune maître avec nous.

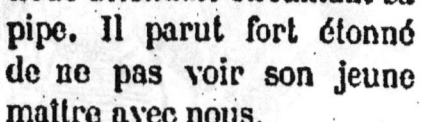

A peine lui eus-je donné mes ordres, en lui expliquant le retard de ces messieurs, qu'il se remua comme un beau diable pour courir à leur rencontre. La talenta, débarrassée de ses coffres, fut attelée de cinq chevaux frais, et Michel partit au triple galop dans la direction de Novogorod.

Il était à peine neuf heures, quand des claquements de fouet et des hurrahs joyeux nous annoncèrent l'arrivée de nos amis. Nous étions encore à table et ne les attendions pas si tôt. Ils entrèrent comme un ouragan, Serge se laissant entraîner par l'effervescence française, riant tous trois de leurs impressions de voyage.

Voilà ce qui s'était passé. Après notre départ, ils avaient dissuadé l'officier de continuer sa route à bicycle, et l'avaient fait monter avec eux. Leur tricycle avait trois siéges,

comme on s'en souvient. Ils avaient essayé, en travaillant ensemble, de nous suivre ;—ils n'avaient fait qu'une assez mauvaise besogne. Le poids considérable qui chargeait leur voiture l'enfonçait de plusieurs pouces dans la neige où elle patinait sur place. Alors on avait tenu conseil.

Les plaquettes rabattues de nos Vélocipèdes leur avaient donné à réfléchir; Serge racontait que pour courir sur les marais vaseux ou la neige mobile, les paysans s'attachaient aux pieds de larges planchettes, qui leur permettaient de glisser à la surface. Enfin, le proverbe qui affirme que « la nécessité est mère de l'industrie » avait eu raison.

Au moyen d'une petite hache et de couteaux, ils avaient coupé de jeunes sapins et fabriqué des plaques de bois un peu plus grandes que des cartes à jouer. En les perçant près du centre, ils les avaient assujetties avec des fils de fer autour des roues de leur tricycle, de façon à développer leur largeur. Ce travail avait duré près de deux heures, mais avait été couronné d'un plein succès.

Il paraît que, lancés sur la neige, piétinant à la fois ou à tour de rôle, ils avaient acquis une vitesse à peu près égale à la nôtre. Ce qu'il y a de certain, c'est que Michel les avait rencontrés à vingt kilomètres de Lelujewa et avait eu quelque peine à les décider à renoncer à leur équipage.

Leur travail n'était pourtant pas irréprochable. Nombre de plaquettes s'étaient brisées ou détachées en route et avaient dû être remplacées. Mais tout était pour le mieux, puisque, malgré tant de contrariétés, nous étions arrivés à bon port, après une course de près de 120 kilomètres.

De Kosmodemiansk, 6 décembre 1867.

La neige a repris jeudi soir et n'a cessé de tomber pendant toute la nuit. C'était une sorte de grésil qui s'abattait en tourbillonnant, quoiqu'il y eût très-peu de vent. Il se tassait en touchant la terre, et formait une croûte assez résistante pour supporter des voitures légères. Cependant nous n'avons quitté Lelujewa qu'un peu tard.

J'ai voulu laisser à nos amis le temps de faire consolider les roues de leur tricycle. Ils avaient l'intention de les entourer d'une large bande de tôle, mais je les en ai dissuadés. La tôle ploie, se fausse contre un obstacle, et n'offre pas la résistance élastique du bois. Ils se bornèrent, sur mon conseil, à faire provision de planchettes de sapin, plus régulières et mieux taillées que celles dont ils s'étaient servis la veille. Ils firent remplacer celles qui avaient souffert ou qui n'étaient pas bien placées. Il ne fallait pas compter pouvoir faire exécuter un travail de précision par les ouvriers rustiques qu'on mit à notre disposition ; mais, à défaut d'habileté, ils montrèrent une complaisance extrême, et le tricycle fut arrangé très-solidement. Il ne s'agissait d'ailleurs que d'une besogne provisoire et que l'hiver devait rendre inutile.

Nous partîmes à dix heures du matin et prîmes notre essor avec assez de facilité. Grâce à nos larges roues, nous glissions à la surface du sol sans patiner, et nous atteignîmes aisément la vitesse de la veille. Le tricycle nous aurait dépassés, si ces messieurs avaient travaillé tous les trois de compagnie. Mais comme la dépense de forces de leur véhicule était assez élevée, ils se relayaient sagement, de façon à fournir une course continue.

Quand j'ordonnais un temps d'arrêt et que notre allure se ralentissait, un craquement avait lieu, et nous enfoncions plus ou moins profondément dans la neige. Il fallait déployer des efforts particuliers pour nous remettre en route et retrouver une vitesse qui ne laissât pas au sol glacé le temps de s'effondrer sous notre passage.

A midi, nous arrivâmes à Ostaszycha, à 35 verstes de notre point de départ, et, pour n'y plus revenir, s'il m'échappe de me servir du nom des mesures nationales russes, je vous rappelle, mon cher Jacques, que la verste est égale au kilomètre, à un vingtième près. Comme je ne vous donne que des mesures approximatives, vous serez donc suffisamment renseigné.

Ostaszycha est un modeste village en plaine, où nous trouvâmes un excellent accueil, mais peu de provisions. Nous voyagions heureusement de conserve avec la talenta, conduite par l'honnête Michel, qui enlevait ses chevaux au grand trot, au galop quelquefois, et qui nous suivit bravement, faisant ses quinze kilomètres à l'heure, comme les meilleures malles-poste de France. C'était un garde-manger ambulant qui nous accompagnait partout, et qui nous permit de faire un excellent déjeuner. Nous donnâmes à manger à nos hôtes, à la manière espagnole, comme de grands seigneurs.

Une heure après, nous remontions à bicycle, pour toucher à Vazil à quatre heures, et à Kosmodemiansh à sept heures du soir, ayant fait dans notre journée une étape à peu près semblable à celle de la veille.

Le froid est décidément un excellent auxiliaire pour nous, et, sous l'influence d'une bise aigre et piquante, nous marchons des heures entières sans nous en apercevoir. Il est vrai de dire que nous tenons depuis deux jours une allure très-modérée, si vous vous rendez compte de la dimension de nos appareils. Elle équivaut à une vitesse de 10 à 12 kilomètres à l'heure pour des bicycles ordinaires, soit une demi-vitesse de course tout au plus.

Ajoutez à cela l'admirable organisation de nos montures, dont les axes sont entourés de petites sphères massives d'acier, qui ne nécessitent aucun graissage, aucun soin, et dont la solidité n'a d'égale que la douceur. C'est à Pétersbourg que j'ai fait apporter ce perfectionnement à la construction de nos instruments de voyage.

La fin de la journée a été mauvaise. Une heure avant d'arriver à Kosmodemiansh, la neige, qui ne s'était pas montrée de tout le jour, a recommencé à tomber. Le vent s'adoucissait et tournait sensiblement au sud, mais pas assez pour provoquer le dégel. La neige, au lieu de flotter eu poussière, s'abattait lentement et à gros flocons. Elle nous opposait toutefois peu d'obstacle, car elle avait à peine dix centimètres d'épaisseur quand nous arrivâmes à destination.

Au moment où je vous écris, elle tombe avec persistance. Serge craint que l'hiver ne soit pas encore fixé. Et moi, je trouve que nous n'avançons guère.

La route impériale, que nous suivons, se bifurque à Kosmodemiansh. L'une de ses branches remonte au nord par Iaransk et Porietchlakschikouberkial, — un joli nom russe que je n'invente pas, je vous prie de le croire; — l'autre continue à l'est par Kazan, suivant en partie le cours du Volga. Toutes deux sont d'égale longueur et font un coude en sens inverse pour se rejoindre à Debesi, à quelque distance de Perm. A vrai dire, je n'avais aucune préférence, et je me rendis à l'avis de Serge, qui m'engagea à passer par Kazan, où nous trouverions plus facilement à renouveler nos provisions de bouche.

Je vais me coucher; bonsoir. La neige tombe toujours.

7 décembre 1867.

Nous n'avons pas quitté l'auberge de la journée. Cependant la neige a cessé ce matin, et le temps donne des espérances. Il y a positivement une recrudescence de froid.

A mon lever, je suis descendu mesurer l'épaisseur de la couche glacée qui nous retenait prisonniers. J'en ai eu par dessus les genoux et suis rentré en maugréant un peu. Mes compagnons ne semblaient pas aussi contrariés qu'ils auraient dû l'être, et, quand ils ont appris que nous étions consignés, ils ont presque battu des mains.

— Enfin! s'est écrié Albert, nous allons joliment nous amuser!...

Abel dressait déjà une table ronde, pendant que Serge battait les cartes. Je n'ai aucun préjugé contre le jeu. Je ne voyais aucun inconvénient à ce qu'on se gagnât mutuellement des sommes qu'on aurait difficilement l'occasion de dépenser, — sans compter le champ offert aux revanches par le temps, l'avenir et les circonstances. Je me suis donc assis, avec Victorine, autour d'un tapis vert figuré par une houppelande que l'hôte trouva dans sa garde-robe et qu'il nous donna pour son manteau de noces.

Un poêle ronflait dans l'appartement, car on ne se chauffe nulle part aussi bien qu'en Russie. C'est dans une atmosphère tiède qu'Albert commença à tailler un baccarat avec l'habileté d'un vieux croupier.

Ce jeu n'est pas difficile, et Victorine y fut bientôt savante. Comme toutes les femmes, elle s'animait pour des babioles, et se passionnait singulièrement en présence des caprices du hasard.

Ce n'était pourtant pas la vue et le maniement de l'or qui pouvaient exciter sa convoitise : nous avions créé, pour le besoin des transactions, une sorte de papier-monnaie de facile circulation. Elle l'avait d'abord regardé avec un peu de dédain ; mais, quand elle nous le vit prendre au sérieux, elle en fit plus de cas.

On sait comment se conduisent les parties jouées entre camarades qui ont à dépenser quelques heures d'oisiveté. On se promet de régler le jeu d'une façon raisonnable, de borner les pertes dont on fixe le maximum ; on débute avec les intentions les plus sages. Au bout de quelques heures, tout est oublié, les limites sont franchies, et l'on se trouve en face de pertes ou de gains qu'on ne s'explique pas.

Nous cédâmes peu à peu à cet entraînement. A un moment donné, Victorine eut dix mille francs devant elle, et, quoiqu'ils fussent représentés par des morceaux de carton, elle manifesta l'intention de se retirer :

— Si je ne joue plus, dit-elle, qui me paiera tout cela ?

— Le premier venu d'entre nous, répondis-je ; nous sommes tous solidaires ici.

Elle releva la tête.

— Est-ce que j'ai mal parlé ?

— Pas précisément, lui dis-je ; mais je m'étonne de vous voir prendre vos sûretés.

— C'est que je n'ai jamais eu tant d'argent à moi.

— Est-ce que je vous en ai refusé, ma chère ?

— Oh ! fit-elle, ce n'est pas la même chose.

Après quelques instants de silence, interrompus par le seul argot du jeu, dont les termes s'abattaient sur la table avec les cartes, je dis à Victorine :

— Comment auriez-vous fait, mon enfant, pour payer ces dix mille francs, si au lieu de les gagner, vous les aviez perdus ?

— J'y pensais depuis un moment, dit-elle, et je crois que j'ai eu tort.

— Bah ! vous êtes plus solvable que vous ne pensez.

Une heure après, elle avait perdu ses bénéfices et s'était quelque peu endettée, ce qui assombrissait sa physionomie.

— Voyons, lui dis-je, qu'est-ce que cela vous fait ? A quoi vous servirait l'argent dans les déserts que nous allons parcourir ?

— Alors, répondit-elle un peu vivement, pourquoi jouons-nous ?

— Mais, pour passer le temps. Ne vous en étiez-vous pas aperçue ?

Nous ne nous levâmes que pour déjeuner, en nous promettant de reprendre après le repas la partie interrompue. Mais la réflexion changea mes idées à cet égard.

Je me sentais alourdir dans cet air chaud, chargé de miasmes et de vapeurs. Mes compagnons éprouvaient des sensations analogues. Cette vie renfermée contrastait trop avec nos courses au grand air pour ne pas nous déranger. Aussi proposai-je à nos amis une promenade de digestion, qui nous permettrait de donner à Victorine une leçon de géographie.

— Où voulez-vous promener ? demanda Albert.

— Devant la porte.

Nous nous rendîmes en effet dans la cour de l'auberge, où, à l'exception d'un passage pratiqué par les gens de la maison, nous nous trouvions cernés par deux pieds d'une neige éblouissante.

— Il s'agit, dis-je, de faire une grosse boule, sur laquelle nous démontrerons *de visu* à mademoiselle Victorine, comment nous allons passer d'Europe en Amérique par un chemin peu fréquenté.

Ce projet fut accueilli par des acclamations, et l'on oublia le froid assez vif pour ramasser de la neige à poignées.

Une boule de moyenne grosseur fut d'abord façonnée et augmenta rapidement de volume en roulant çà et là. Au bout d'une demi-heure, elle avait acquis une rotondité respectable ; une demi-heure après, elle mesurait cinq pieds de diamètre, et nous avions quelque peine à la mettre en mouvement. On s'arrêta pour en rectifier la forme, pour corriger quelques courbes défectueuses et l'élever au rang de globe terrestre. Je n'ai pas besoin de dire qu'une singulière gaîté présidait à cet exercice.

Je commençai mes démonstrations, pendant que Serge, armé d'un couteau, traçait sur la boule les principaux contours des mers et des continents. Albert marquait de petites fiches de bois les principales capitales du monde ; Abel, par un raffinement intelligent, indiqua, par de longs soulèvements, les chaînes importantes de montagnes, et des morceaux de papier rouge simulèrent très-convenablement les flammes des volcans.

Une fine poussière de charbon, répandue sur la surface des eaux, acheva de les distinguer de la terre ferme, et pendant que nos amis perfectionnaient leur ouvrage, je débutai assez maladroitement dans mon rôle de professeur.

Je crois que je pris la chose de trop haut ou de trop loin. J'essayai d'expliquer à Victorine que la terre, ronde comme la boule qu'elle voyait devant elle, au lieu d'être placée dans une cour d'auberge, flottait dans l'éther comme une plume que porte le vent, et suivait une route uniforme et régulière. Trop polie pour me démentir, elle ne fit aucune objection, ce qui me parut de mauvais augure. Je me rabattis sur des considérations moins élevées, et lui désignai la route que nous voulions suivre sur la sphère terrestre. Un ruban de couleur marqua notre itinéraire, et elle s'étonna de n'y voir qu'une enjambée assez facile à franchir.

La distance de Paris à Novogorod, que je lui donnai pour

point de comparaison la fit cependant réfléchir, surtout quand elle apprit que nous ne devions plus compter sur les lignes de fer et les ressources que nous avaient offertes les grandes villes. Enfin, le début de notre voyage, qui nous confinait dans une misérable auberge, à quelques lieues de notre point de départ, nous donnait un aperçu des difficultés auxquelles nous devions nous attendre...

Elle m'écouta avec un grand sang-froid, et me demanda ensuite :

— Pourquoi me dites-vous cela ? Est-ce que vous croyez me décourager ?

— J'essaie, lui dis-je, car si vous deviez renoncer à nous accompagner, il vaudrait mieux que ce fût maintenant que plus tard.

— Et, dit-elle en réfléchissant un peu, pourquoi ne m'avez-vous pas parlé ainsi plus près de Paris encore, quand Jacques cherchait lui-même à m'effrayer et à me retenir ?

— Ma foi ! lui répondis-je franchement, c'est que je me suis attaché davantage à vous, et que si je consens à risquer ma peau et celle de ces messieurs, qui savent à peu près où nous allons, j'ai des remords vis-à-vis d'une femme, qui s'imagine peut-être faire un voyage d'agrément et de convenance.

— C'est trop de raisons, dit-elle. Il ne faut pas revenir sur les choses arrêtées. Où vous irez, j'irai.

Pendant que nous causions ainsi, Abel et Albert s'étant concertés, mettaient Michel en réquisition, et se munissant de pelles, prenaient possession d'un angle de la cour, à vingt-cinq pas environ de la place où nous nous trouvions. Là, sans nous prévenir, à l'instar de l'oncle Toby et du caporal Trim, ils traçaient une ligne de fortifications dont ils commençaient à élever les parapets. Grâce aux outils dont ils étaient munis, leur besogne allait vite, et nous nous demandions quelles pouvaient être leurs intentions, quand nous leur vîmes ménager des meurtrières évidemment dirigées vers nous. Je tins conseil avec Serge et Victorine, qui paraissaient enchantés de ce nouvel incident, et, comme le mur d'enceinte s'élevait déjà à hauteur de poitrine, nous jugeâmes à propos d'entamer les hostilités. Un feu de peloton, ou de pelottes de neige, atteignit les constructeurs qui changèrent aussitôt de tactique. Michel fut chargé de continuer les travaux du génie, et ils prirent sur eux de les défendre. Ils ripostèrent à notre attaque, et la bataille fut engagée.

Si vous étiez un homme grave, mon cher Jacques, — Dieu veuille éloigner ce calice de vous et de vos amis ! — vous hausseriez les épaules à cet endroit de mon récit. Mais je sais à qui je m'adresse. Je ferai, d'ailleurs, amende honorable, si vous m'indiquez une meilleure manière de tuer le temps, dans les circonstances où nous étions placés.

Je ne vous décrirai pas toutes les péripéties de cette lutte mémorable. Je remarquai que les assiégés ménageaient ouvertement Victorine, et que leur feu s'adressait de préférence à Serge, tant les préventions nationales ont de racines, même dans les cœurs les plus généreux. Ce dernier répondait aux attaques avec une extrême vivacité, et je le soutenais de mon mieux, pendant que notre compagne nous faisait passer des munitions.

Cependant l'ennemi prenait des avantages inquiétants. La forteresse s'élevait imperturbablement, et Michel, esclave de sa consigne, loin de se laisser distraire par quelques volées de neige que nous lui avions adressées, plaçait à chaque instant de nouvelles assises sur les murs. Nous ne pouvions plus apercevoir nos adversaires, et pour les atteindre, il nous fallait transformer nos balles en bombes, et les leur envoyer sur la tête, en leur faisant décrire une

parabole au-dessus de la citadelle. Les assiégés, sentant leur force, profitaient habilement de leur position, et nous visant à coup sûr par les jours qu'ils avaient ménagés, nous envoyaient des poignées de neige en plein visage. J'avoue que je commençais à songer à la retraite... C'est alors que Serge montra les qualités stratégiques qui lui étaient naturelles, et qu'il eut une de ces inspirations qui, sur un plus vaste théâtre, décident quelquefois du sort des empires.

Il comprit l'inanité de nos efforts et fit suspendre le tir, pendant que l'ennemi nous raillait et consolidait ses lignes de défense. Il jugea de la situation d'un seul coup d'œil : la cour était en partie déblayée, grâce aux munitions que nous lui avions empruntées et aux matériaux employés à la construction du fort. Une surface unie et glissante, à peine semée de quelques débris, nous séparait de l'ennemi. Auprès de nous se dressait, immobile, l'énorme sphère qui m'avait servi à parler si savamment. Serge nous l'indiqua d'un geste significatif. Nous comprîmes à demi-mot..... C'était le bélier, la catapulte, le cheval de bois qui devait renverser les remparts d'Ilion. Déjà, à diverses reprises, nous nous étions réfugiés derrière cet abri naturel, sans songer au rôle actif que nous pouvions lui faire jouer. Nous nous précipitâmes sur la boule immobile, et elle s'ébranla sous nos mains qui la poussaient vers l'ennemi.....

Au premier choc, une lézarde profonde se dessina dans le mur, et la boule revint vers nous, légèrement aplatie. La garnison poussa un cri d'alarme, auquel nous répondîmes par des acclamations. La sphère revint à la charge, lancée par un élan irrésistible, décuplé par la certitude du succès. Tout fléchit devant elle, et les remparts du fort s'écroulèrent sur ses défenseurs....

En ennemis généreux, nous volâmes à leur secours, car ils étaient littéralement enterrés sous la neige. Ils furent

bientôt sur pied, et se rendirent à merci. La paix fut conclue.

Ainsi finit ce combat qui nous mit dans une gaîté qui dura jusqu'au soir. Le vent du nord soufflait, d'ailleurs, franchement, et nous donnait l'espoir de continuer notre route le lendemain. Il ne contribua pas peu à notre bonne humeur.

Au souper, Albert et Abel agitèrent une question importante. Il s'agissait de décorer Michel du ruban de la Légion d'honneur, en souvenir des services rendus par lui dans cette journée. — Mais Serge s'y opposa, affirmant que l'excellent homme prendrait la chose au sérieux.

— C'est bien ainsi que je l'entends, répondit Albert. Mais ce mot fut perdu.

On aurait volontiers repris les cartes dans la soirée, mais je m'y opposai formellement, quoiqu'on me demandât modestement une heure de revanche. Je savais fort bien que l'heure s'allongerait de quarts d'heure de grâce et finirait par se prolonger jusqu'au lendemain, sans qu'on y prît garde. D'un autre côté, la température s'était abaissée, et l'on s'accordait à prédire une forte gelée pour la nuit. J'insistai donc pour qu'on se montrât raisonnable, et nous nous séparâmes de bonne heure.

De Svijajsk.

Le lendemain, aux premiers rayons du jour, nous étions debout, et je constatai avec une extrême satisfaction que la neige tassée et contractée par le froid nous offrait une route superbe, unie et parfaitement glissante.

Cette dernière qualité ne pouvait que m'être agréable, car vous savez que nos bicycles sont organisés de façon à éviter le patinage. Mais elle inquiéta nos jeunes gens à l'endroit de leur tricycle. Ils firent appeler le forgeron du pays qui couvrit leurs roues d'aspérités, au moyen de coups de ciseau.

Pendant qu'ils prenaient ces précautions, j'essayais le terrain avec Victorine. Nous le trouvâmes presque aussi doux, — presque aussi roulant, pour me servir d'un terme technique, — que les rails sur lesquels nous avions voyagé. Cela me décida à faire usage de nos rouages, et à monter nos bicycles à vitesse double, c'est-à-dire de façon à obtenir deux tours de roues pour un tour de pédale. Je ne me dissimulais pourtant pas que nous ne pourrions atteindre aux résultats d'autrefois, car nous devions rencontrer des pentes plus prononcées que celles des voies ferrées. Il fallait nous attendre à gravir les montées, sinon avec difficulté, du moins avec une fatigue sérieuse. La contrée est heureusement peu accidentée.

Ces préparatifs nous prirent une bonne heure, et le soleil montait à l'horizon quand je donnai le signal de départ. Le tricycle s'élança avec une telle rapidité que nous eûmes d'abord peine à le suivre....

Mais ce beau feu ne dura pas longtemps. Ces messieurs, entraînés par une facilité de traction qu'ils n'avaient pas encore éprouvée, et par le besoin de réagir contre le froid assez vif qui se faisait sentir, se livraient à une gymnastique désordonnée. Grâce aux grandes roues du tricycle et à la frénésie de leurs mouvements, ils avaient pris les devants et nous obligeaient à presser le pas pour ne pas les perdre de vue. Mais on pouvait prédire à coup sûr qu'ils ne conserveraient pas longtemps une pareille allure...

En effet, quand ils se furent suffisamment échauffés, ils sentirent la nécessité de tempérer leur fougue. Mais ce ne fut pas aussi facile qu'ils le pensaient. Au bout de quelques minutes, Albert, qui s'était arrêté, nous cria qu'il gelait sur place, et fut obligé de reprendre son rôle de moteur...

Pendant ce temps, je courais avec Victorine dans des conditions excellentes, à double vitesse, faisant, sans exagérer nos mouvements, 20 à 25 kilomètres à l'heure. Je fis quelques remontrances à nos jeunes gens et les engageai à ne pas se laisser griser par la vitesse, et à se relayer à de très-courts intervalles, de manière à n'avoir pas le temps de se refroidir...

A neuf heures, nous passions à Soundirewka où nous ne voulions pas nous arrêter; mais Michel, qui connaissait l'endroit pour un excellent pays de chasse, y fit emplette de gélinottes et de coqs de bruyère destinés à figurer dans nos approvisionnements. Il nous rejoignit avec la talenta, notre garde-manger ambulant, à Tchebokza où nous déjeunâmes. Mais il arriva au moment où nous allions partir.

Il était difficile, en effet, aux chevaux de poste dont nous faisions usage, malgré leur vigueur et leur jeunesse, de suivre notre course sur la glace. Cela humiliait profondément Michel qui considérait nos montures avec une sorte de crainte superstitieuse....

— Il semble, disait-il, que le diable vous emporte quand vous êtes là-dessus... Et, malgré nos plaisanteries, il se refusait à essayer nos bicycles.

Nous nous remîmes en route à onze heures, à peu près

dans les mêmes conditions, sauf que la route devint plus accidentée et présenta d'assez longues pentes ascendantes. Nous avions la ressource de louvoyer quand elles devenaient trop rudes, mais cela nous retardait et nous fatiguait en même temps. Aussi, bien que je fusse parti avec l'intention d'aller à Kazan dans la journée, il fallut y renoncer. Nous traversâmes Bischowa à 2 heures, et le jour tombait quand nous arrivâmes à Svijajsk, où nous fîmes définitivement halte. Michel ne tarda pas à nous rejoindre, car la nature du terrain lui avait donné des avantages sur nous.

La seule auberge du pays ne présentait pas de grandes ressources, mais la taleuta n'était pas loin. Malheureusement nous avions affaire à des hôtes qui ne possédaient pas les notions les plus élémentaires de la cuisine. Nous allions nous en inquiéter, quand Michel parut, ceint d'un grand tablier et récurant une casserole. Il nous offrit de préparer notre repas, assurant qu'il était d'une famille où l'on naissait cuisinier. Serge penchait à le croire; mais je n'avais qu'une confiance médiocre dans ses assertions.

Heureusement pour nous, Victorine se piqua d'honneur. Elle disparut quelque temps avec la maîtresse de la maison, femme d'une taille avantageuse, et nous revint, habillée à la Russe, sauf que ses jupons étaient un peu courts, ce dont personne ne se plaignit.

Elle réclama le titre de cuisinière ordinaire de la troupe, et prit sous ses ordres Michel et les filles de la maison, qui protestèrent de leur zèle. Une heure après, les ragoûts chantaient sur le feu et répandaient des parfums appétissants.

Quoique les mets ne fussent peut-être pas confectionnés dans toutes les règles, — les accessoires manquant, à ce qu'assura Victorine, — le repas fut trouvé excellent et nous

rappela les saveurs de la cuisine française. A la demande générale, Victorine se para d'un cordon bleu en sautoir pour présider au repas qu'elle nous donnait ; son talent était réel, quoique accusant une tendance trop marquée vers l'innovation et les recherches. Je sais que ce sont les traits qui distinguent les grands cuisiniers, mais cette voie est dangereuse. Je citerai, entr'autres, des gélinottes à la Marengo qui m'inspirèrent de la défiance. Les gélinottes, dépecées et convenablement frites dans l'huile, avaient été passées dans un coulis avec des écrevisses, des croutes de pain grillées et des œufs frits. Mais, par une inspiration que je n'appréciai pas, le chef avait combiné le tout, au dernier moment, avec des pommes de terre frites et du pâté de foie gras. A parler franchement, c'était une préparation hybride et sans conviction.

Je n'exprimai pourtant pas ma pensée à cet égard, car notre amie semblait très-fière de son œuvre. Serge s'en aperçut et, par galanterie, fit disparaître ce qui restait dans le plat, sans en laisser le moindre vestige. On est heureux de pouvoir mettre aussi complétement l'appétit au service de l'amour.

Nous avions fait dans la journée un essai général de nos lunettes cendrées qui, en dehors de leur utilité, avaient eu un véritable succès. Grâce à leur emploi, nous pûmes braver impunément l'éclat de la neige dont nos amis commençaient à se plaindre amèrement.

Nous allions nous coucher, quand Michel nous proposa d'acheter des corbeilles de sterlets du Volga qu'on venait de lui proposer. «Nous serons bien aises de les trouver dans quelques jours, » dit-il... Cette façon d'envisager le poisson, comme aliment, nous rappela celle de Bilboquet, remettant à quinze jours l'achat de la carpe qu'il avait marchandée....

La vue du poisson nous expliqua tout. Gelé jusque dans ses dernières fibres, il avait la dureté du marbre. On le conserve ainsi des mois entiers sans altération, et quand on veut le manger on le fait dégeler dans l'eau froide.

De Kazan, le 9 décembre 1867.

Je ne sais si vous nous suivez sur la carte, mon cher Jacques, mais il est certain que depuis notre départ de Novogorod, nous allons à pas de tortue. Ce n'est pas que nous n'ayons fait quelques bonnes journées de course, mais cela n'a rien de régulier, et je voudrais nous voir entraînés d'une manière plus sérieuse. L'homme propose et le mauvais temps dispose.

Nous sommes arrivés ce matin de Svijajsk à Kazan en deux heures, qui nous ont suffi à franchir les 30 kilomètres qui séparent ces deux villes. La route était bonne et la neige se consolidait.

A peine descendus de nos Vélocipèdes, j'ai mis les meilleurs ouvriers du pays en réquisition, et leur ai confié les bicycles de nos amis, ainsi que divers travaux de carrosserie dont l'expérience m'a démontré l'utilité. Je les stimule par l'appât d'un gain élevé, car je tiens à profiter de ce temps sec et froid pour avancer vers l'est et traverser les monts Ourals dans de bonnes conditions.

De même que les cavaliers s'occupent de leurs chevaux, en arrivant à l'étape, de même nos premiers soins sont pour nos bicycles, quand nous mettons pied à terre, après nos courses quotidiennes. Je me suis même opposé à ce que nos compagnons épargnent à Victorine cette corvée, que je considère comme un devoir. Elle est aussi experte que moi maintenant; elle démonte et rajuste son Véloce avec une grande habileté, et sauf de rares exceptions, nous ne nous couchons guère sans avoir préparé nos montures pour le lendemain.

Nous avons passé l'après-midi à visiter Kazan, très-vieille ville d'origine tatare, qui ne manque pas de couleur et dont la situation est fort pittoresque. Elle ne compte pas moins de cinquante mille âmes et fait un commerce important. J'y trouvai quelques objets que je joignis à nos approvisionnements qui sont considérables. Il est vrai que nous comptons sur la talenta. Le jour où nous la quitterons, nous laisserons avec elle le superflu qui nous accompagne.

Serge nous conduisit au Musée où l'on conserve la galère sur laquelle la grande Catherine visita ses états, accompagnée des ambassadeurs des principales puissances européennes et du célèbre Potemkin. Victorine demanda des renseignements sur ce dernier, et Serge répondit avec beaucoup de sang-froid que c'était l'ami de l'impératrice. Mais au sourire que nous ne pûmes réprimer, notre amie comprit qu'un sentiment de convenance avait altéré la vérité dans la bouche du jeune homme.

Nous rentrions à l'hôtel, quand nous reçûmes une invitation du gouverneur, que nous crûmes devoir accepter. Il nous reçut au Kremlin, — car on donne ce nom en Russie à tous les palais occupés par les autorités civiles, — et nous fit un accueil distingué. Le Kremlin de Kazan est situé sur une éminence d'où l'on domine la ville et les environs. Nous trouvâmes au palais, outre le commandant et sa fa-

mille, un grand nombre d'officiers supérieurs dont les poitrines étaient constellées de décorations. Victorine n'avait pas manqué de se mettre en grande toilette et fut reçue par les dames avec une admiration mêlée d'épouvante. Quand on apprit que nous avions été admis chez l'Empereur, notre crédit s'en accrut, et la plupart des officiers vinrent nous demander de ses nouvelles avec une sollicitude filiale.

On nous servit un souper splendide, où nous retrouvâmes, non-seulement la cuisine française, mais les fruits de notre pays et les oranges de l'Italie. Le champagne coulait à flots, et je me demandai comment la France pouvait suffire à une consommation pareille. Mais Serge me raconta que le champagne russe était préparé en grande partie avec la sève du bouleau, qui a des qualités mousseuses. Il suffit que le bouchon saute bien pour que les convives soient contents. A l'encontre des gourmets qui débouchent le champagne quelques heures avant de le boire, on ne l'apprécie ici qu'en raison de la détonation qu'il produit.

Je pressai notre retraite, afin de partir le lendemain au point du jour. Ce point du jour ne luit guère avant huit heures du matin.

De Perm, le 11 décembre 1867.

Enfin, j'ai pu réunir autour de moi toute une caravane de bicycles, et c'est avec un sentiment de fierté que je me suis mis à la tête de ce bataillon. Nous n'avons pas abandonné le tricycle pour cela ; il est soigneusement démonté, et nous suit ou nous précède dans la talenta, car Michel prétend ne pas rester en arrière, et je prévois qu'il nous sera difficile de le renvoyer. Il montre d'ailleurs un zèle et un dévoûment tels, que je ne suis pas éloigné de l'attacher à l'expédition.

Un certain nombre d'habitants de Kazan nous ont fait la conduite, et ont assisté, non sans quelque étonnement, à notre départ. Nous nous sommes gravement affublés de nos lunettes à verres colorés ; les messieurs ont allumé des cigares ; Victorine s'est élancée, et nous nous sommes éloignés au milieu des hurrahs.

La route m'ayant paru excellente et à peu près horizontale, les bicycles ont été montés à double vitesse, et nous nous sommes dirigés vers le nord-ouest avec une grande rapidité. La couche de neige glacée qui couvre le pays est tellement épaisse, qu'il n'est point utile de suivre rigoureusement la route impériale, et pour peu qu'on ait avantage à prendre à travers champs, on ne se gêne pas. Michel était parti un quart d'heure avant nous et nous avait donné l'exemple. A quelque distance de Kazan, grâce à d'immenses plaines nues, dont la monotonie n'est interrompue que par des massifs de sapins et de mélèzes, nous l'aperçûmes à l'horizon comme un point noir, et le prîmes pour but de notre course. Une demi-heure après, nous l'avions rejoint et nous le dépassions, malgré les coups de fouet et les discours dont il animait son attelage. A onze heures, nous descendions à Arsk, où nous devions déjeuner, après un trajet de 60 kilomètres.

Ce n'est qu'après un repos de deux heures que nous nous remîmes en route, pour arriver à Malmisch à cinq heures du soir, après une étape un peu plus longue que celle de la matinée. Malmisch est le point de jonction de quatre grandes routes qui réunissent Viatka, Ufa, Perm et Kazan; cette situation centrale lui donne une certaine importance. Nous tombâmes à l'auberge en plein repas de noces : on mariait la fille de la maison. Ce serait un beau prétexte pour vous faire la description des cérémonies et des réjouissances locales, mais cela nous entraînerait trop loin.

Victorine passa la soirée à jouer avec les enfants qui remplissaient la maison. Elle fit quelques présents à la mariée, qui était jolie, pâle et neigeuse, comme le fit remarquer Albert, qui affirma qu'elle aurait un grand succès à Paris. Serge observait avec un intérêt extrême la physionomie de notre compagne, et lançait, avec une maladresse naïve, des allusions au bonheur des jeunes ménages et aux chaînes de l'hyménée. Il devenait insupportable, malgré son désir évident d'être aimable. Nos Parisiens s'en aperçurent et se prirent à le railler finement sur ses inclinations conjugales. Cela déplut à Victorine, qui trancha la question assez vivement :

— Chacun a ses idées là-dessus, dit-elle, et l'on ne doit pas disputer de ces choses-là.

— Et peut-on savoir, dit Serge après un silence, ce que vous en pensez?

— Sans doute. Je ne me marierai jamais.

— Et pourquoi cela?

— Je suis trop grande.

— Par exemple! répondit-il, je suis aussi grand que vous....

Il devint immédiatement fort rouge, car cela pouvait être pris pour une déclaration directe. Victorine parut un peu embarrassée, mais elle se remit promptement.

— Bah! dit-elle, c'est bien différent; un homme n'est jamais trop grand. Et puis, cela prouve que nous ne pensons pas de même.

Le lendemain, mercredi, une recrudescence de froid se fit sentir. Quand je sortis le matin, pour me rendre compte de l'état du temps, une brise aiguë m'assaillit et me fit l'effet de fines piqûres d'aiguilles sur le visage. Heureusement qu'elle venait de l'ouest, car il eût été difficile de voyager contre elle. Mais nous pouvions en retirer de sérieux avantages et profiter de sa poussée pour avancer d'autant. Nous prîmes de sérieuses précautions contre le froid, et couverts de manteaux et de fourrures, nous donnâmes le premier coup de pédale dans la direction de Perm.

Nous n'en étions pas à moins de deux cents kilomètres, et je ne pensais pas y arriver dans la journée; mais le vent nous fut un plus puissant auxiliaire que je l'espérais. Nous offrions à ses efforts une surface suffisante pour qu'il exerçât une action capable de vaincre la faible résistance du roulage de nos bicycles sur un terrain parfaitement uni ; les voiles étaient inutiles.

A midi, nous faisions notre première halte à Kilmes-Selti où Michel n'arriva qu'une heure après. A six heures, en pleine nuit, car le soleil se couche maintenant à trois heures, nous touchions à Perm, fort surpris de ne pas éprouver plus de fatigue. Il faut attribuer cela à l'excellence du chemin presque toujours horizontal, ou qui ne présente que des pentes douces inclinant vers Perm. Il nous était arrivé de passer dix minutes au repos, filant avec une rapidité de flèche sur la glace polie, sous l'influence d'une première impulsion entretenue par l'inclinaison de la route et la brise qui nous accompagnait.

Ce que j'admirais le plus, c'était la tenue et la solidité de nos deux Français. La taille de Serge et de Victorine et les immenses bicycles dont ils font usage expliquent la rapidité qu'ils atteignent ; j'ai pour moi des qualités nerveuses depuis longtemps acquises, — mais ces jeunes gens, habitués aux promenades du Bois de Boulogne, m'étourdissent, quand je les vois se maintenir sur la même ligne que nous avec des bicycles de 0,95 c. Il faut convenir que vos compatriotes ont, non pas seulement du nerf, — mais ce que je vous ai entendu appeler « du chien. »

Comme je leur en faisais des compliments à souper, cela parut les contrarier :

— Bah ! s'écria Abel, ce n'est rien que cela ; vous en verrez bien d'autres. Si nous ne nous retenions, Albert et moi, pour rester avec madame Victorine, nous vous aurions depuis longtemps laissés en arrière....

Cet aplomb me déconcerte toujours. Ajoutez qu'on ne sait jamais si ces messieurs sont sérieux ou non. C'était évidemment une plaisanterie, mais elle a été dite avec un tel accent que Serge y a été pris complétement.

J'ai été obligé de m'opposer le soir à un caprice assez étrange. Comme nous étions arrivés de nuit et que nous partions avant le jour, les jeunes gens proposèrent de visiter Perm aux flambeaux. Il fallut que notre hôte nous jurât qu'il n'y avait rien à voir de curieux dans la ville pour les faire renoncer à cette fantaisie.

D'Ekaterimbourg, le 14 décembre 1867.

Hé bien ! mon cher Jacques, nous avons accompli glorieusement une des parties les plus rudes de notre voyage, à mon avis du moins, car je m'inquiète davantage des obstacles naturels, que de ceux que peuvent me susciter les hommes ou les circonstances. Cette ligne immense des Ourals, qui part de la mer de Kara et se prolonge jusqu'au cinquantième degré de latitude, cette barrière formidable élevée entre l'Europe et l'Asie, ces Alpes du Nord ont passé sous nos pieds, ou du moins sous nos roues. Je ne puis dire cependant que nous les ayons franchies, puisque nous sommes établis à leur point culminant, et que la moitié du chemin reste à faire ; mais il ne s'agit que de descendre ; le difficile était de monter.

Notre éternel orgueil sera d'avoir gravi ces altitudes en Vélocipède. Si quelques obstacles nous ont arrêtés, si nous avons dû quelquefois prendre nos chevaux sur l'épaule, dans des passages dangereux, nous ne les avons guère quittés. Nous sommes arrivés tous, dessus ou dessous, comme les Spartiates avec leur bouclier, et Victorine elle-même a courageusement fait cette ascension. Ce n'est même pas elle qui a eu le plus de mal, et je l'ai vue quelquefois tendre la main à nos Parisiens distancés.

Tout cela a besoin d'être expliqué, car je ne vous fais pas un conte, et ce trajet prodigieux ne se comprend pas au premier abord. Nous n'avons pas à notre disposition ce tapis merveilleux sur lequel voyageaient les princes des *Mille et une Nuits*, mais de simples bicycles. Heureusement que le ciel s'est mis dans notre jeu, et que le vent d'ouest a été pour nous une Providence.

Après avoir terminé ma dernière lettre, datée de Perm, s'il vous en souvient, je voulus monter dans la chambre qui m'avait été réservée. Je trouvai nos deux jeunes gens en manches de chemise et Victorine en camisole, en grand conciliabule dans les corridors. L'hôte se démenait au milieu d'eux, et leur expliquait qu'il leur avait donné les meilleurs appartements possibles dans la ville la plus hospitalière du monde. Malheureusement, c'en est aussi la plus malpropre. Ces messieurs ne pouvaient pas se décider à s'étendre dans les lits qu'on leur offrait, et Victorine protestait avec éclat. Il fallait que la répugnance fut bien forte pour leur faire surmonter le sommeil et la fatigue qui les accablaient. L'aspect des chambres m'expliqua tout. Chaudes, moites, gluantes, elles conservaient l'odeur des moujiks qui les avaient habitées depuis plusieurs mois. Au plafond pendaient de longs festons de toiles d'araignées, auxquels se balançaient des insectes velus à pattes frémissantes. Une vermine confuse circulait sur les murs; les couvertures des lits s'agitaient et semblaient couver des monstres. Je congédiai l'hôte qui commençait à prendre de l'humeur et à accuser notre délicatesse. Perm est pourtant une ville de quinze mille âmes, mais ces façons de vivre sont traditionnelles dans le pays.

S'il eût été de meilleure heure, je serais allé demander l'hospitalité au gouverneur; au milieu de la nuit, il n'y fallait pas songer. J'envoyai Victorine coucher dans la talenta, remisée dans l'écurie; c'était, à côté de l'auberge, un véritable boudoir. Nos jeunes gens secouèrent quelques matelas qu'ils étendirent à terre, et s'y jetèrent

sans se déshabiller. Je suis plus facile à vivre encore, et le dos sur un fauteuil, les pieds sur le poêle, j'attendis le sommeil dans ce que vous appelez notre posture nationale.

Le jeudi matin, après une mauvaise nuit, on se réveilla de bonne heure, et nous n'eûmes rien de plus pressé que de fuir ce bouge infect ; notre hôte nous assura, en nous faisant ses adieux, qu'il tenait la première maison de la ville, et je ne suis pas éloigné de le croire. J'espère pourtant ne jamais vérifier le fait.

Aux premières lueurs de l'aube, après un thé bouillant, nous enfourchâmes nos bicycles. Michel avait pris les devants. Je constatai que la brise de la veille, loin d'avoir diminué, prenait une intensité singulière, et tournait un peu vers le sud. Serge s'en inquiétait, car cela pouvait entraîner un dégel, mais, en tout état de cause, il fallait profiter de l'auxiliaire qui nous arrivait.

Un quart d'heure après notre départ, j'ordonnai une halte, et nos bicycles déployèrent leurs voiles qui furent assujetties avec un soin particulier. Le sol s'étendait au loin, comme une glace polie, mais avec une tendance évidente à s'élever.

Nous étions à peine lancés que la brise nous emporta comme la veille. Nous filions avec une rapidité de flèche vers la chaîne de montagnes qui nous séparait de la Sibérie; notre travail était presque nul; nous nous contentions de diriger notre course et de guider nos bicycles. Cette allure était si douce, malgré sa vitesse, que nous éprouvions je ne sais quel sentiment de tranquillité et de bien-être. La neige sifflait sous nos roues qui ne faisaient que l'effleurer, et nous causions très-facilement.

Victorine s'informait du magnifique fleuve qu'elle avait aperçu en quittant Perm, et qui lui paraissait plus considérable que la Seine. Je l'étonnai beaucoup, en lui disant que les plus grandes rivières de France n'étaient que des ruisseaux en comparaison. J'exagérais un peu la différence, mais vous savez que la Loire, le Rhône et la Gironde sont en effet bien peu de chose à côté du Volga. Toutefois, j'ajoutai que le Volga à son tour était à peine digne d'être un affluent de nos fleuves d'Amérique.

— Vous m'étonnez, disait-elle, j'avais de la Seine une meilleure opinion.

— La Seine, dit

Albert, emprunte son importance au nombre de grisettes qui se précipitent du haut du pont des Arts. Au fond elle n'a rien de sérieux.

— Sans doute, dit Abel, on peut tout aussi bien se noyer dans une cuvette.

— Bah ! répondit la jeune femme, toutes les rivières sont les mêmes, quand on pense à la mer....

La discussion fut close. Nous avions dépassé depuis longtemps Michel, qui avait essayé vainement de nous suivre. Quand le vent fraîchissait, notre rapidité était vertigineuse. Je ne puis vous dire quelle intime et profonde volupté on ressent à se sentir glisser sur la glace avec une légèreté d'oiseau. Nos bicycles semblaient avoir des ailes, et volaient à la surface du sol, comme s'ils eussent été animés d'une vitesse intelligente.

A midi, nous nous arrêtâmes, frais et dispos, après avoir traversé Janiczi et Krilasoua, où nous causâmes quelque frayeur aux habitants. Nous déjeunâmes à Koungour. Là, je pris un guide qui me parut utile pour aborder les montagnes. Je lui recommandai de se joindre à la talenta qui allait arriver. Nous partîmes sans attendre Michel, car je prévoyais qu'il ne tarderait pas à reprendre l'avantage sur nous.

En effet, les terrains commençaient à onduler, en s'élevant toujours, faisant pressentir l'approche des Ourals, et nous étions à peine en route, que Serge, poussant un cri, nous montra leurs cimes bleues qui moutonnaient à l'horizon. Le ciel était laiteux, mais clair ; quelques nuages flottaient très-haut et ne paraissaient pas subir l'influence du vent qui soufflait à fleur de terre. Ce spectacle était nouveau pour Victorine. Elle regardait curieusement ces écrans gigantesques qui semblaient nous barrer le passage. Elle nous avoua n'avoir jamais vu de montagnes, si l'on en excepte Montmartre et le mont Valérien.

— Comment monterons nous là-haut? dit-elle.

— Avec nos bicycles, mon enfant.

— Et vous croyez qu'ils pourront nous y porter ?

— S'ils ne nous portent pas, nous les porterons nous-mêmes.

Plus nous avancions cependant, et plus la route devenait pénible. Le vent nous poussait vigoureusement, mais nous étions obligés de joindre nos efforts aux siens, quand les côtes devenaient roides. Il est certain que, sans son aide, nous serions restés en route. Notre travail, du reste, était fort irrégulier. Après nous être essouflés à gravir une montée, nous arrivions sur un plateau découvert, où le vent nous emportait comme une plume ; nous tombions quelquefois alors dans une dépression de terrain, sorte de vallée qui nous abritait, et qui nous obligeait à reprendre les pédales, pendant que la voile pendait inerte et flasque le long de nos mâts d'acier. Puis nous retrouvions les hauteurs, et le vent, non sans quelques secousses, s'emparait de nos instruments et les enlevait avec une force irrésistible.

La brise qui nous favorisait avait une tendance notoire à s'élever, et il suffit de réfléchir un peu, pour comprendre qu'il n'en pouvait être autrement. Les masses d'air qui se dirigeaient vers les Ourals, en rencontrant ces barrières naturelles, glissaient sur leurs flancs et remontaient leurs pentes, pour passer au-dessus et trouver une issue. De là, le mouvement ascensionnel qu'il était facile de prévoir, et qui nous rendait de grands services.

A six heures du soir, après une rude après-midi, nous arrivâmes à Zlatoutsowkoe, ayant franchi soixante werstes, qui nous avaient dix fois plus coûté que les cent kilomètres de voltige que nous avions faits dans la matinée. La talenta nous rejoignit avant d'entrer dans ce grand village, où nous fûmes accueillis avec une bienveillance mêlée de stupéfaction. Nous priâmes Serge de s'accommoder avec le Staroste et de nous débarrasser d'une curiosité qui devenait importune.

Il faut avouer que notre officier, avec son uniforme, nous est d'une grande utilité. Il faut imposer à la foule pour ne pas avoir à la craindre. Serge arrive, jure, tempête, commande, paie généreusement et, grâce à lui, nous trouvons les mains ouvertes et les figures souriantes.

Les bavardages de Michel ne sont pas non plus sans résultats, et je ne sais pourquoi il s'imagine que nous sommes des amis particuliers de l'Empereur. Il ne néglige rien pour répandre cette opinion dans les masses, qui ont ici le culte des pouvoirs établis.

Pendant que nos amis passaient la soirée à causer et à rire, j'interrogeais notre guide et les gens du pays sur l'état des routes que nous avions à suivre.

Leurs renseignements se trouvèrent d'accord avec ceux que me donnaient mes cartes spéciales.

La chaîne des Ourals, malgré son immense développement, n'a pas d'altitudes extraordinaires ni de hauts escarpements. Le soulèvement géologique qui l'a produite se manifeste par une lente élévation du sol du côté de l'Europe et de l'Asie, élévation qui arrive à former un large plateau, situé à douze ou quinze cents mètres au-dessus du niveau de la mer. C'est sur ce plateau que se dressent les monts Ourals proprement dits, dont la hauteur particulière ne dépasse pas trois à quatre cents mètres. On dirait des montagnes de beurre, affaissées sur elles-mêmes par l'action du temps.

Quelques facilités que cela put donner à notre voyage, le trajet eût été presque surhumain pour des Vélocipédistes, s'ils n'avaient dû compter que sur leurs forces personnelles. Ce qui me rassurait, c'étaient les sifflements du vent sur les poutres qui formaient les murs de l'auberge. Je n'avais qu'une crainte, c'est que cette brise carabinée ne persistât pas suffisamment. Cependant les anciens du pays s'accordaient à la croire durable ; mais ils ajoutaient, comme un ennui à redouter, qu'elle entraînerait probablement un changement de temps.

J'envoyai tout notre monde se coucher à neuf heures, et je m'endormis moi-même, après le souper, d'un sommeil un peu fiévreux. Cette montée des Ourals ne me sortait pas de la tête. Même en dormant, j'avais la conscience de la situation, et les craquements de la cabane, les hurlements désolés du vent me berçaient délicieusement. Après six ou sept heures de repos, un bruit effroyable me réveilla ; l'ouragan venait de renverser, auprès de la maison, un hangar qui menaçait ruines. Il était quatre heures du matin. J'ouvris les portes, j'appelai nos amis, je réveillai Victorine ; il était temps de partir.

Personne ne se fit prier, personne ne se fit attendre ; on comprenait comme moi l'urgence de la situation ; notre hôte, habillé à la hâte, et sa femme, grosse joufflue pacifique et ahurie, se levèrent aussi, mais pour pousser des cris et des gémissements. Le mauvais temps leur avait fait penser que nous allions nous établir chez eux. Ils ne comprenaient rien à notre départ.

— Bonté divine ! disait la femme, est-ce un temps à courir les chemins ! Vous allez vous perdre, bonnes gens, que Dieu vous protége ! Vous ne ferez pas deux werstes sans avoir les loups après vous ; attendez au moins qu'il fasse jour ! C'est au péril que vous courez....

Et la pauvre âme était si persuadée de nos dangers qu'elle pleurait à chaudes larmes.

— Encore, disait son mari, si vous aviez de bons chevaux ! mais sur vos barres de fer, c'est tenter le sort ; pourquoi ne pas attendre le jour ? Il fait un vent à tout renverser ; je sais que vous êtes les maîtres. Voyons, petit père, déjeune auparavant.

— Qu'est-ce qui vous presse de partir ? répétait l'hôtesse. La montagne n'est pas sûre; qu'il arrive de la neige, on ne vous reverra plus; avez-vous des médailles au moins ?

Nous n'avions pas de médailles, mais Fédérowka n'en manquait pas, et sur notre refus, elle en offrit une à « la jeune dame. »

Victorine accepta avec une certaine émotion; elle est facilement émue par ces sensibleries. Notre pauvre hôtesse était de bonne foi, et parut plus rassurée, quand elle lui eût passé au cou son amulette. Je donnai le signal du départ.

La nuit était grise plutôt que noire. La glace avait une phosphorescence particulière et la lumière semblait s'élever du sol. Les étoiles brillaient dans un ciel clair et froid avec une vivacité inaccoutumée. Le vent soufflait sur nos talons, et à peine avions-nous enfourché nos bicycles qu'il nous avait enveloppés et entraînés comme la veille. Michel et notre guide nous accompagnaient sur la talenta, lancée au galop.

A mesure qu'on gravit les contreforts des Ourals, le pays devient désert et les forêts se multiplient. Ce ne sont plus des bouquets d'arbres isolés rompant de loin en loin la monotonie de la campagne ; de grandes lignes noires se dessinent à l'horizon, s'élèvent lentement et se développent à perte de vue. Ce sont des forêts séculaires que n'atteint pas l'exploitation humaine et qui se composent presque entièrement d'arbres verts et résineux.

Le guide que j'avais pris nous était d'une grande utilité. La route se perd facilement dans ces ondulations perpétuelles de terrain. Il conduisait la talenta que nous avions quelque peine à suivre, malgré le vent qui gonflait nos voiles. Tantôt nous faisions d'immenses détours pour éviter un bois qui se dressait devant nous; tantôt nous pénétrions dans des avenues qui coupaient ces massifs de verdure sombre.

Je montrai une ou deux fois à Victorine des points rougeâtres qui brillaient dans leur épaisseur.

— Qu'est-ce que cela? demanda-t-elle.

— Des loups, mon enfant.

Mais l'hiver n'était pas assez avancé pour que les loups eussent grand faim, et soit que notre caravane leur parut trop nombreuse, soit que nos bicycles leur inspirassent de la frayeur, ils n'essayèrent même pas de nous suivre.

La talenta fut obligée de ralentir son allure pour ne pas nous laisser en arrière. Malgré la brise qui nous appuyait, nous ne faisions pas douze kilomètres à l'heure. Nos bicycles étaient montés à simple vitesse, et nos pédales décrivaient leur plus grand rayon. Malgré ces précautions, nous avions de pénibles moments à passer, et nous nous reposions avec plaisir aux relais de la voiture, où nous prenions une tasse de thé et quelques sandwichs avant de nous remettre en route.

Vers les huit heures, le soleil se leva derrière les Ourals, invisible pour nous. Mais ses premiers rayons colorèrent leurs cimes neigeuses de belles teintes roses. Nous demeurâmes muets et charmés à ce spectacle toujours nouveau. Le jour se répandait à flots, et sur un plateau lointain, nous apercevions la petite ville de Oezitskaja, où nous comptions nous arrêter. Il nous fallut toutefois plus d'une heure pour l'atteindre.

Cette étape de cinquante kilomètres nous avait éreintés, et après un déjeuner un peu trop confortable, je vis mes compagnons s'assoupir autour de la table qui nous avait réunis. Comme nous n'étions pas au bout des fatigues de la journée, je les laissai dormir jusqu'à midi. Dès que le soleil passa au méridien, je secouai mes dormeurs et donnai l'ordre de partir.

Mais les deux Français, après s'être concertés, demandèrent à me faire un discours. Ils me déclarèrent qu'ils n'en pouvaient plus, qu'ils se sentaient exténués, et qu'abjurant tout amour-propre, ils me conjuraient de les laisser se renfermer dans la talenta avec leurs bicycles; j'y consentis volontiers.

Mais j'observai qu'en se retirant, ils n'osèrent pas regarder Victorine, qui fit une imperceptible moue dans laquelle on pouvait lire un peu de dédain. Quand Serge arriva avec son bicycle:

— Il paraît, dit-elle, que vous n'allez pas avec ces messieurs.

— Moi, répondit Serge en rougissant un peu, je vais avec vous.

Cette idylle n'est pas dangereuse. Nous reprîmes notre route, toujours soutenus par le vent qui était un peu tombé. Cependant il nous poussait franchement encore, et à six heures du soir, sans autre incident qu'une lassitude mémorable, nous touchions à Bilimbawskoï, après une étape égale à celle de la matinée.

Nos jeunes gens arrivèrent frais et dispos, et cherchèrent à nous faire oublier, par leurs soins et leur bonne humeur, leur déplorable défection. Le souper fut plus gai que de coutume; l'auberge où nous étions descendus était à peu près propre, quoiqu'elle fût peuplée de bambins qui poussaient la familiarité jusqu'à monter sur nos épaules.

Victorine s'en réjouissait fort, mais ce qui l'agaçait,

c'était de voir les Ourals, que nous avions en vue depuis deux jours, s'éloigner sans cesse à mesure que nous avancions vers eux. Abel entreprit de lui expliquer cet effet d'optique et n'y réussit pas; de là, des rires inépuisables.

Cependant, le pays que nous traversions n'est pas fait pour inspirer la gaîté. Cette neige perpétuelle a l'air d'un linceul. Ajoutez à cela des jours de sept à huit heures et des nuits qui durent le double. Il y a vraiment de quoi broyer du noir.

Le samedi matin, au point du jour, comme je me levais, notre hôte vint me saluer et m'apprit qu'il ne nous était pas possible de partir.

— Et pourquoi? lui demandai-je.

— Mon frère, parce que voici la tempête. Ce n'est plus seulement le vent qui souffle, c'est la neige qui va nous arriver.

Le vent avait en effet tourné au nord et sifflait avec une acuité singulière. Des nuages plombés assombrissaient le ciel. Soixante kilomètres de montées, les dernières et les plus âpres, nous séparaient d'Ekaterimbourg. Nous tînmes conseil.

— Nous arriverons avec ce temps-là, dis-je à mes compagnons, plutôt qu'avec le beau temps. Mais nous courons le risque de ne pas arriver du tout.

Le guide, qui m'écoutait, fit un signe d'assentiment.

— Partons! s'écrièrent les jeunes gens avec enthousiasme....

Et nous nous élançâmes, toutes voiles dehors. Les premières heures de trajet se passèrent fort bien, et je crus d'abord avoir calomnié la route. Nous ne rencontrions que peu d'obstacles, et les pentes n'étaient pas plus difficiles à franchir que celles de la veille...

Sur les onze heures, les côtes cessèrent tout à coup et

nous abordâmes un plateau de plusieurs kilomètres d'étendue. Nous touchions enfin aux monts Ourals, qui s'élevaient en face de nous, et dont le pied s'appuyait sur le bord opposé de la vallée que nous avions à traverser. Une demi-heure après, nous déjeunions avec les provisions de la talenta, dans une cabane abandonnée qui touchait aux premiers escarpements. Nous levions les yeux de temps en temps vers les gorges qu'il nous fallait atteindre, et nous nous regardions ensuite sans rien dire.

La neige commençait à tomber, fine et peu abondante, mais comme nous la recevions dans le dos, nous n'y faisions pas grande attention. Un incident fâcheux survint; la voile du bicycle d'Albert, mal orientée, fut arrachée par le vent et emportée comme une feuille. Elle disparut au-dessus de nos têtes. Nous en avions heureusement plusieurs de rechange.

La route était toute tracée : il nous suffisait de suivre la voie impériale que montait la talenta, pour éviter les roches verticales et les accidents de terrain. Malheureusement cette route procédait par sinuosités extrêmes et revenait quelquefois sur elle-même pour gravir les flancs de la montagne. Il en résultait que l'action du vent, favorable quand nous allions à l'est, devenait incommode et même insupportable, quand nous changions absolument de direction.

Nous nous étions remis en marche, et nous ne tardâmes pas à en faire l'expérience.

Au premier tournant, le vent nous prit de côté et nous coucha sur la voie, sans coup férir, comme des capucins de cartes.

Nous étions dressés à ce genre d'exercice et tombâmes sur le pied droit, avec beaucoup d'aisance. Je fis immédiatement serrer les voiles et l'attirail léger qui les soutenait. Nos bicycles furent montés à petite vitesse, c'est-à-dire de façon à ne donner qu'un tour de roue pour une double révolution de pédales, cette révolution s'accomplissant sur le plus grand rayon possible. Après avoir pris ces précautions, nous tentâmes de nouveau la fortune, — et avec succès. Cette allure nous permettait de déployer une force considérable; nos siéges, rapprochés du gouvernail, nous élevaient presque directement au-dessus des pédales, sur lesquelles tout notre poids s'appuyait. Nous avancions presque aussi vite que la talenta, que ses chevaux ferrés à glace emportaient au petit trot sur les pentes neigeuses.

Quand la route allait en biais, Michel prenait l'avantage sur nous; mais, quand elle revenait à sa direction première vers l'est, le vent nous appuyait fortement, et, quoique nous n'eussions d'autres voiles que nous-mêmes, nous arrivions à courir avec une rapidité relative et rattrapions facilement la voiture.

Deux heures se passèrent dans cet exercice fatigant; les roues de nos bicycles mordaient sur la voie, malgré son inclinaison; mais elle tendait à augmenter, et nous rencontrions des passages que nous avions toutes les peines du monde à franchir.

Ce qui nous avait d'abord amusés, par la singularité du fait, et ce qui nous ennuyait fort depuis quelques instants, c'était l'allure pacifique que nous avions été obligés d'adopter. Nous avions l'air de faire une course de lenteur. Loin de nous dégager l'esprit et de nous permettre de causer, cela nous rendait silencieux. Nous étions tout entiers aux obstacles incessants qui se présentaient, et qu'il fallait vaincre les uns après les autres.

La neige fine qui tombait autour de nous, sèche et criarde, sablait la route en quelque sorte, et la rendait plus sûre et moins glissante; mais elle nous retardait, quoiqu'elle n'eût qu'un centimètre environ d'épaisseur.

Autre chose, d'ailleurs, m'occupait : il était trois heures à peine, et le soleil s'abaissait vers l'horizon ; nous avions tout au plus une heure de jour.

Notre course n'avait aucune régularité. Aux montées les plus rudes, nous nous couchions sur le gouvernail de nos bicycles et enlevions les pentes avec une obstination héroïque. L'inclinaison s'adoucissait tout à coup et procédait par vastes circuits qui tournaient un mamelon. Nous nous lancions alors dans la carrière, à la poursuite de la talenta, dont nous entendions les grelots lointains. C'est alors que nos Français cherchaient à rappeler notre gaîté par des plaisanteries, et même par des calembours. Si vous saviez comme on est indulgent sous ces latitudes !

Victorine était fatiguée, mais n'osait pas le dire ; surexcitée par le froid, la neige et ses nerfs, elle avançait intrépidement auprès de Serge, qui poussait de temps en temps des hurrahs pour s'encourager. Pour moi, je ne pouvais m'ôter de l'esprit une préoccupation incessante :

— Si nous allions rester en chemin !

La question fut résolue plus tôt que je ne pensais. La talenta, qui nous précédait à quelques centaines de pas, arrivée à un mur de neige qui fermait la route, et que l'éloignement faisait paraître vertical, — au lieu de tourner à droite ou à gauche, — se dressa contre le mur et commença à l'escalader. Cela nous parut insensé.

— Il paraît, dit Albert, que nous avons fini de rire.

— Je n'ai pas à m'occuper de vos moyens de transport ni à vous donner des conseils, ajouta le jeune Abel en s'adressant à moi ; mais il me semble qu'il eût été prudent d'annexer des ballons à nos Véloces, si nous voulons monter là-haut.

— Des ailes ! s'écria Serge ; voilà le moment de crier avec le poète : Des ailes !

— Nos Véloces suffiront, répondis-je avec un aplomb qui m'étonne encore ; s'ils ne nous portent pas, nous nous souviendrons, en les portant nous-mêmes, qu'aucun bicycle n'a foulé ces cimes, et nous puiserons dans cette idée les forces nécessaires.

— C'est un point de vue tout particulier, dit Albert; mais il me semble qu'on pourrait se monter la tête à meilleur marché, et sans prendre une machine de 30 kilogrammes sur les épaules.

— Qu'en savez-vous? Nos Véloces nous seront peut-être plus utiles que vous ne pensez.

Cependant, à mesure que nous avancions vers la montée redoutable qui nous effrayait, elle semblait s'abaisser devant nous et prenait un aspect moins rigoureux. Toutefois, elle faisait un angle de plus de 30 degrés avec l'horizon; et, à peine m'y fus-je engagé, en tête de la caravane, que je sentis les roues de mon bicycle patiner sur place sans avancer.

Victorine fut plus habile. En voyant mon insuccès, elle se prit à couper la route en diagonale, revenant sur ses pas, louvoyant et s'élevant de quelques mètres à peine à chaque allée et venue. C'était un jeu à s'éreinter en peu de temps; aussi s'arrêta-t-elle au bout de cinq minutes, ayant à peine fait cent pas en ligne directe.

Nous avions assisté d'en bas à ce manége que nous accueillîmes de bravos et de félicitations. Victorine, au-dessus de nous, posait avec complaisance et se souvenait peut-être de ses premiers triomphes. Mais la scène était bien changée : au lieu des quinquets fumeux et des tréteaux de la foire, elle se détachait sur un fond de neige éblouissante, encadrée par des accidents de terrain, par des masses glacées, et comme illuminée par les derniers rayons du couchant. Elle était vraiment très-belle. Toutes les femmes ont eu, dans leur vie, de ces moments d'éclatante beauté qui les transfigurent.

Quel dommage qu'elle soit si grande !

Cependant nos Français et Serge avaient mis pied à terre et rejoignaient notre héroïne, conduisant leurs bicycles avec eux. Je les regardais, le cœur serré, ne pouvant me décider à les imiter. Cependant, je ne pouvais hésiter davantage. Soudain, une glissade involontaire vint faire diversion à mes regrets. Nos bicycles étaient ferrés à glace, mais non pas nos chaussures. Albert, en approchant de Victorine, n'assura pas suffisamment son pied

et s'étendit galamment par terre, aux éclats de

rire de l'assistance, entraînant avec lui le bicycle qu'il tenait à distance. Toutefois il s'y maintint accroché et fit sagement, car sans cela il roulait jusqu'au bas de la colline.

— Eh bien! lui dis-je, comprenez-vous que le bicycle soit bon à quelque chose, même quand on le mène après soi? Si vous ne vous en servez pas comme cheval, prenez-le du moins comme béquille....

Albert eut une réminiscence de La Fontaine :

> Hé! mon ami, tire-moi de danger,
> Tu feras après ta harangue...

Le danger n'était pas grand, car il se releva lui-même, en faisant sa citation. Je me résignai et me joignis à nos piétons qui montaient avec un beau courage. Pour assurer notre marche, nous décrivions des zig-zags en nous élevant, appuyés sur nos bicycles.

Le trajet était plus long que nous ne l'avions pensé ; au point culminant de la montée commençait une nouvelle rampe dont l'inclinaison variait peu; ces passages difficiles se succédèrent, et nous montâmes près d'une heure sans nous arrêter, profitant du long crépuscule de ces jours, les plus courts de l'année.

De temps en temps, quand les pentes s'adoucissaient un peu et que le vent nous poussait en avant, nous faisions un temps de bicycle ; mais je dois avouer que c'était pour le principe, et que la marche était infiniment plus facile. La talenta ne nous quittait pas ; j'admirais l'ardeur de ses petits chevaux de race tatare, qui se roidissent contre les difficultés et périraient à la peine, plutôt que de reculer. La nuit cependant tombait sur nous et jetait un crêpe sur le linceul d'éclatante blancheur qui couvrait la campagne. La talenta s'arrêta et le guide en descendit un peu embarrassé. La neige qui tombait en poussière, soulevée par le vent, s'amoncelait aux tournants et dans les carrefours du chemin. Il lui était très-difficile de reconnaître la route, surtout dans la demi-obscurité qui pesait sur nous. Il fit part de ses inquiétudes à Serge qui remisa son bicycle sur la talenta et partit pour explorer la montagne. Le guide s'éloigna d'un autre côté, avec un grand bâton pour sonder les endroits suspects. Nos Français, charmés d'un exemple dont ils pouvaient s'autoriser, abandonnèrent leurs montures à Michel, et voulurent décider Victorine à en faire autant. Mais elle s'y refusa avec une obstination dont je lui sus gré.

Comme notre itinéraire dessinait une spirale sur le versant des Ourals, les jeunes gens firent remarquer qu'une route moins sinueuse serait plus courte et plus rapide. Ils décidèrent Victorine à les suivre dans une ascension droite qui devait présenter les plus grands avantages. Topffer, dans ses voyages en Suisse, appelle cela des spéculations, ce qui semble dire qu'on ne les réussit pas toujours.

Je n'osai pas m'opposer à ces extravagances, parce qu'elles avaient ramené un peu de gaîté parmi nous ; j'espérais d'ailleurs qu'on ne les pousserait pas trop loin.

— Ma foi! dit Albert, je ne puis me faire à la grand'route. Nous avons l'air de suivre un convoi, et la talenta qui nous précède ressemble étrangement à un corbillard. Est-ce que vous ne voyez pas ses panaches?

— *Requiescat in pace!* psalmodia Abel d'un ton pénétré.

— Voilà des farces que je n'aime pas, dit Victorine. Ce n'est pas que j'aie peur, mais il faut avouer que cette promenade n'est pas gaie. J'ai presque envie de pleurer.

— Et pourquoi?

— Je ne sais, mais il me semble que cela me ferait du bien.

— N'en faites rien, dit Albert, vos larmes gèleraient.

Tenez, voici de quoi nous divertir : voyez-vous ce point noir là-haut? C'est Serge qui nous attend sur la route.... Ohé! de la Russie!...

Personne ne répondit.

— Il ne nous entend pas. N'importe. Voulez-vous le rejoindre directement, au lieu de faire un kilomètre de détours? Cette talenta marche comme un colimaçon, et d'ailleurs elle nous cache les points de vue...

— Il fait nuit, dit Victorine, qui se laissait toujours prendre à ces drôleries.

— C'est égal, la talenta est agaçante. Nous avons l'air de suivre notre dîner, comme les chevaux qu'on attache après les charrettes de foin. Venez-vous, Jonathan?

— Non, répondis-je ; je vous regarderai monter.

Il était assez difficile de calculer la roideur des pentes qu'on voulait escalader, mais j'avais confiance dans la prudence de Victorine et dans son agilité. J'eus envie de lui dire de me laisser son bicycle, mais elle le prit après elle si courageusement que je la laissai faire. Le départ ne souffrit aucune difficulté.

Au bout de quelques minutes, la caravane devint plus lente dans son allure ; les escarpements s'accusaient davantage, et pour s'élever, les jeunes gens creusaient des marches dans la neige et s'aidaient des moindres anfractuosités. Le Véloce de Victorine se plaçait sur les ressauts de terrain ; on l'assujettissait et l'on se hissait ensuite après lui. Nul doute qu'en entreprenant une pareille escalade, ils l'eussent jugée courte, car elle présentait des dangers réels. Il paraît qu'au lieu de s'aplanir, la route devint de plus en plus difficile, car, au moment où j'allais les perdre de vue, j'entendis Albert m'appeler d'une voix étranglée :

— Jonathan, êtes-vous là?

— Parbleu !

— Impossible d'aller plus loin.
— Eh bien ! descendez.
— Je ne peux pas ; j'ai le vertige.
— Le ciel vous confonde ! Couchez-vous à plat ventre et attendez...

Je ne savais que faire. Les voyageurs causaient avec animation, mais je ne distinguais pas leurs paroles. J'appelai à mon tour :

— Abel !
— Voilà.
— Aidez votre ami à descendre.
— Impossible ! j'ai le vertige aussi.
— Attendez-moi.

Je m'élançais pour les rejoindre, quand la voix de Victorine m'arriva :

— Ne montez pas, Shopp, ne montez pas ! prenez garde !
— A quoi ?
— Au bicycle qui va tomber.
— Tenez-le bien.
— Le voilà parti !

J'entendis, en effet, le glissement d'une masse sur la neige, et je m'écartai vivement. Le bicycle arriva en sifflant, et s'enfonça dans le sol, non sans quelque dommage.

Cela commençait à m'ennuyer, quoique la chute du Véloce m'eût rassuré sur un point.

La pente gravie présentait de faibles échelons, et en admettant qu'ils perdissent l'équilibre, les voyageurs devaient m'arriver sans accidents graves. Ce pis-aller était pourtant fâcheux. Il n'y avait pas de temps à perdre, car ces étourdis commençaient à perdre la tête. Je m'en aperçus à la voix de Victorine, qui était devenue tremblante :

— Jonathan, mon ami !

— Qu'y a-t-il encore?

— Sauvez-nous! Ils ont le vertige tous deux, et je sens que cela va me prendre.

Ici je jurai. Vous savez que c'est une de mes ressources. Puis empruntant à mon bicycle la flèche de sa voiture, je m'élevai à mon tour sur le versant de montagne où mes imprudents étaient perchés...

En dix minutes j'arrivai auprès d'eux. Les deux jeunes gens s'étaient couchés en diagonale, le nez dans la neige, enfonçant leurs mains dans des trous qu'ils creusaient de leurs ongles, afin de mieux se retenir. Victorine, assise, la figure dans ses mains, était arrêtée sur la pente par ses talons profondément ancrés dans le sol.

A mon arrivée, un soupir de soulagement sortit de toutes les poitrines : je me mis à rire et à me moquer de ces peureux ; j'affectai même plus d'assurance qu'il n'était besoin, pour rappeler leur cœur qui s'en allait. Je leur affirmai, entre autres choses, qu'ils pourraient à la rigueur glisser jusqu'au bas de la côte, sans se faire grand mal.

Sur mon avis, ils se frottèrent de neige le visage et les mains, ce qui dégagea leur tête et leur rendit un peu de sang-froid. Puis ils se mirent à descendre à reculons, assurant leurs pieds à chaque pas, pendant que je ne cessais de causer avec eux et de les encourager. Ils n'étaient pas à trois cents mètres que le sol, offrant un appui plus sûr, leur rendait tout leur courage. Ils dégringolèrent en riant jusque sur la route, tout à fait remis de leurs alarmes.

C'est alors seulement qu'ils s'inquiétèrent de moi.

— Eh bien! Shopp, s'écrièrent-ils, que faites vous là haut? Est-ce que vous avez aussi le vertige?

Je l'avais, mon cher Jacques ; mais je ne sais trop vous expliquer comment cela m'était arrivé : Après le départ de ces messieurs, je m'étais placé auprès de Victorine, et j'allais l'engager à descendre, quand je vis qu'elle était dans un état de surexcitation extrême ; sa main frémissait dans les miennes ; sa respiration était sifflante et entrecoupée ; j'entendais distinctement de ma place les battements de son cœur. Je voulais la rudoyer, et ne trouvais rien. C'était une attaque de nerfs ou quelque chose d'approchant. Elle éclata tout à coup par un déluge de larmes qu'elle s'avisa de verser sur mon épaule. Dans sa frayeur, elle m'enlaça de ses bras et se prit à pleurer d'une manière déraisonnable....

— Voyons, Victorine, disais-je, voyons donc....

Mais je ne savais pas trouver autre chose, et je me sentais le cœur tout brouillé; je ne suis pas fait, vous le savez, pour vivre avec les femmes, auxquelles je n'ai jamais rien compris. J'ai même pour elles une sorte d'antipathie que je me reproche. Ainsi, je voyais pleurer Victorine sans peine, et même avec un plaisir que je ne peux définir, et qui me paraît un mauvais sentiment. Je me troublai tellement que je perdis la conscience de notre situation; je sentis que le vertige me gagnait aussi, et que si cela continuait, nous roulerions tous deux jusqu'au bas de la montagne....

— Voyons, répétai-je, ma chère enfant, ma bonne Victorine, il faut descendre....

Elle finit enfin par se consoler.

— Ah! dit-elle, cela m'a fait du bien de pleurer. Descendons, puisque vous le voulez. Mais avant de descendre, je voudrais vous demander quelque chose.

— Quoi?

— Voulez-vous m'embrasser?

Je vous le demande, Jacques, où est-elle allée prendre cela? L'auriez-vous embrassée, vous? Ma foi! je me suis exécuté; je l'ai embrassée sur les deux joues, comme une enfant gâtée à qui l'on pardonne une étourderie. Elle s'est essuyé les yeux et nous avons rejoint nos amis; je vous assure que, si elle avait eu peur, il n'y paraissait guère. Elle est descendue tranquillement, d'un pied ferme, s'appuyant à peine sur moi.

Nous avons trouvé sur la route Abel et Albert qui racontaient leur équipée à Serge fort inquiet. Victorine est allée prendre le bras de l'officier pour lequel elle a été d'une amabilité extraordinaire. J'ai fait charger son bicycle disloqué sur la talenta qui nous attendait à quelque distance, et nous avons repris notre route, comme une pension en promenade, Abel et Albert, Serge et Victorine, mon Véloce et moi.

Deux heures après, le chemin s'aplanit soudainement; un vaste horizon noir se déroula devant nous. Il était neuf heures du soir environ; nous étions sur la cime des Ourals. Michel poussait des cris de triomphe. Serge me montrait quelques lumières disséminées sur un point éloigné du versant oriental.

C'était Ekaterimbourg. Nous entrions en Asie.

Le guide nous fit avancer de quelques pas, et nous nous trouvâmes devant une masure noire et muette, qui nous parut d'abord inhabitée. Mais le paysan heurta violemment aux volets, et nous entendîmes des pas lourds à l'intérieur. Un vieillard barbu et malpropre se présenta.

Ce n'était rien moins qu'un aubergiste, si l'on peut permettre à la signification des mots de se corrompre à ce point.

Il habitait une vaste chambre rustique, formée de poutres superposées horizontalement, et attenant à une sorte de hangar où nos chevaux furent attachés. Non-seulement il n'avait aucune provision à nous offrir, mais les voyageurs lui font ordinairement part de celles qu'ils emportent. Ce n'est pas qu'il manque absolument de munitions, mais quand certains vents s'élèvent et désolent la montagne, les passages sont interceptés des semaines entières, et l'hôtelier passe à l'état d'ermite et de solitaire.

Ces existences isolées ne sont pas rares dans les pays de montagnes, et l'on sait que les bergers des Alpes passent des saisons entières séparés du reste des hommes.

L'individu qui menait cette étrange vie avait un peu l'air d'un ours, et Victorine qui avait voulu le voir de près se retira avec une certaine frayeur. Il parlait à peine et seulement par monosyllabes sourds et gutturaux. Il était difficile d'en faire un héros de roman.

Ce moujick apporta quelques outils grossiers, et se mit, avec Michel et le guide, à enlever les roues de la talenta qui n'eussent pas résisté à la descente. La neige permettait d'ailleurs d'organiser un traînage qui présentait beaucoup plus de sûreté. La talenta fut placée sur un brancard improvisé fait de jeunes sapins solidement assujettis.

Les jeunes gens voulurent reprendre leurs bicycles pour dégager la voiture, mais ils ne gênaient pas. On entend ici les transports d'une façon toute particulière. On s'inquiète peu des surcroîts de charge, et l'on compte énormément sur la Fortune. Notre talenta, flanquée et surmontée de ses roues et de tous nos Vélocipèdes, à la seule exception du mien, avait moins l'air d'un véhicule que d'un rocher enfoncé dans la neige. Nous étions assez curieux de lui voir quitter la place...

Notre curiosité fut bientôt satisfaite. L'attelage, sous les ordres de Michel, donna une violente secousse ; la talenta s'ébranla et fut emportée sur les pentes descendantes avec une vitesse croissante. Je ne craignais pas grand'chose pour les provisions qu'elle contenait, mais nos bicycles ne me paraissaient pas en sûreté. De loin en loin, des roches dénudées émergeaient de la neige ; un choc eût pu causer aux instruments un dommage irréparable. Dieu protégea heureusement la voiture et le conducteur.

A peine disparaissaient-ils dans l'obscurité que je voulus remonter à bicycle, mais mes compagnons s'y opposèrent en riant. Il ne s'agissait plus de voyager, mais de pousser en promenant jusqu'à Ekaterimbourg qui n'était qu'à deux pas. On aurait pu dire aussi bien deux kilomètres.

Quoi qu'il en fût, Victorine s'empara de mon bras, et nous voilà partis à grande vitesse, entraînant mon bicycle et faisant sur la neige des glissades interminables. Une gaîté naturelle nous était revenue, et je ne pouvais l'attribuer qu'aux lumières qui brillaient au lointain, et à la joie d'avoir surmonté les obstacles d'une aussi rude escalade.

Abel et Albert patinaient à toute volée, avec des gestes dignes des gamins de Paris. Serge procédait avec plus d'élégance; on reconnaissait en lui l'homme du Nord, rompu dès l'enfance à toutes les manœuvres du patin. Aussi, bien qu'il n'eût pas de bottes ferrées, affectait-il dans ses allures les poses un peu théâtrales des sportsmen de la Néva. Le bicycle que je conduisais s'opposait à ce que je montrasse autant d'aisance; cependant il ne me gênait pas autant qu'on pourrait le croire; c'était un gouvernail plutôt qu'un obstacle, et lancé avec Victorine à la poursuite de nos amis, nous ne perdions pas trop sur eux.

Les lumières d'Ekaterimbourg se multipliaient peu à peu et nous donnaient bonne opinion de l'importance de la ville. C'est une place forte dépendant du gouvernement de Perm et qui fait un commerce considérable. On y lave des sables de l'Oural où l'on trouve de l'or, du platine et des pierres précieuses. Cela parut fort étonner Victorine qui se figurait que l'or se fabriquait à la Monnaie et les diamants chez les bijoutiers.

Nous avions tout à fait perdu la talenta de vue; il faut dire que nous ne nous pressions pas d'arriver. Après notre longue ascension, cette descente était plutôt une distraction qu'une fatigue. Tout à coup nos jeunes gens s'arrêtèrent et semblèrent se consulter avec le guide ; nous les rejoignîmes pour savoir de quoi il s'agissait.

Ekaterimbourg était à vingt minutes de marche ; le guide nous proposait d'y arriver en cinq minutes. Pour cela il suffisait de nous laisser glisser sur un versant couvert de neige qui ne mesurait guère moins de mille mètres de parcours. Quoique la pente devînt à peu près horizontale à sa partie inférieure, ce qui devait arrêter l'élan des glissades, je jugeai cela hardi. Albert se chargea de me donner raison, car avec une étourderie toute française, il se lança dans la carrière, afin de nous persuader, par son exemple, que rien n'était plus facile que de voyager ainsi. Sans songer aux crevasses qu'il pourrait rencontrer, il partit, malgré les cris du guide qui voulait l'arrêter.

Il n'avait pas parcouru trente mètres qu'un obstacle détourna ses pieds de la ligne de descente et le fit rouler dans la neige sens dessus dessous. Nous poussâmes un cri en le voyant dégringoler sans aucune méthode. Très-heureusement un ressaut de terrain se présenta, fit dévier sa chute, et l'envoya à cent mètres de distance échouer contre un sapin où le guide arriva presque aussitôt que lui.

L'épreuve n'était pas rassurante. Roulé dans la neige comme une boulette de pâte dans de la farine, aveuglé, ahuri, Albert jurait que c'était une allure pleine d'inconvénients, pendant que nous ne pouvions nous empêcher de rire de sa mésaventure. Mais Serge, appuyé du guide, nous dit que ces glissades, très-usitées en Russie, ne se font pas sans certaines précautions, et il se chargea d'organiser la course.

Le guide s'assit à l'endroit qui lui parut le plus favorable comme départ, tenant dans ses mains un long bâton qui devait lui servir à diriger la course. Ses jambes jointes en avant formaient une espèce de flèche, destinée à tracer le premier sillon. Abel se plaça derrière lui, également assis, les mains sur ses épaules

et les jambes écartées, de manière à ce que ses genoux serrassent les flancs du paysan. Albert, après avoir hésité un peu, s'assit en troisième, dans une position analogue, et Serge vint ensuite. Ils formaient ainsi à eux quatre une sorte de ligne assise ou de long traîneau qui devait fendre la neige et courir dans le creux que tracerait le premier voyageur. Je ne prétends pas affirmer que ce mode de voyage ait de bons résultats pour certaines parties du vêtement, mais elle est ingénieuse à quelques égards.

Comme j'attendais que ces messieurs partissent, ils m'appelèrent :

— Quoi ! Shopp, vous ne venez pas ?
— Et madame Victorine ?
— Elle viendrait aussi.
— Assurément, dit-elle.

Ce n'était pas à moi à la rappeler au sentiment des convenances. Réservée sous mille rapports, elle se laisse aller trop facilement à l'attrait que lui inspirent les tours de force. Je trouvai heureusement une autre raison pour me dispenser de m'asseoir dans la neige.

— Et mon Vélocipède ?

Il n'y avait rien à répondre à cela. Aussi, après un « ah ! » de désappointement, les jeunes gens donnèrent le signal du départ.

Le guide les conduisit avec une grande habileté. Les quatre voyageurs glissèrent d'abord en ligne directe, puis décrivirent quelques sinuosités pour prendre les pentes les plus douces, et se perdirent dans l'obscurité.

Nous étions restés au bord de la route, écoutant les bruits de la neige dispersée et les éclats de rire de nos touristes. Au bout de quelques minutes, des appels éloignés retentirent et s'élevèrent jusqu'à nous. C'était la caravane qui nous annonçait son arrivée.

— C'est dommage, dit Victorine, que nous ne soyions pas descendus avec eux ; cela doit être fort amusant.

— Bah ! répondis-je, nous irons aussi bien ; vous allez voir.

Nous avions en effet pour nous quelque chose qui manquait à nos compagnons ; c'était l'ornière profonde qu'ils avaient tracée sur le flanc de la montagne. J'étais homme à faire le trajet sur mes pieds, et Victorine ne me cède en rien comme équilibriste. Je la pris donc auprès de moi et nous nous plaçâmes sur la ligne suivie par ces messieurs. Je la saisis par la taille, pendant qu'elle passait son bras autour de mon cou. Mon bicycle, que je ne quittais pas, devait me servir à modérer notre course.

— N'ayez pas peur! dis-je.

Et nous voilà lancés sur la pente, moi légèrement en biais, entraînant Victorine vers moi ; elle, se laissant aller, et enrayant avec ses talons quand notre course devenait trop rapide. Il ne faut pas croire que cette descente présentât de grandes difficultés. De même que nous assurions la stabilité de nos bicycles en les reliant ensemble, de même Victorine et moi nous nous maintenions l'un l'autre, et descendions avec une rapidité et une sûreté incroyables. Le bicycle seul, pourquoi ne l'avouerai-je pas, me gênait un peu, mais je tenais à ce qu'il traçât autour du globe, autant que possible, une ligne non interrompue.

Cependant nous nous rapprochions de nos gens que j'avais prévenus par quelques appels, et, comme Victorine n'est pas insensible aux triomphes de l'amour-propre, je lui ménageai une superbe entrée. Nous arrivâmes comme la foudre, elle, pareille à la déesse de l'industrie, appuyée sur mon épaule, moi conduisant mon bicycle tournoyant, comme un présent que le Ciel faisait à la Terre. Nous ne nous arrêtâmes qu'au milieu de nos amis.

— Je puis mourir, dit Albert, j'ai vu l'apothéose du Vélocipède!

— Oui, répondit Abel, c'était presque aussi beau qu'à la Porte Saint-Martin....

— Ah! s'écria Victorine, quel plaisir de courir ainsi!...

— Sans doute, dit Serge, et je regrette bien de ne pas avoir employé votre manière. Ce n'est pas que la descente assise soit désagréable, mais...

Il s'arrêta pudiquement.

— Mais elle est fraîche, dit le guide.

Sur ce mot qui en valait bien un autre, nous nous dirigeâmes vers Ekaterimbourg, dont les portes étaient fermées. Michel nous attendait au pied des remparts avec la talenta. J'appelai au nom de l'Empereur. Un officier de garde se présenta, et, après avoir examiné nos papiers, nous donna libre accès dans la ville. C'est notre dernière étape européenne.

Pelaeva, 15 Décembre 1867.

Qui sait, mon cher Jacques, quand ce journal vous parviendra ?...

En quittant Ekaterimbourg qui, malgré sa situation géographique en Asie, appartient au gouvernement de Perm, nous brisons un des anneaux de la chaîne qui nous reliait à la civilisation moderne. Désormais la poste n'existe plus pour nous ; son service s'arrête à la frontière, et nous voilà lancés dans un monde inconnu, sans aucun moyen assuré de nous rapprocher de nos amis par le souvenir, de leur envoyer nos confidences et de recevoir de leurs nouvelles. Les caravanes que nous croiserons se chargeront de nos lettres, mais qui nous apportera vos réponses ? Bah ! il faut regarder en avant.... *Go head* ! Ecrivez-moi au bureau de poste extrême-nord de l'Amérique Russe. J'aurai vos lettres dans six mois, si je ne suis pas gelé d'ici-là.

Comme nous avons dormi à Ekaterimbourg ! Ces sommeils sont brutaux ! Ce n'était pas cet accablement lourd qui s'emparait quelquefois de nous après nos grandes courses, mais une fatigue agacée, nerveuse, frémissante. Nous avons tous rêvé glaciers, escalades et précipices. Au milieu de la nuit, j'ai été réveillé par des cris de désespoir.....

Albert avait le vertige; il glissait sur des pentes affreuses et se débattait contre un épouvantable cauchemar. Je l'ai réveillé; il était couvert d'une sueur froide. Nous ne nous sommes véritablement reposés que le matin.

Des marchands sont venus nous offrir des pierres précieuses à très-bon compte. Nous n'en avions que faire, mais, dans son amour pour les inutilités, Victorine regardait un collier d'améthystes avec une convoitise que j'ai voulu satisfaire. Figurez-vous vingt pierres magnifiques, à facettes, grosses comme des noisettes et de la plus belle transparence. On m'a donné cette merveille pour dix louis. C'est à se croire au pays d'Eldorado où les petits garçons jouent au bouchon avec des palets d'or.

Les cloches sonnaient à toute volée en l'honneur du dimanche. Nous sommes entrés un instant à l'église où Victorine s'est agenouillée. J'ai voulu en avoir le cœur net.

— Qu'avez-vous demandé à Dieu? lui ai-je dit au moment où elle se relevait.

— Rien, dit-elle.

— Qu'avez-vous fait à genoux?

— Ma prière.

— Et quelle prière?

— Dame! dit-elle un peu embarrassée, je regarde en moi-même ou en l'air, tout simplement, et je rêve. Il me semble qu'il y a quelque chose qui me part du cœur et qui s'élève. Quand j'ai fini, je respire plus librement.

— Mais vous avez su des prières autrefois?

— Sans doute, dit-elle, mais je les ai oubliées, et j'aime mieux ne rien dire; cela vaut mieux.

Etrange créature! Elle raconte tout cela avec tranquillité et s'inquiète fort peu de ce que nous en pouvons penser. J'ai été touché de cette aspiration vers l'idéal, mais Serge a froncé le sourcil. Il est orthodoxe dans l'âme et je ne serais pas étonné qu'il cherchât à convertir notre amie.

Nous sommes partis sur les dix heures, par un temps sombre, sur les traces de la talenta que Michel conduisait au triple galop, et qui dévallait sur le versant de la montagne comme si le diable l'emportait.

Nous avions tous gardé nos bicycles, et par une réminiscence dramatique, je montrai à mes amis les vastes plaines glacées qui se déroulaient à perte de vue au-devant de nous :

— A cheval! messieurs, à cheval!...

Une minute après, nous volions sur la route, les jambes au repos, filant avec une rapidité vertigineuse sur les pentes qui s'inclinent vers les plaines de la Sibérie.

A midi, nous passions comme l'éclair dans la grande rue de Bilecka, dont les habitants s'agenouillaient sur notre passage; à trois heures, nous atteignions Kamischlaw, où Michel avait fait préparer un déjeuner dinatoire; — à six heures, nous touchions Pelaeva, d'où je vous écris.

Cette étape de 180 kilomètres, presque toujours descendante, ne nous a aucunement fatigués. Notre gîte n'est pas des meilleurs, mais nous sommes dans de trop bonnes dispositions pour nous plaindre... — J'entends nos jeunes gens qui se disputent...

Voilà ce que c'est. Après le souper, Victorine a demandé qu'on racontât des histoires. Serge s'est exécuté et a eu beaucoup de succès avec une certaine légende de vampire que j'ai entendue à moitié. Quant à Albert, il a commencé le récit des Aventures de la princesse Fanfreluche, héroïne malheureuse et persécutée. Cela a bien marché jusqu'au moment où il a établi que cette noble princesse portait une parure d'améthystes d'une étrange grosseur. Il faut vous dire que Victorine, enchantée de son collier, a voulu le garder toute la journée sur son habit de voyage. — Elle a interrompu Albert, prétendant qu'il faisait des allusions. Le conteur a réclamé, s'appuyant sur le grand nombre de colliers d'améthystes qui peuvent être en circulation à la surface du globe. Abel lui a donné raison, et Serge s'est rangé du côté de la princesse. Quand j'ai vu cela, je les ai tous envoyés coucher.

Tioumen, 16 décembre 1867.

Même temps douteux, chargé de nuages tellement épais qu'on ne peut deviner la place du soleil. Le froid est bête et n'a pas de vivacité ; l'hiver ne se fixe pas ; c'est à peine si le thermomètre marque deux ou trois degrés au-dessous de zéro.

J'espérais retrouver au-delà des Ourals le vent arrière qui nous avait aidés à les franchir. Rien ; le calme est plat, la neige fine de ces jours derniers se tasse lentement.

Le pays présente un aspect morne et désert, empreint d'une désolation profonde. Les habitants de ces tristes réions sont enfermés dans leurs masures comme des marmottes et n'en sortent presque jamais. Leur teint est d'un blanc mat maladif; on voit que le soleil ne leur a jamais doré l'épiderme. Victorine, devant ces misères de la nature, murmure de temps en temps :

— Comment peut-on vivre ici ?

A neuf heures, nous sommes partis, après avoir congédié notre premier guide, pour en prendre un second, plus familier avec le pays. La route, au sortir de Pelaeva, tourne une immense colline de peu d'élévation, placée là comme une sentinelle avancée des Ourals. Nous courions sur la neige avec une grande facilité, mais non pas aussi rapidement que la veille. A midi, nous rejoignions la talenta à Kilianska, où nous faisions une première halte.

Le soir, nous arrivions à sept heures à Tioumen, après avoir franchi 140 kilomètres dans la journée. La température semblait s'adoucir ; Serge craignait un dégel. Décidément la Sibérie a volé sa réputation.

En présence d'un temps pareil, il ne fallait pas songer à remonter vers le nord; le moment était venu de prendre une détermination nouvelle à cet égard. La route que nous suivions se bifurque à Tioumen, et pendant que sa branche gauche s'élève vers Tobolsk, capitale de la Sibérie, la branche droite se dirige vers la Chine et la Mongolie. Je résolus de prendre ce dernier tracé qui nous maintient dans des chemins plus praticables.

Yaloutourovsk, 17 décembre 1867.

Une révolte! Ce n'est qu'après plusieurs mois de traversée que les matelots de Colomb voulurent secouer le joug. Aux premiers pas que nous faisons dans le désert, un complot éclate contre mon pouvoir personnel, contre mon autorité absolue! Comptez donc sur les serments des hommes.....

Il paraît que mes compagnons m'avaient gardé rancune du coup d'état de la veille. Ils s'étaient couchés docilement, sur mon ordre, comme de petits garçons, mais non sans arrière-pensée. Les Français protestèrent, le lendemain, et par des raisonnements captieux, finirent par séduire Victorine. Serge la suivit dans sa désertion. Le cas était discutable. Ces messieurs prétendaient qu'ils avaient juré de me suivre et de m'obéir pour tout ce qui concernait le voyage, mais non pour s'aller coucher, quand ils n'avaient pas envie de dormir : C'est à cette opinion que la troupe entière se rallia.

Comme je prenais des notes, — hier soir, à Tioumen, — car je suis un grand barbouilleur de papier, nos jeunes gens se prirent à causer bruyamment, et l'histoire de la princesse Fanfreluche revint sur le tapis. La chose était concertée. Au bout d'un moment, la discussion dégénéra en tapage, et troublé dans mes réflexions, impatienté, je les priai, — un peu brusquement peut-être, — de rentrer chez eux. Ils ne bougèrent pas.

Je ne m'en aperçus qu'au bout d'un moment, car ils ne disaient plus rien. J'eus comme un pressentiment de ce qui se passait. Je regardai nos Français et leur demandai doucement :

— Vous ne rentrez pas, messieurs?
— Non, dit Albert, nous n'avons pas encore envie de dormir.
— Et vous, Victorine?
— Moi non plus, murmura-t-elle, en devenant fort rouge.
— Et vous, Serge ?
— Moi, dit l'officier, je ne m'endors pas.
— C'est bien, répondis-je, faites comme vous voudrez.

Je ramassai mes papiers et rentrai chez moi. Il était

près de onze heures; la nuit était claire, à cause de la lune, qui venait de se lever. Je fis rapidement mes préparatifs de départ, et sortant par une porte de derrière, bien armé, bien enveloppé, j'enfourchai mon bicycle et pris bravement la grand'route, tournant presque au sud pour rejoindre Yaloutorovsk. Cinq minutes après, j'étais lancé à toute vitesse et courais seul à travers la campagne...

Les abandonnais-je sérieusement? Non, Jacques, et je ne veux pas me faire plus fort et plus stoïque que je le suis. C'est une simple leçon que je leur donnais. J'étais à peu près sûr — l'événement m'a donné raison, — que, dès qu'ils connaîtraient mon départ, ils s'élanceraient sur mes traces.

Mais, s'ils ne m'avaient pas suivi? — Alors, mon ami, je vous le jure, — quelque ennui que j'en eusse ressenti, j'aurais continué ma route.....

Voilà ce qui se passa à l'auberge, après cette rébellion.

Un assez grand silence régna parmi les conspirateurs et fut interrompu par Victorine :

— Je crois, dit-elle, que ce n'est pas bien, ce que nous avons fait là.

— Bah! dit Albert, et pourquoi cela? La liberté individuelle...

— La liberté sans doute. Mais je m'endors, et je regrette de ne pas être rentrée.

— Qui vous en empêche à présent?

— Ah! dit-elle, c'est bien différent.

Elle se dirigea vers la porte de ma chambre où elle frappa doucement.

— Shopp, dit-elle, j'ai à vous parler.

Et comme on ne répondait pas, elle s'impatienta, frappa plus fort et finit par dire :

— Je vous préviens que j'entre, si vous ne répondez pas.

Elle entra, en effet; au cri qu'elle poussa, les jeunes gens la rejoignirent.

— Son bicycle n'est plus là, dit-elle; il est parti!

— Au milieu de la nuit? Seul? Après une journée de marche? Quelle plaisanterie!

— Ah! vous ne le connaissez pas! répondit Victorine.... Vous savez que je pars aussi!

— Mais c'est une folie!

— Je pars : Venez-vous, Serge?

— Toujours, répondit l'officier.

— Au moins, dit Abel, assurons-nous qu'il soit en route.

Les gens de la maison, réveillés par le vacarme, apportèrent des lanternes, et l'on ne tarda pas à reconnaître au dehors la trace des roues de mon Véloce.

— En route! dit Victorine.

— En route! répéta Serge.

— Eh bien! dit Albert, ça devient amusant. En route, sacrebleu! Mais que Michel attelle, car je suis capable de tomber à cent pas d'ici.

— Hue! s'écria Michel, en rassemblant ses chevaux. A moi, mes petits chats! Un temps de galop jusqu'à Yaloutorovsk. Soixante werstes à peine! Une promenade au clair de lune! Et allez donc!....

Cinq minutes après, la troupe entière était lancée après moi. Moi j'avais une heure d'avance et je courais bien. Il suffit que je sois dominé par un sentiment quelconque pour ne pas sentir la fatigue. Je crois que, dans mon ressentiment, j'aurais marché toute la nuit.

La solitude qui m'environnait ne m'inquiétait pas. Des bouleaux jetés çà et là, des poteaux noirs qui s'élevaient à d'assez grandes distances les uns des autres marquaient suffisamment la route. La lune, bien qu'elle ne brillât pas, donnait des tons d'opale à la coupole grise qui semblait fixée à cent mètres au-dessus de la terre. La phosphorescence de la neige couvrait le sol d'une teinte à peu près uniforme, si bien qu'il me semblait courir dans une vaste bulle de savon....

La campagne était pleine des bourdonnements du silence; de temps en temps une clameur s'élevait, un gémissement prolongé, tellement indécis qu'on ne savait si c'était la voix des êtres ou des choses. Il était près de minuit, quand j'aperçus au loin, sur la route qui se bifurquait, un groupe d'individus qui me parurent arrêtés. Leur présence à cette heure avait droit de me surprendre. Je crus l'expliquer par certaines pratiques superstitieuses auxquelles les Tatares s'adonnent volontiers. Ils s'étaient réunis à minuit, sans doute pour quelque œuvre de ténèbres parfaitement innocente, au travers de laquelle je me jetais étrangement. En effet, comme j'avançais et que le bruit de mon bicycle arrivait jusqu'à eux, ils s'agitèrent en donnant des signes d'épouvante. Je ne sais s'ils appelaient le diable, mais ils s'inquiétèrent sans doute de voir si bien réussir leurs conjurations. Après quelque hésitation, ils prirent la fuite en poussant des cris sauvages. Je ne voulus ni les poursuivre ni les désabuser, et passai sans m'arrêter, laissant dans le pays une superstition qu'on parviendra difficilement à déraciner.

Deux heures se passèrent sans autre incident, lorsqu'un hurlement lugubre retentit à peu de distance. Je suivais alors la lisière d'une forêt de sapins qui s'élevait à ma droite, masse noire et confuse d'un aspect redoutable. Un second hurlement retentit ; je ne m'étais pas trompé : c'étaient des loups.

Il en parut un au bord de la route, forme indécise, éclairée de deux feux rougeâtres. Le bruit de mon bicycle l'étonna sans doute, car il se tint en expectative, grondant sourdement. A peine eus-je passé qu'il poussa un cri prolongé, plaintif, déchirant, auquel d'autres cris répondirent au loin. La forêt semblait se réveiller.

Cependant, je courais toujours. Au bout d'un quart d'heure, il me sembla entendre derrière moi des piétinements et des souffles haletants : je prêtai l'oreille, mais je craignis, en me détournant, de manquer d'équilibre, car c'est lorsqu'il s'agit de le conserver à tout prix qu'on risque davantage de le perdre. Les piétinements devinrent peu à peu plus distincts ; j'étais évidemment poursuivi par les affreuses bêtes que j'avais aperçues. Mais quel était le nombre de mes ennemis ? Voilà ce qu'il n'était pas possible de constater, car je savais qu'un arrêt serait infailliblement le signal d'une attaque. Il ne fallait ni suspendre ma course, ni regarder en arrière.

Cependant les loups se rapprochaient et devaient n'être qu'à quelques pas....

La route était absolument horizontale. Je filais avec une vitesse de 12 à 15 kilomètres à l'heure, mais en évitant soigneusement de me presser et de prendre un mouvement que je ne pourrais pas maintenir. Je m'attachais à conserver une allure égale, sachant que les loups ne se jetteraient pas sur moi, s'il n'arrivait un accident quelconque.

J'étais de sang-froid, ou peu s'en faut, et ne me faisais point illusion sur ma situation.

Je ne pouvais espérer aucun secours des maisons isolées que je voyais dans la campagne. Le temps de m'arrêter, de frapper, de réveiller les gens, suffisait pour que je fusse mis en pièces. Il me fallait nécessairement arriver à Yaloutorovsk....

Je me tenais en garde contre les surprises des sens, contre les frayeurs ou les maladresses : un obstacle sur ma route m'eût perdu ; cela n'était heureusement pas à craindre ; la neige formait un tapis doux et résistant qui s'étendait à perte de vue. Quelques traces de traîneaux étaient visibles et me montraient que j'étais dans la bonne voie. J'avais d'abord espéré lasser les loups, mais il ne fallait plus y songer. Leurs piétinements s'étaient changés en une espèce de galop régulier, si bien que j'aurais cru n'en avoir qu'un à mes trousses, si des bruits sinistres ne m'eussent prouvé le contraire.

Il me semblait par moments sentir leurs haleines brûlantes, mais c'était un pur effet physiologique. Ce qui me surprit davantage fut d'éprouver à diverses reprises un léger choc, qui frappait la roue d'arrière de mon bicycle, comme si le frein s'y fût subitement posé. Je crois que cela était produit par les dents des loups essayant d'arrêter la roue qui tournait devant eux, et dont le mouvement les repoussait avec violence.

Cette poursuite durait depuis une demi-heure et m'inspirait d'étranges pensées. J'étais désolé d'entraîner mes compagnons dans de pareils dangers, car je ne doutais pas qu'ils me suivissent. Je ne pouvais cependant regretter la détermination que j'avais prise ; c'était le seul moyen de reconquérir mon autorité.

Tout à coup je vis apparaître à ma droite un museau pointu, effilé, qui prenait de l'avance. Las de rester vissés à la queue de mon Vélocipède, mes ennemis cherchaient à me dépasser et gagnaient sensiblement du terrain. Le loup qui tenait la tête était déjà presque à mon côté, et d'un œil oblique, regardait ma jambe droite, dont l'agitation le surprenait. Il s'en rapprochait à chaque instant : je l'observais attentivement sans ralentir ma course. Cela dura quelques minutes ; je maintins le gouvernail de la main gauche, et, comme sa tête était à portée, je lui brûlai la cervelle.

Au cri d'angoisse qu'il jeta succéda un silence presque complet. Je ne pouvais en croire mes oreilles. J'étais à cent pas du lieu où la scène s'était passée, et je n'entendais plus rien derrière moi. N'avais-je donc été suivi que par le loup que j'avais tué ? Cela me paraissait impossible ; je ne pus résister à ma curiosité ; je ralentis le mouvement et détournai la tête.

Cinq ou six bêtes étaient rassemblées à distance, au milieu du chemin; leur guide avait été blessé mortellement, et elles s'occupaient à le dévorer.

Une heure après, j'entrais à Yaloutorovsk sans autre alerte. J'eus un mal affreux à me faire ouvrir une maison; ce ne fut qu'à la cinquième tentative que des voix courroucées me répondirent. La clef d'or fit son effet habituel; au bout d'un quart d'heure, dix personnes, rassemblées autour de moi, se mettaient à mes ordres.

J'étais accablé d'une fatigue lourde, causée bien moins par l'exercice que par les émotions que j'avais éprouvées. e suis d'un grand calme dans les situations difficiles, mais je paie cela plus tard. Une sorte d'effroi rétrospectif m'envahissait. Mon premier soin fut de former une troupe de paysans bien armés que j'envoyai en reconnaissance sur la route, car j'avais le pressentiment que mes amis s'étaient mis à ma poursuite. Je voulus les accompagner, mais, au moment d'enfourcher mon bicycle, je me sentis défaillir.

Mon impatience ne me permit pas de rester dans la cabane, auprès du poêle où je m'étais assis, entouré des femmes du logis qui m'interrogeaient avec une indiscrétion singulière. — Après un court repos, je me levai, et suivi d'un grand garçon portant une torche, je m'avançai sur la voie par laquelle les paysans avaient disparu. Nous avions à peine fait un kilomètre, que j'entendis au loin des cris qui saluaient notre approche. Cinq minutes après, Victorine se jetait à mon cou, et Serge, qui l'accompagnait, me serrait la main de façon à la broyer.

— Et les autres? m'écriai-je.

Serge, à ce mot, voulut tourner bride; je l'arrêtai.

Ainsi que je l'avais prévu, leur caravane avait été attaquée par les loups que mon passage avait éveillés, et qui s'étaient mis en appétit en croquant leur camarade. Quel est le proverbe idiot qui prétend que les loups ne se mangent pas entre eux?

A une heure de Tioumen, une bande de loups, après une certaine hésitation, avaient commencé à les suivre, s'attachant de préférence aux chevaux de la talenta. Michel s'en était effrayé, et nos jeunes gens, pour le calmer, lui avaient fait prendre les devants et l'avaient entouré. Victorine, qu'on voulait faire descendre et renfermer dans la voiture, comme dans une forteresse, s'y était refusée.

La chasse à l'homme avait commencé; mais, au lieu de filer prudemment devant l'ennemi, comme je l'avais fait, les Français avaient voulu riposter, et tout en courant, tiraient des coups de revolver derrière eux, comme les Parthes lançant leurs flèches. Cette manœuvre, après avoir effrayé les loups, les avait exaspérés et, à chaque coup de feu, leur rage semblait s'accroître. C'est au milieu de cette scène terrible qu'un des chevaux de flanc de la talenta s'était abattu, entravant la marche des fugitifs.

Il fallait pourtant avancer à tout prix, car les loups, très-nombreux, commençaient à se glisser entre les bicycles. Serge tira un sabre court qu'il portait au côté, et trancha es liens qui retenaient le cheval abattu à la talenta. Les loups se précipitèrent sur la pauvre bête, et les voyageurs en furent pour un instant débarrassés.

Mais ce n'était qu'un court répit, et on devait s'attendre à les voir revenir, plus avides et plus hardis. Serge, en homme expert, demanda qu'on lui remît le commandement de la troupe. Il pria Albert de s'éloigner avec Victorine, pendant qu'il se retrancherait dans la talenta avec Michel et Abel, pour former l'arrière-garde et fermer le passage.....

Ils pourraient ainsi, en sacrifiant un cheval au besoin, se défendre sûrement, sans être embarrassés de la conduite de leurs Vélocipèdes. Cette tactique, dont les avantages étaient évidents, fut adoptée d'emblée, mais avec un léger changement. Abel et Albert sautèrent dans la talenta, où ils chargèrent leurs bicycles, et choisissant le poste le plus dangereux, crièrent à Serge d'emmener Victorine. Comme ce n'était pas l'heure de discuter, l'officier s'élança sur les traces de notre amie, qui ne comprit bien dans toute cette affaire que la nécessité de fuir.

Ils prirent tous deux une allure rapide que leurs Véloces leur permettaient d'obtenir facilement, et au bout de cinq minutes, la talenta les perdait de vue. Au même instant des détonations répétées annonçaient que la lutte venait de s'engager.

Ce récit nous fut fait pendant le temps que nous mîmes à rentrer à Yaloutorovsk.

Les paysans devaient avoir rejoint la voiture, et nous n'avions pas d'inquiétudes sérieuses sur le compte de nos amis, bien que Serge comptât près de deux heures depuis qu'il les avait quittés.

Nous nous retrouvâmes dans la petite salle de la maison où j'étais descendu, avec un attendrissement singulier.

J'avais les nerfs trop agacés pour dormir, et c'est en attendant nos jeunes gens que je vous écris ces lignes. La neige recommence à tomber.....

18 Décembre 1867.

Mon cher Jacques, personne n'est arrivé ! Vous ne pouvez concevoir nos angoisses et notre épouvante. Les paysans que nous avions envoyés en éclaireurs cette nuit sont revenus désappointés. Ils avaient pourtant pris des chevaux pour explorer plus facilement le pays.

En deux endroits de la route, des traces de sang et des ossements indiquent que des chevaux ont été dévorés par des carnassiers.

Près de dix cadavres de loups, mangés en partie, sont en outre épars çà et là.

Mais la talenta a disparu avec Michel, Abel et Albert. La neige ne permet de suivre aucunes traces.....

Nous ne croyons pas à une catastrophe : Que faut-il penser cependant ?

Je viens de détacher des émissaires dans toutes les localités voisines, et c'est dans une profonde anxiété que nous attendons leur retour.

19 Décembre 1867.

Nous n'avons pu tenir en place. Ce matin, nous sommes partis avec une escorte et nous avons battu le pays, malgré la neige qui s'élevait jusqu'aux jarrets des chevaux.

Personne ; aucune nouvelle ; la campagne désolée a l'air d'un immense cimetière.

Les Français n'ont certainement pas été dévorés ; on aurait retrouvé leurs vêtements, des vestiges quelconques, des traces de lutte ou de bataille. La talenta a dû s'écarter de la bonne route ; les chevaux, affolés de terreur, seront tombés peut-être dans un ravin, et maintenant la neige les couvre.

Pauvres enfants !....

20 Décembre.

Le froid se déclare; la neige se tasse; mais nous ne songeons pas à partir. Victorine est descendue un peu tard; elle avait les yeux rouges. Serge ne la quitte pas; ils chuchottent ensemble et regardent les plaines immenses qui nous entourent. Je sais à quoi ils pensent.....

Je suis un peu découragé; cela se passera. Ces jeunes gens avaient quelque chose dans le cœur et dans la tête; ils allaient bien pour de petits crevés, car vous leur donniez ce nom. — En fin de compte, ce ne sont que deux hommes de moins. J'ai fait ce que j'ai pu pour les retrouver; j'aurais exposé ma vie pour les sauver; je ne puis faire l'impossible.

Vous le savez, je ne me souciais pas de les emmener. Ce sont eux qui ont voulu venir. Ils ont même insisté. Ce n'est pas ma faute s'ils se sont lancés dans un pareil voyage. Je suis bien bête de m'en préoccuper. Tous les liens ressemblent à des chaînes, toutes les affections ont leurs angoisses. On ne fabrique le bonheur qu'avec de l'égoïsme. Allons! n'y pensons plus.....

C'est égal, c'est rudement triste !

Le soir.

Je m'assieds devant ma table, et je prends la plume, mon ami, avec l'intention de m'entretenir avec vous. Et puis, au bout de quelques mots, je regarde au plafond; je rêvasse....

Cela ne m'amuse plus de vous conter des histoires, comme ces jours derniers. Il est vrai que, par ce froid qui nous claquemure autour d'un poêle, la vie est passablement monotone.

Je suis sorti à bicycle cette après-midi. La neige a pris de la consistance ; la route est excellente. Qui donc me retient ici ?

Des bandes de corbeaux volaient dans la campagne et s'abattaient tout à coup sur la neige comme des taches d'encre. J'en ai tué quelques-uns avec mon revolver — sans motif — par pure méchanceté. Leurs camarades les regardaient battre de l'aile, sans se déranger. Pourtant les corbeaux valent mieux que les loups ; les survivants n'ont pas mangé les morts.

21 Décembre.

Il est arrivé dans l'auberge un juif polonais avec une troïka pleine de fourrures. Il cherche à rentrer en Russie et va tenter la traversée des Ourals que la neige rend aujourd'hui dangereuse. Il emportera ce journal qui vous arrivera plus tôt que je le pensais. J'aurais pourtant voulu vous donner de meilleures nouvelles.....

Midi.

Je ne sais pourquoi Victorine s'éloigne de moi. Elle semble me faire responsable de la mort de nos compagnons. C'est absurde, mais c'est comme cela. Elle m'embrasse le matin, comme d'habitude ; et puis c'est tout. Le reste du temps, elle se promène avec Serge, ou elle prend des leçons d'écriture que lui donne l'officier. Les femmes sont profondément injustes.

Le soir.

Eh bien ! mon cher ami, la situation se dessine. Je ne

sais vraiment pas ce qui me tenait depuis quelques jours. Abattu au moral comme au physique, je perdais la saine perception des choses. Un voile s'est détaché de mes yeux.

Tout à l'heure, comme je descendais dans la salle commune, j'ai aperçu Serge et Victorine qui causaient dans un coin avec beaucoup d'animation. Serge parle le français avec un accent bizarre, mais se fait très-bien entendre. Dès que je parus, les jeunes gens s'éloignèrent l'un de l'autre et restèrent muets. — Me prennent-ils pour un tuteur de comédie ?....

Je fis venir l'hôte et lui demandai un guide pour aller chasser le lendemain dans les environs. Serge voulut en être; j'y consentis. — Mais j'oublierai de le réveiller.

Vous me comprenez, n'est-ce pas ? Je pars seul, et je vous réponds que cette fois on ne me rattrapera pas. Je reviens sur mes pas; je rentre à Tioumen, et je remonte vers le pôle, pour ne m'a..... qu'à la Mer Glaciale. Vous seul connaîtrez mon pro.......

La route est suffisamment battue pour ne pas garder la trace de mon bicycle. Je prendrai d'ailleurs mes précautions. Ils ne connaîtront mon départ que lorsqu'il sera trop tard pour me suivre......

Pourquoi me suivraient-ils, d'ailleurs? J'écris à Victorine une lettre qui la dégage entièrement. Je suis sans amertume et ne puis lui en vouloir. Ce qui arrive est tout naturel, et je vous assure que je fais des vœux sincères pour le bonheur de cette grande enfant. C'est un bon cœur, un cœur enthousiaste ; elle sera heureuse facilement.

Je n'aurai désormais qu'un ami, le bicycle; car je ne vous compte pas, vous êtes hors classe. J'ai débattu ma résolution avec beaucoup de calme, et je suis décidé. Pourtant, l'homme a ses faiblesses. Comme Victorine allait se coucher et me donnait simplement la main, je me suis levé :

— Comment! lui ai-je dit, vous ne m'embrassez pas?

— Pardonnez-moi, a-t-elle répondu en se penchant vers moi.

Serge a froncé le sourcil. Ce mari sera jaloux; cela la regarde.

Tout est prêt; je partirai avant le jour, en même temps que le juif qui emportera ma lettre. Mon guide de chasse rentrera le soir, sans savoir au juste de quel côté je me serai dirigé. Il remettra à Victorine le billet dont je vous envoie la copie :

« Ma chère Victorine,

« J'ai compris, un peu tard peut-être, que si j'avais le droit d'exposer ma vie pour satisfaire mon caprice, je ne pouvais loyalement disposer de celle des autres, malgré leur bonne volonté. Je sais que vous êtes brave et courageuse, et que vous m'auriez suivi jusqu'au bout. Je vous remercie et vous tiens quitte de ce sacrifice. Abel et Albert ont payé de leur vie mes hardiesses ; j'en serai désormais la seule victime. Je vous dégage de toutes vos promesses ; gardez-moi votre amitié. Votre souvenir ne me quittera pas. Serge vous aime ; c'est un cœur généreux et dévoué ; je pars sans crainte et vous laisse à lui. N'oubliez pas que vous êtes ma nièce et que je vous autorise à l'épouser.

« Je reviendrai vous voir dans quelques années ; je vous le promets. Je vous écrirai même à Kowno ; vous voyez que je tiens à me faire pardonner mon école buissonnière. Adieu, mon enfant chérie ; j'embrasse vos grandes et belles mains...

« JONATHAN. »

———

Le 22 décembre se passa fort bien. Serge dormit outre mesure et se leva tard. Shopp était parti pour la chasse avant l'aube. Il n'y avait là rien d'extraordinaire. Cependant, à la nuit tombante, Victorine parut inquiète. Elle aperçut par la fenêtre le guide parti avec Jonathan, qui parlait à Serge et lui remettait un papier. Elle ouvrit la porte.

— Qu'est-ce là ? demanda-t-elle, où est Shopp ?

— Mais, dit Serge qui parcourait la lettre qu'on lui avait donnée, je ne le sais pas vraiment. J'ai vu seulement cette lettre qui était ouverte. Elle est pour vous.

— Pour moi ?

Elle la saisit vivement et la devina plutôt qu'elle ne la lut.

— Il est parti ? dit-elle.

Serge ne put que faire un signe d'assentiment.

— Mon Dieu! s'écria la géante....

Et elle tomba évanouie dans ses bras.

TABLE DES MATIÈRES

TABLE DES MATIÈRES

Le Tour du Monde en Vélocipède.

Prologue. — L'engagement. III

Première partie. — Le départ 1

Deuxième partie. — Journal de voyage.

De Paris à Nijnie-Novogorod.

1re journée.	—	Paris à St-Quentin	51
2e	—	St-Quentin à Erquelines.	53
3e	—	Erquelines à Liége	54
4e	—	Liége à Oberhausen.	59
5e	—	Oberhausen à Minden.	61
6e	—	Minden à Stadthagen.	63
7e	—	Stadthagen à Hanôvre.	71
8e	—	Hanôvre à Postdam	74
9e	—	Postdam à Berlin.	89
10e	—	Berlin à Kreuz	91
11e	—	Kreuz à Kowno.	98
12e	—	Kowno	104
13e	—	Kowno à Dunabour.	125
14e	—	Dunabour à Pskoff	129
15e	—	Pskoff à Louga	139
16e	—	Louga à Gatchina.	145
17e à 21e	—	Saint-Pétersbourg	1

Troisième partie. — JOURNAL DE VOYAGE
De Nijnie-Novogorod en Sibérie.

22ᵉ journée. —	Pétersbourg à Bologovskaya. . . .	165
23ᵉ —	Bologovskaya à Moscou	167
24ᵉ —	Moscou.	167
25ᵉ —	Moscou à Vladimir	173
26ᵉ —	Vladimir à Nijnie-Novogorod. . . .	174
27ᵉ et 28ᵉ —	Nijnie-Novogorod.	177
29ᵉ —	Nijnie-Novogorod à Lelujewa. . . .	179
30ᵉ —	Lelujewa à Kosmodemiansh . . .	188
31ᵉ —	Kosmodemiansh.	191
32ᵉ —	Kosmodemiansh à Svijajsk . . .	202
33ᵉ —	Svijajsk à Kazan.	206
34ᵉ —	Kazan à Malmiseh	209
35ᵉ —	Malmiseh à Perm	211
36ᵉ —	Perm à Zlatoustowkoe	215
37ᵉ —	Zlatoustowkoe à Bilimbawskoi . .	220
38ᵉ —	Bilimbawskoi à Ekaterimbourg . .	224
39ᵉ —	Ekaterimbourg à Pelaeva. . . .	243
40ᵉ —	Pelaeva à Tioumen	248
41ᵉ —	Tioumen à Yaloutorowsk. . .	251
42ᵉ à 45ᵉ —	Yaloutorowsk	260

MEAUX. — IMPRIMERIE COCHET.

LE VÉLOCIPÈDE ILLUSTRÉ

Moniteur de la Vélocipédie
JOURNAL BI-HEBDOMADAIRE de SCIENCES et d'ARTS MÉCANIQUES

Paraît le Jeudi et le Dimanche depuis le 1ᵉʳ avril 1869

RÉDACTEUR EN CHEF : LE GRAND JACQUES.

Cette feuille spéciale, à laquelle collaborent des Vélocemen distingués, est consacrée aux progrès et à l'avenir de la Vélocipédie. Elle publie des dessins de modèles nouveaux, Monocycles, Bicycles et Tricycles, et tient ses lecteurs au courant de tout ce qui concerne les Vélocipèdes, en France et à l'Étranger. Programmes et Comptes-rendus de Courses ; Correspondances anglaise, allemande, espagnole, américaine, etc., etc.

La suite de l'ouvrage LE TOUR DU MONDE EN VÉLOCIPÈDE paraîtra dans le *Vélocipède illustré* à partir de janvier 1870.

Abonnements pour Paris et les Départements :

Un an : 10 fr. — Six mois : 5 fr. — Trois mois : 3 fr.
(Le double pour l'Étranger)

Par mandat ou timbres-poste adressés franco
AUX BUREAUX DE LA PUBLICATION
19, rue des Martyrs, 19, à Paris.

Il reste encore quelques collections complètes du journal qui peuvent être adressées aux abonnés nouveaux au prix de 10 c. le numéro — franco.

LA PUBLICATION

Librairie d'Art, de Science et de Fantaisie,

19, rue des Martyrs, à Paris,

La Publication se charge de procurer à ses clients les ouvrages qu'ils peuvent désirer, *au prix de Paris, rendus franco à domicile.*

NOUVEAUTÉS POUR ÉTRENNES.

Voyage à Sirius, à travers les espaces interplanétaires, par Paracelse. Ce merveilleux voyage, qui entraîne le lecteur dans les mondes nouveaux et l'initie aux plus récentes découvertes de l'astronomie, renferme de très-curieuses illustrations. Broché, franco. . . . . 1 fr. 20 c.
Cartonné toile, tranche dorée. . . . . . 2 fr.

Souvenirs bachoniques, voyage en deçà et au delà du baccalauréat, grand album d'images par Chicki, avec un texte amusant et moral, par la poste, franco. . . . . 2 fr.

Contes bleus et roses, pour l'amusement des grands et des petits enfants, ornés d'images extraordinaires, par G. Richard. Rien de plus gai et de plus moral que ces récits de grand'mère. Un beau volume elzévir de 400 pages, broché, gravures ordinaires, 3 fr.
Avec gravures sur papier de Chine . . . . . 4 fr.
Relié, tranche dorée. . . . . 5 fr.

Le Château de Robert mon oncle, l'un des plus amusants ouvrages qui aient paru et l'un des plus instructifs. Quatre volumes avec gravures, édition elzévirienne sur papier teinté, cartonnés en couleur et renfermés dans une boîte élégante. C'est le plus charmant cadeau qu'on puisse faire aux enfants ou aux jeunes gens. Les 4 volumes . . . . 5 fr.
Reliés en 2 volumes, cuir de Russie . . . . 7 fr. 50 c.

ÉTRENNES AUX BIBLIOPHILES :

Les Contes de fées d'Hamilton. Seule édition complète. Quatre volumes. . . . . 5 fr.

Envoi immédiat et franco de tous ouvrages demandés par lettre affranchie, renfermant leur valeur en mandat ou timbres-poste.

MEAUX. — IMP. A. COCHET.

LA PUBLICATION

Librairie d'Art, de Science et de Fantaisie,

19, rue des Martyrs, à Paris,

La Publication se charge de procurer à ses clients les ouvrages qu'ils peuvent désirer, *au prix de Paris, rendus franco à domicile.*

NOUVEAUTÉS POUR ÉTRENNES.

Voyage à Sirius, à travers les espaces interplanétaires, par Paracelse. Ce merveilleux voyage, qui entraîne le lecteur dans les mondes nouveaux et l'initie aux plus récentes découvertes de l'astronomie, renfermé de très-curieuses illustrations. Broché, franco. . . . . 1 fr. 20 c.
Cartonné toile, tranche dorée. . . . . . 2 fr.

Souvenirs bacholiques, voyage en deçà et au delà du baccalauréat, grand album d'images par Chicki, avec un texte amusant et moral, par la poste, franco. . . . . 2 fr.

Contes bleus et roses, pour l'amusement des grands et des petits enfants, ornés d'images extraordinaires, par G. Richard. Rien de plus gai et de plus moral que ces récits de grand'mère. Un beau volume elzévir de 400 pages, broché, gravures ordinaires. 3 fr.
Avec gravures sur papier de Chine . . . . . 4 fr.
Relié, tranche dorée. . . . . 5 fr.

Le Château de Robert mon oncle, l'un des plus amusants ouvrages qui aient paru et l'un des plus instructifs. Quatre volumes avec gravures, édition elzévirienne sur papier teinté, cartonnés en couleur et renfermés dans une boîte élégante. C'est le plus charmant cadeau qu'on puisse faire aux enfants ou aux jeunes gens. Les 4 volumes . . . 5 fr.
Reliés en 2 volumes, cuir de Russie . . . . 7 fr. 50 c.

ÉTRENNES AUX BIBLIOPHILES :

Les Contes de fées d'Hamilton. Seule édition complète. Quatre volumes. . . . . 5 fr.

Envoi immédiat et franco de tous ouvrages demandés par lettre affranchie, renfermant leur valeur en mandat ou timbres-poste.

MEAUX. — IMP. A. COCHET.

www.ingramcontent.com/pod-product-compliance
Lightning Source LLC
Chambersburg PA
CBHW071514160426
43196CB00010B/1523